21世纪经济管理新形态教材
工商管理系列

Project Management

项目管理
（第2版）

张喜征　李林　张人龙　屈先进◎主编

清华大学出版社
北京

内容简介

本书基于《项目管理知识体系指南》(《PMBOK®指南》)核心内容,对现代项目管理的基本管理过程、知识模块、工具和方法等进行了介绍。全书共十二章,力求站在项目经理角度,考虑项目管理实践对其知识、能力及素养的要求,并结合项目管理实践不断发展变化的时代特征,介绍项目经理需要掌握的项目管理知识点、技能点及工具方法;通过实际案例、高效的工具和模板,使读者能够快速了解现代项目管理并直接应用,帮助其在复杂的环境下成为一名合格的项目经理。

本书既可作为在校大学生或研究生的教学用书,也可作为企业项目管理培训的参考读物,帮助管理者拓宽视野和提升能力。

本书封面贴有清华大学出版社防伪标签,无标签者不得销售。
版权所有,侵权必究。举报: 010-62782989, beiqinquan@tup.tsinghua.edu.cn

图书在版编目(CIP)数据

项目管理/张喜征等主编. —2版. —北京:清华大学出版社,2024.5
21世纪经济管理新形态教材. 工商管理系列
ISBN 978-7-302-65421-6

Ⅰ. ①项… Ⅱ. ①张… Ⅲ. ①项目管理-教材 Ⅳ. ①F224.5

中国国家版本馆CIP数据核字(2024)第043309号

责任编辑:朱晓瑞
封面设计:李召霞
责任校对:王荣静
责任印制:宋 林

出版发行:清华大学出版社
网　　址: https://www.tup.com.cn, https://www.wqxuetang.com
地　　址: 北京清华大学学研大厦A座　　　邮　编: 100084
社 总 机: 010-83470000　　　邮　购: 010-62786544
投稿与读者服务: 010-62776969, c-service@tup.tsinghua.edu.cn
质 量 反 馈: 010-62772015, zhiliang@tup.tsinghua.edu.cn
课 件 下 载: https://www.tup.com.cn, 010-83470332

印 装 者: 北京同文印刷有限责任公司
经　　销: 全国新华书店
开　　本: 185mm×260mm　　　印 张: 20　　　字 数: 455千字
版　　次: 2018年2月第1版　　2024年5月第2版　　印 次: 2024年5月第1次印刷
定　　价: 58.00元

产品编号: 098597-01

项目管理大师哈罗德·科兹纳（Harold Kerzner）曾经指出："接受项目管理理论，并持续地运用它。采用促使组织向着成熟的项目管理发展的管理哲学，并将其传达给每一个人。"可以说，是否系统地学习、接受并运用项目管理理论方法，将成为判断一个组织项目管理工作是否成熟的重要依据。

随着新技术、新方法的不断出现，以及市场的快速变化，项目管理的知识架构和职业内涵也发生了显著变化。项目管理理论不断吸纳实践中的营养并不断适应变化，又在变化中追求规范化，逐步形成并不断进化为《项目管理知识体系指南》（以下简称《PMBOK®指南》）。该指南于 1996 年推出第 1 版，随后大致每四年更新一次，并于 2017 年发布了第 6 版，2021 年发布了第 7 版。各个版本的《PMBOK®指南》不断被"裁剪"成各行各业项目管理工作的"良好实践"，也成为指导项目管理教育的重要依据或参考。

为满足项目管理从业者当前和未来的需求，帮助其更加敏捷、创新和高效地在快速发展的市场环境下管理各类项目，《PMBOK®指南》（第 7 版）做出了重大调整，首次提出了项目管理的十二大项原则和八大项目绩效域，并基于此重新构建了项目管理知识体系。可以认为，《PMBOK®指南》（第 7 版）的内容颠覆了第 1 版到第 6 版中的"五大过程组+十大知识领域"，建立了全新的"十二大原则+八大绩效"项目管理知识体系。

考虑到《PMBOK®指南》（第 7 版）的种种变化和原有项目管理知识体系惯性，编者在基本保持原教材的体系结构的基础上做了如下修改。

（1）在各章的开始部分规范了学习目标内容，并在各章末尾增加了本章小结。

（2）第一章增加了《PMBOK®指南》（第 7 版）新体系内容的介绍，并与原有体系做了简要对比，展现了《PMBOK®指南》（第 7 版）新体系的变化。另外，本书将第一章中的部分内容归入相关章节，使新版教材更具系统性。其他各章内容也有了一些重要的更新。

（3）更新了各章案例，新引用的案例反映了改革开放以来各类项目建设在推动我国社会经济发展中所发挥的重要作用。我国不仅是制造业大国，更是项目建设大国，无处不在的各类项目不断推进我国发展。

（4）各章增加了一些对应重要知识点的视频学习内容，这让新教材更显立体化和数字化，让学员有了一个新的学习项目管理知识的途径。

本教材努力反映时代变化的要求。一方面，反映项目管理在实践领域的新动态和新方法；另一方面，主动汲取《PMBOK®指南》新版本中的新知识和新思维。但限于水平，编者深感做得不够。因此，我们将虚心接受各界人士的批评指正，在不断的教学实践中积累经验，逐步完成体系创新和蜕变。

第一部分　组织和启动项目

第一章　项目管理概述 3
- 第一节　了解项目管理 4
- 第二节　项目管理知识体系 9
- 第三节　项目管理发展历史与职业认证 20
- 本章小结 25
- 简答题 25
- 案例分析题 25
- 即测即练 25

第二章　项目驱动力量：人和组织 26
- 第一节　项目中的主要角色 26
- 第二节　项目组织 33
- 第三节　项目团队 42
- 本章小结 53
- 简答题 53
- 案例分析题 54
- 即测即练 54

第三章　项目选择与启动 55
- 第一节　项目识别 56
- 第二节　项目选择 60
- 第三节　项目启动 66
- 本章小结 72
- 思考题 73
- 计算题 73
- 即测即练 73

第二部分　编制项目管理计划

第四章　项目干系人管理与沟通计划 … 77
第一节　项目干系人管理 … 78
第二节　项目沟通管理 … 89
第三节　沟通方式 … 93
第四节　冲突管理计划 … 99
本章小结 … 107
简答题 … 108
案例分析题 … 108
即测即练 … 108

第五章　项目范围管理计划 … 109
第一节　收集需求 … 110
第二节　项目范围的确定 … 115
第三节　项目范围变更控制 … 126
本章小结 … 130
简答题 … 131
案例分析题 … 131
即测即练 … 131

第六章　项目进度管理计划 … 132
第一节　项目进度管理概述 … 133
第二节　项目进度计划制订 … 136
第三节　项目进度计划压缩 … 152
本章小结 … 157
思考题 … 157
计算题 … 158
案例分析题 … 158
即测即练 … 158

第七章　项目资源与成本管理计划 … 159
第一节　项目成本构成 … 159
第二节　项目资源计划 … 162
第三节　项目成本估算 … 165
第四节　项目成本预算 … 171

第五节　项目成本分析 ·· 176
　　第六节　项目成本控制 ·· 180
　　本章小结 ·· 181
　　简答题 ··· 182
　　案例分析题 ··· 182
　　即测即练 ·· 182

第八章　项目风险管理计划 ·· 183

　　第一节　项目风险概述 ·· 184
　　第二节　项目风险识别 ·· 188
　　第三节　项目风险分析 ·· 194
　　第四节　项目风险应对 ·· 197
　　第五节　项目风险监控 ·· 200
　　本章小结 ·· 204
　　简答题 ··· 204
　　案例分析题 ··· 204
　　即测即练 ·· 204

第九章　项目质量管理计划 ·· 205

　　第一节　项目质量管理概述 ·· 206
　　第二节　项目质量规划 ·· 217
　　第三节　项目质量保证体系 ·· 224
　　第四节　项目质量控制 ·· 229
　　本章小结 ·· 234
　　简答题 ··· 234
　　案例分析题 ··· 234
　　即测即练 ·· 235

第三部分　项目实施与收尾

第十章　项目采购与合同管理 ··· 239

　　第一节　项目采购 ··· 240
　　第二节　工程项目承发包模式 ····································· 249
　　第三节　合同管理 ··· 256
　　本章小结 ·· 268
　　简答题 ··· 268
　　案例分析题 ··· 268

即测即练 269

第十一章　项目控制工作 270

　　第一节　项目控制概述 271
　　第二节　项目监控 273
　　第三节　几个主要的项目控制环节 277
　　本章小结 292
　　简答题 293
　　案例分析题 293
　　即测即练 293

第十二章　项目收尾与评价 294

　　第一节　项目收尾 295
　　第二节　非正常终止项目的处理 298
　　第三节　项目后评价 301
　　本章小结 307
　　简答题 307
　　案例分析题 307
　　即测即练 308

参考文献 309

附录　项目管理相关模板 311

第一部分　组织和启动项目

- 项目管理概述
- 项目驱动力量：人和组织
- 项目选择与启动

第一章 项目管理概述

 学习目标

知识目标

1. 掌握项目、项目管理相关的概念与特性；
2. 了解项目管理学会（PMI）及其提出的项目管理知识体系；
3. 掌握项目生命周期各阶段的主要活动及可交付物；
4. 了解项目管理学科发展与职业认证。

能力目标

1. 辨别项目与运营的不同及关系，善于将项目运营化以提高效率；
2. 学会系统分析与系统整合方法，形成系统性思维能力；
3. 明确项目中不同阶段的各个角色的职责，提高统筹与协调整体的能力；
4. 分析与识别项目的成败及其原因，提高解决问题的能力。

 引导案例

"火神山"医院项目的建设奇迹

2020年年初，突如其来的新冠疫情几乎打乱了所有人的正常生活、学习及工作秩序，武汉地区首当其冲。为了让新冠肺炎患者得到及时、有效的救治，同时也为缓解当地医疗资源紧张状况，我国政府决定参照"北京小汤山""非典"医院的模式，建立拥有1000张床位火神山医院。短短十天，从设计到交工，火神山医院的建设成功展现了中国速度。在疫情的威胁下，每一个最简单的环节都成了最艰巨的挑战。来自天南地北、全国各地的"逆行者们"火速驰援武汉，逢山开路、遇河架桥，共同创造了一个项目建设的"奇迹"。

视频1.1

在网上查阅火神山医院建设项目相关资料，并回答以下问题。

1. 描述火神山医院建设项目中的主要参与者及各方目标。这是不是一个成功的项目？如何判定一个项目的成功与否？
2. 火神山医院建设项目将会涉及哪些管理内容？

第一节　了解项目管理

一、项目

我们生活在一个项目化社会，项目无处不在。美国项目管理协会主席保罗·格雷斯（Paul Grace）曾说："在当今社会，一切都是项目，一切也将成为项目。"

1. 项目的定义

美国项目管理协会（Project Management Institute，PMI）的定义为：项目（project）是为创造特定的产品、服务或成果而进行的一项有时限的任务。

其中，"特定"是指一个项目所形成的产品或服务在其关键特性上不同于其他的产品和服务；"时限"是指每一个项目都有明确的起点和终点。

中国项目管理研究委员会的定义为：项目是由一组有起止时间的、相互协调的受控活动所组成的特定过程，该过程要达到符合规定要求的目标，包括时间、成本和资源约束的条件。

2. 项目的特性

不同专业领域中的项目，不管是科研项目、服务项目还是工程项目，它们都拥有一些共同特性。这些共同特性主要有：

（1）临时性。每个项目都有明确的时间起点和终点，都是有始有终的（不是不断重复、周而复始的）。

（2）独特性。每个项目都有某些方面是以前没有见过或没有做过的。比如，人们建造了成千上万座办公大楼，但这些大楼在某个或某些方面都有一定的独特性，这些独特性包括不同的业主、不同的设计、不同的位置和方位、不同的承包商、不同的施工方法和施工时间等。

（3）渐进明细性。项目的"渐进明细性"表示项目的成果性目标是逐步完成的。由于项目的产品、成果或服务事先不可见，所以在项目前期只能粗略地进行项目定义，随着项目的进行才能逐渐完善和精确其定义。项目的很多方面（如项目管理计划、项目范围、项目目标等）都需要渐进明细。

渐进性对项目的指导意义：一是项目在推进过程中可能会进行很多的修改和变更，因此在项目执行过程中要注意对其修改变更的控制；二是由于项目计划本质上是基于对未来的估计和假设进行的预测，项目在推进过程中可能遇到各种风险和意外，因此，很多项目可能不会在规定的时间、按规定的预算、由规定的人员完成。

项目的上述特性又将带来其他一些特性，例如，项目的创新性、复杂性和风险性，且这些项目特性是相互关联和相互影响的。例如，项目的创新性和风险性就是相互关联的，而项目的风险性可能源于项目的独特性。项目的独特之处往往需要在原有基础上进行不同程度的创新，而创新往往面临各种不确定性，因而会给项目带来风险性。

3. 项目与运营的区别

项目与运营具有不同的特性，这些特性使得二者很容易区分开来。运营强调持续性，它是企业管理部门的主要工作，通过生产相似或相同的产品或服务来达成目标，没有结束的时间。表 1-1 归纳了项目与运营的主要区别。

表 1-1　项目与运营的区别

项目（project）	运营（operation）
• 一次性	• 重复性
• 临时的（有限时间）	• 无限时间
• 革命性改变	• 渐进性改变
• 多变的资源需求	• 稳定的资源需求
• 柔性组织	• 稳定的组织
• 创新性	• 常规性
• 效果型	• 效率型
• 风险性	• 经验性

运营能够使企业在一个水平上持续运行，属于持续发展模式；而项目可以为企业实现组织运营水平的提升，是企业实现跳跃式发展的方式，也是企业发展的推动力，如图 1-1 所示。

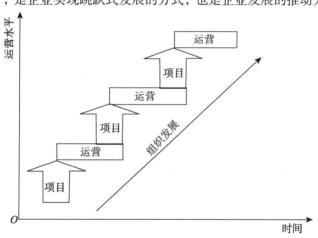

图 1-1　项目与运营对企业成长的作用

例如，早期的微软就是通过项目实现跳跃式发展的典型代表。早期的微软，通过一个个项目推出优质的产品（MS-DOS、Win 3x、Win 9x、Win 2000、Win XP），极大地提高了企业的竞争力，为企业赢得了充分的利润空间和时间。当其他"尾随者"步步逼近时，微软又一次依靠成功的项目实现了跳跃，将"尾随者"抛在身后，从而成为行业的领跑者。

二、项目的分类

按照上面的定义,项目是一个宽泛的概念,从成果角度看可大可小,从时间角度看可长可短,其涵盖范围非常广,如建造一座桥梁、召开一个会议、组织一次参观活动等,都可作为项目对待。事实上,项目的类别很多,可以按照不同的标准进行分类,如表 1-2 所示。对项目进行分类的主要目的是能对项目的特性有更为深入的了解和认识。

表 1-2 项目的类别划分

项目主体/项目性质		营利性项目	非营利性项目
企业项目	承接业务项目	承接土建工程项目、承接软件开发项目	温室气体减排、扫雪、绿化工程
	自我立项项目	企业新产品开发、企业内部技术改造	捐助希望工程、筹备节日联欢晚会
非企业项目	政府财政项目	基础设施建设项目、经济适用房建设	战争、演习、科研、救灾、就业工程
	事业机构项目	文艺演出、体育比赛、教育培训项目	申办奥运、赈灾义演
	家庭个人项目	家教服务、家政服务、家具拍卖	家庭装修、旅游、婚宴庆典

三、项目组合、项目集、项目与子项目

项目本身有大有小,大项目可以分解成许多层次,为了便于理解各种工作之间的关系采用项目组合、项目集(项目群)、项目和子项目的分类方式。

1. 项目组合

项目组合(portfolio)是指一组共享资源和战略目标的项目,项目之间不一定具有依赖性,也许是共同的客户、共同的原料、共同的技术、共同的地域、共同的文化背景将其联系在一起。美国项目管理协会将项目组合定义为:项目组合是将项目或项目群以及其他工作聚合在一起,通过有效管理以满足业务战略目标。例如,在《京都协议书》大背景下,某一地区启动了温室气体排放工程,这就属于典型的项目组合。能够带来节能减排效果的独立项目林林总总,它们之间虽然不一定相关,但拥有共同的时代背景和战略目标,可以共享财政资源、政策资源、技术资源,同时还需要站在保护人类生存环境这一高度,用一个更大的尺度衡量其整体效应。

2. 项目集

项目集(program)也被称为项目群,就是经过协调管理以便获取单独管理这些项目时无法取得的收益和控制的一组相关联的项目。一个项目可以属于某一个项目集,也可以不属于任何一个项目集,但是每一个项目集一定会包含若干个关联项目。例如,三峡工程就是一个非常典型的项目集,它包含土建施工、设备制造、移民安置、文物处置等诸多独立的项目,这些项目相互依赖、相互影响,需要在时间上协调、成本上统筹,在质量和采购供应链上共同保证。像这样倾全国之力进行的综合性项目集,甚至需要政府最高部门首脑作为指挥部总指挥(项目集总经理),以便协调各方利益,动员各方资源。

3. 项目和子项目（project and sub-project）

正如项目集是由多个项目组成的，大项目也经常被划分为多个较易管理的组成部分或子项目（sub-project）。可以将单个子项目称为项目并加以管理。子项目常常发包给外部单位或实施组织内部的其他职能单位。非常大的子项目可以由更小的子项目组成。假定存在多个项目的前提下，项目管理者经常需要在不同的子项目间协调和分配项目资源，以获得最佳项目实施组合。项目组合、项目集、项目和子项目之间的关系如图1-2所示。

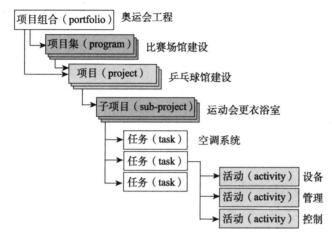

图1-2　项目的层次分解

四、项目管理

项目管理作为具有独特性、一次性和创新性任务的管理手段，已成为新经济时代最具生命力的管理模式之一。项目管理是变理想为现实、化抽象为具体的一门科学和艺术。

1. 项目管理的定义

根据美国项目管理协会（PMI）提出的定义，项目管理（project management，PM）是指"运用各种知识、技能、方法与工具，为满足或超越项目有关各方对项目的要求与期望所开展的各种管理活动"。

另外，PMI还认为："项目是一种创新的事业，所以项目管理也可简称为实现创新的管理或创新管理。"

简言之，项目管理是通过指导项目工作以交付预期成果。具体而言，项目管理包含项目启动、计划、实施、控制和收尾五个工作过程。在这些过程中，项目管理将围绕下面四个核心要素进行管理：范围、时间、质量、成本。这四者之间是相互关联的，提高一个指标的同时会降低另一个指标，因此实际上需要项目管理者能够艺术地平衡它们之间的关系。传统项目管理将时间、质量、成本视为三重制约，但现代项目管理的三重制约被修正为范围、时间和成本，突出了项目范围的龙头作用和对其他制约因素的影响。如图1-3所示。

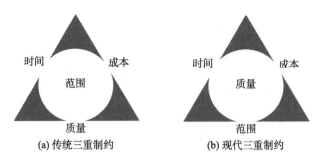

图 1-3　项目管理四个核心要素

当项目经理成功地对以上要素进行了权衡，项目结果就会满足其预期需要，同时满足客户需求。项目管理不仅包括计划、组织、控制等管理工作，也包括沟通、激励、提升等领导工作。不论项目规模的大小和其所处的应用领域如何，项目管理的知识、技能和方法都可以直接应用或有选择地使用。

2. 项目管理的特点

（1）创新性。因为项目本身具有不重复性、独特性的特点，因而必须发挥创新性，这也是项目管理与一般重复性管理的主要区别。任何一个项目都有不同于其他项目的地方，这种不同要求在对项目进行管理的过程中要采用特殊的方法，任何照搬别人的方法都不可能成功地实现项目管理，只有创新才能使项目管理获得成功。

（2）复杂性。项目管理是一项复杂的工作，项目一般由多个部分组成，工作跨越多个组织，需要运用多种学科的知识来解决问题；项目工作通常没有或很少有以往的经验可以借鉴。项目执行中有许多未知因素，每个因素又常常带有不确定性，因此还需要将具有不同经历、来自不同组织的人员有机地组织在一个临时性的组织内，在技术性能、成本、进度等较为严格的约束条件下实现项目目标。不确定性、综合性、交叉性决定了项目管理的复杂性。

（3）普遍性。由于人类社会的大部分活动都可以按项目来运作，并可实现项目管理所能实现的高效率，所以当代的项目管理已深入各行各业，并以不同的类型、不同的规模出现。

（4）跨部门性。项目组织和团队通常要跨越部门的界限，在工作中将会遇到许多不同部门的人员，因此需要建立一个不受现存组织约束的项目组织，组建一个由来自不同部门的专业人员组成的项目团队。

（5）专业性。任何行业都可以通过应用项目管理的方法提高效率、节省资源。但是不同行业专业背景不同，因此项目管理应结合不同行业的背景进行专业化训练。

以工程项目为例，工程项目的开展一般是跨越多个组织的，各参与方都有自己的项目管理工作，如图 1-4 所示。

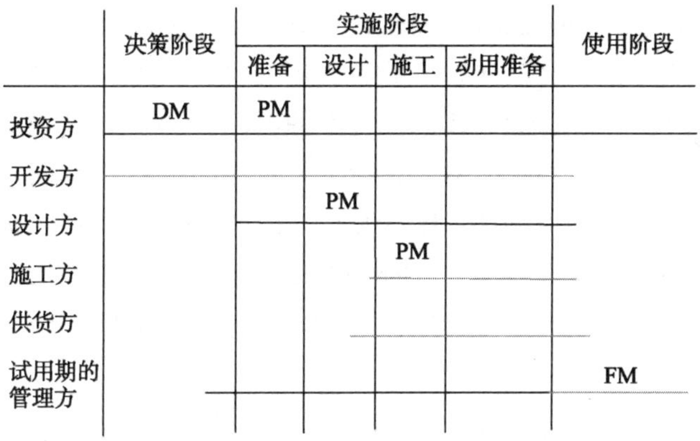

	决策阶段	实施阶段				使用阶段
		准备	设计	施工	动用准备	
投资方	DM	PM				
开发方						
设计方			PM			
施工方				PM		
供货方						
试用期的管理方						FM

DM——发展管理　PM——项目管理　FM——设施管理

图1-4　工程项目各参与方的项目管理

3. 项目管理以创造价值为导向

任何管理的根本目的都是创造新增价值，项目管理的根本目的同样是创造新增价值，否则就失去了其存在的意义。哈罗德·科兹纳（Harold Kerzner）曾提出以交付价值为导向的项目管理理念，即项目是计划实现的一组可持续的商业价值的载体，项目成功就是在竞争性制约因素下实现预期的商业价值。因此，项目存在的根本目的是通过项目为组织及其干系人创造价值。

价值是有用的、具有重要性或实用性的事物。以交付价值为导向的项目管理理念强调以客户为中心。项目成功与否并不在于成果是否交付、是否得到相关方验收，而在于项目交付时相关方对可交付成果的价值感知与价值认同，以及项目投入运营后可交付成果为组织和社会创造的价值。价值驱动型项目管理将是否创造价值作为项目成功的唯一标准。

不同的组织或干系人看待价值会有不同的视角：

- 新产品、服务或结果。
- 社会或环境贡献。
- 推动必要的变革。
- 维持原有收益。
- 效率、生产力、能力提高。

项目管理可以单独或共同使用多种组件（如项目组合、项目集、项目、产品和运营）以创造价值，这些组件共同组成了一个符合组织战略的价值交付系统。

第二节　项目管理知识体系

一、项目管理知识体系——PMBOK®指南

当前项目管理领域最为流行的知识体系是由美国项目管理协会（PMI）开发的"项目

管理知识体系"（project management body of knowledge）。PMI 最早于 1996 年推出第 1 版，随后大致每四年更新一次，2017 年发布了第 6 版，2021 年发布了第 7 版。

《PMBOK®指南》项目管理的知识框架是掌握项目管理沟通的"通用语言"，它将项目管理系统地总结为五大过程组（如图 1-5 所示）和 10 大知识领域（在 2012 年第 5 版《PMBOK®指南》中，项目管理知识体系由以前的 9 大知识领域变更为 10 大知识领域，新增加了"项目干系人管理"，而第 6 版的《PMBOK®指南》中把过程增加到了 49 个）。可以说，第 1 版到第 6 版的项目管理知识体系基本上是以过程为导向的。

1. 项目管理过程组

过程是为完成预定的产品、成果或服务而执行的一系列相互关联的行动和活动。每个过程都有各自的输入、工具和技术，以及相应的输出。项目管理主要有五大过程的逻辑组合，即项目管理过程组（project management process group）。这五大过程组如下：

- 启动过程组——获得授权，定义和批准一个新项目或该项目的一个新阶段。
- 计划过程组——明确项目范围，优化目标并为完成目标制订行动计划。
- 实施过程组——配置人力和其他资源完成项目管理计划中确定的工作。
- 监控过程组——跟踪、审查和调整项目的进展与绩效，识别并提出必要的改正方案。
- 收尾过程组——完成所有项目活动以正式结束项目或阶段。

这五大过程组也只是逻辑上的划分，所有项目过程都贯穿于项目的整个生命周期。项目管理的整合性要求，监控过程组涵盖其他所有的过程组，且相互影响，如图 1-5 所示。

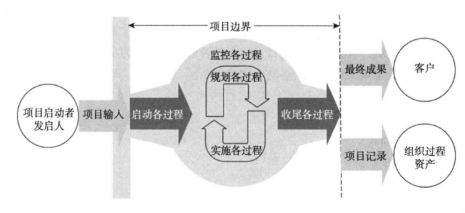

图 1-5　项目管理各过程

过程组极少存在孤立的或一次性事件的情况，而是在整个项目期间与其他部分相互重叠。如图 1-6 所示，一个过程组的输出通常会成为另一个过程组的输入，或者成为项目的可交付成果。在项目完成之前，往往需要反复实施各过程组及其所包含的过程。各过程可能在同一过程组内或跨越不同过程组相互作用。过程之间的相互作用因项目而异，可能按或不按某种特定的顺序进行。

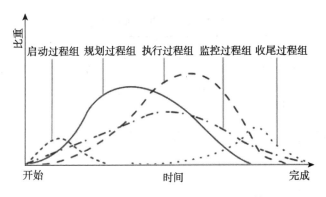

图 1-6 过程组在项目或阶段中的相互作用

2. 项目管理知识领域

第 6 版《项目管理知识体系指南》(《PMBOK®指南》)中所阐述的十大知识领域如下：

- 范围管理——明确实现项目必须要做的工作。
- 进度管理——活动定义、活动排序、期间估算，以及计划编制与控制。
- 成本管理——包括成本计划、成本估算、成本预算和成本控制。
- 质量管理——质量计划、质量保证和质量控制。
- 资源管理——活动资源估算，人员录用、培养和项目团队伍建设。
- 沟通管理——及时地对项目信息进行加工、收集、发布、储存、归档等。
- 风险管理——风险识别、分析、应对和监控。
- 采购管理——选购产品和服务以及合同管理。
- 集成管理——借助于项目章程、项目计划和项目变更控制对各相关知识领域进行整合，以及知识管理。
- 干系人管理——为了获得干系人对项目的支持，对项目干系人需要、希望和期望的项目进行识别，并通过以上管理来满足其需要、解决其问题的过程。

概括而言，传统《PMBOK®指南》更多地描述了项目管理的概念与项目管理的五大过程，并在过程中贯穿了项目管理的十大知识领域。《PMBOK®指南》主要是站在项目级层面，针对乙方的项目经理，强调项目经理的素质，包括项目经理的软硬技能与职业道德，以及需要承担的管理责任。

3. 项目管理知识体系新变化

为满足项目管理从业者当前和未来的需求，更加敏捷、创新和高效地在快速发展的市场环境下管理各类项目，《PMBOK®指南》(第 7 版)做出了重大调整，首次提出了项目管理的十二大原则和八大项目绩效域，并提出了价值驱动下基于原则的项目管理知识体系。

从第 6 版的"五大过程组 + 十大知识领域"到第 7 版的"十二大原则 + 八大绩效"，内容有了很大变化，如表 1-3 所示。

表 1-3 《PMBOK®指南》第 6 版与第 7 版比较

对比维度	第 7 版重点关注	第 6 版重点关注
结构框架	十二大原则、八大绩效	五大过程组、十大知识领域
方法论	原则指导思想和行动，使用多种方法，混合、敏捷、传统方法或其他新兴方法，以帮助更好地实现价值交付	强调使用规范的、精细化管理工具与技术，强调怎么做，而不是做什么以及为何而做
低层逻辑	互动绩效域，有绩效输出的独立活动，广泛适用的工具技术、框架和工件	通过工具技术进行输入输出的具体过程关注过程和合规导向
项目环境	项目内外部	项目内外部
项目适用性	任何项目	大部分时候的大部分项目
适用人群	包括项目发起人、产品负责人等在内的任何跟项目相关的成员	主要是项目经理
升级程度	结构性颠覆，基于原则的全价值交付系统	在过往版本基础下小的增量升级
裁剪指导	提供具体的裁剪指导	裁剪参考，但无具体指导

一方面，《PMBOK®指南》(第 7 版)将项目管理划分为干系人、团队、开发方法和生命周期、规划、项目工作、交付、测量、不确定性，共八大绩效域。在这里，项目绩效域被定义为一组对有效交付项目成果至关重要的相关活动。

另一方面，为了指导项目管理者的管理行为，第 7 版提出了十二大原则。

（1）管家式管理原则。成为勤勉、尊重和关心他人的管家，处事周到而不邀功，要做到正直而合规。

（2）团队原则。营造协作信任的团队工作环境，互帮互助，实现"1+1>2"。

（3）相关方原则。高效且有效地管理干系人参与，使其为实现项目价值做出贡献。

（4）价值原则。项目管理的根本目的是创造新增价值，以价值为导向驱动项目管理，持续敏捷地关注项目价值。

（5）系统思考原则。"识别、评估和响应"系统内外各部分的交互活动，确认其对项目价值的影响。

（6）领导力原则。有效的领导力可促进项目的成功；每个成员都可能产生领导行为；项目管理者的领导力体现在支持每一个个体和团队最大限度地促进项目价值和目标的实现。项目管理者要了解每个团队成员的性格特征，针对不同的个体，要采取不同的激励方式。

（7）裁剪原则。根据环境对管理行为进行动态裁剪，以创造项目价值。

（8）适应性和韧性原则。项目需要具有适应性和韧性，要"能屈能伸"以适应变化。

（9）质量原则。将质量融入过程和可交付物中，让项目相关方满意。

（10）变革原则。作为一种综合的、周期性的和结构化的方法，变革可使组织从当前状态过渡到实现期望收益的未来状态。

（11）复杂性原则。要充分评估项目的复杂性，每个项目都有其复杂性，可能源于技术、人际关系、创新、相关方等因素。项目管理者需理出头绪,驾驭复杂性,创造相互协作的环境,以便项目团队可以专心执行,按质按量交付项目。

（12）风险原则。考虑风险的易变性、不确定性、复杂性、模糊性等特点,对风险的前置状态进行优先识别和应对,开拓积极风险,消灭或减少消极风险及其影响。

图 1-7 反映了基于原则的项目管理认知逻辑和整体架构。

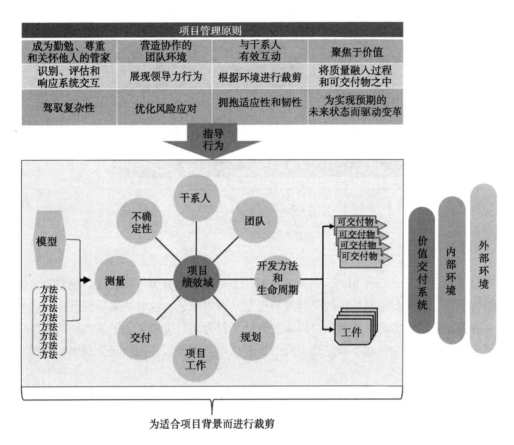

图 1-7 《PMBOK®指南》（第 7 版）整体架构

《PMBOK®指南》（第 7 版）聚焦于项目价值,强调价值创造,最终向用户交付有价值的项目成果。以价值为导向的项目管理是《PMBOK®指南》（第 7 版）所关注的焦点。面对复杂多变的项目环境,价值驱动型项目管理是大势所趋。价值驱动型项目管理要求项目经理拥有更广泛、全面的视角,不能只盯着短期的时间、范围、成本,还要聚焦长远的战略和可持续价值。关注价值意味着项目管理者要创造并建构价值交付系统。价值交付系统中的组件创建了用于产出成果的可交付物。成果是某一过程或项目的最终结果或后果。聚焦成果、选择和决策强调了项目的长期绩效。成果可带来收益,收益是组织实现的利益。收益可继而创造价值,而价值是具有作用、重要性或实用性的事物。

如图 1-8 所示,价值交付系统是组织内部环境的一部分,该环境受政策、程序、方法论、框架、治理结构等制约。内部环境存在于更大的外部环境中，包括经济、竞争、法律限制等。

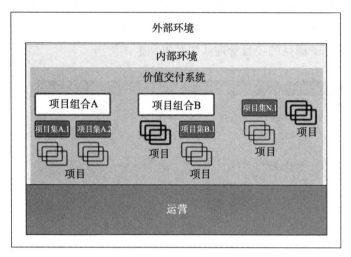

图 1-8　价值交付系统

二、项目生命周期模型

项目生命周期（project life cycle）是从时间上将项目划分为不同阶段。设置项目生命周期将有利于分析项目不同阶段的目标及特点，从而采取针对性办法实现该目标，这本质上是一种系统分析的方法。项目生命周期的划分不仅为项目管理提供了基本框架，还将大大降低项目管理的复杂性和不确定性。因此，任何项目都必须使用项目生命周期模型对项目进行组织和管理。

1. 项目生命周期的概念及内容

任何事物都有"兴、盛、衰"的过程。项目生命周期即项目从开始到结束所经历的各个阶段，通常分为"启动（提出目标和要求）、计划（提出解决方案）、实施（执行项目）、收尾（成果验收和交付）"四个阶段。项目经理的管理重点在项目生命周期的不同阶段都会发生变化，任务和角色也会有不同。

典型的项目生命周期如图 1-9 所示。

下面从资源需求、项目风险和影响力的变动角度分析生命周期不同阶段的不同特性。

（1）资源需求的变动。在项目初期阶段，有关项目资源、成本和人员方面的需求很低，而进入方案制定阶段以后，项目对资源的需求提高，越到后来越高；到项目结束阶段，这种需求又会急剧减少。

（2）项目风险的变动。在项目初期阶段，项目成功的概率较低，而项目的风险和不确定性却很高。但是随着项目的进展，项目成功的概率会大大提高，而风险和不确定性大大降低，因为随着项目的进展，许多原先不确定性因素会逐步变为确定性因素。

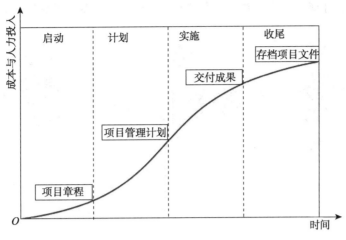

图 1-9 典型的项目生命周期示意图

（3）影响力的变动。在项目的初始阶段，项目相关利益者（尤其是项目业主或客户）对项目最终产出物的特性和项目成本的影响力最高，随着项目的进展，这种影响力会很快降低。在项目的后期阶段，这种影响力主要体现在项目变更和成本修订方面。

2. 项目生命周期模型的主要类型

设计项目生命周期要考虑项目的交付需求和特点。实践中，主要的项目生命周期类型如下。

（1）预测型生命周期模型

预测型生命周期也称为瀑布型生命周期。在生命周期的早期阶段确定项目范围、时间和成本。对任何范围的变更都要进行仔细管理。预先定义好全部范围，严格按阶段依次开发。这种类型的项目将按计划执行，一次性交付，如图 1-10 所示。典型例子为建造房子。

图 1-10 预测型（瀑布型）生命周期模型示意图

（2）迭代型生命周期模型

由于有些项目无法一次做好，因此要不断精细化。项目范围通常会在项目生命周期的早期确定，但时间及成本估算将随着项目团队对产品理解的不断深入而定期修改，迭代方法是通过一系列重复的循环活动来开发产品，如图 1-11 所示。典型例子为装修房子。

（3）增量型生命周期模型

增量方法是渐进地增加产品的功能。这种模型是通过在预定的时间区间内渐进增加产品功能的一系列迭代来产出可交付成果。只有在最后一次迭代之后，可交付成果具有了必要和足够的能力，才能被视为完整的。典型例子为社交软件多个模块分期交付。

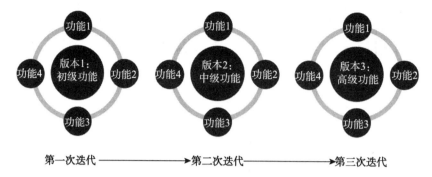

图 1-11　迭代型生命周期模型示意图

在实际中，通常都是迭代增量式开发，只迭代不增量的极少；增量则要通过迭代版本来实现，通过迭代逐步精细化，通过增量逐步增加功能，如图 1-12 所示。

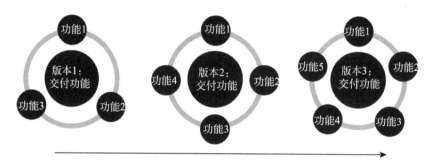

图 1-12　增量型生命周期模型示意图

（4）适应型（敏捷型）生命周期模型

图 1-13 中的项目生命周期属于敏捷型、迭代型或增量型。详细范围在迭代开始之前就得到了定义和批准（每一个迭代周期内还要确定范围）。适应型生命周期也被称为敏捷或变更驱动型生命周期。典型例子为毕业论文，作者拟订提纲后分章节撰写。

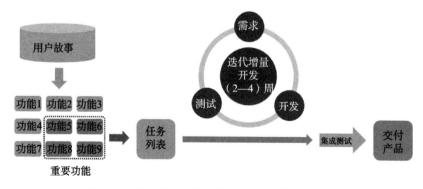

图 1-13　适应型（敏捷型）生命周期模型示意图

（5）混合型生命周期

混合型生命周期是预测型生命周期和适应型生命周期的组合。充分了解或有确定需求的项目要素遵循预测型生命周期，而仍在发展中的要素遵循适应型生命周期。表 1-4 对上述各类项目生命周期模型的特点、范围需求的确定、交付要求、关键干系人参与项目的时间要求、适用性等进行了分析和概括。

表 1-4　项目生命周期主要类型

	预测型（瀑布型、计划驱动）	迭代型	增量型	敏捷型（适应型、变更驱动）
特点	按计划执行	重复地循环	渐进地增加	较小的增量、快速迭代；每次交付最有价值的东西
需求	开发前预先确定	交付期间定期细化	交付期间定期细化	交付期间频繁细化
交付	一次交付	分次交付	分次交付	频繁交付
关键相关方	特定里程碑时点参与	定期参与	定期参与	持续参与
优选适用条件	充分了解产品；厚实的行业实践基础；整批一次性交付有利于相关方	不断变化目标和范围；需降低项目复杂性（大型复杂）；部分交付有利于相关方	不断变化目标和范围；需降低项目复杂性（大型复杂）；部分交付有利于相关方	需应对快速变化的环境；需求和范围难以事先确定；较小增量改进有利于相关方

值得注意的是，项目生命周期模型在实际工作中可根据不同领域项目的实际需要和特点进行适当"裁剪"，选用并设计合适的项目生命周期模型。即使是在同一个专业应用领域，两个类似项目的生命周期阶段划分有时也可以不同，阶段的名称和数量取决于参与项目的相关组织的管理和控制的需要、项目本身的特征及其所在的应用领域。

例如，大型软件开发项目的生命周期通常以预测型（瀑布模型）为基本框架，如图 1-14 所示。这种系统开发生命周期描述了一个信息系统从目标提出到系统设计、实现、应用，直到最终完成系统使命的全过程。其基本思想是"自顶向下，逐步求精"。它按照用户至上的原则，从全局出发全面规划，采用结构化、模块化的方法，自顶向下对系统进行分析和设计，严格划分系统开发的各个阶段，一步一步地实现系统。

使用生命周期法开发信息系统通常包括五个阶段：系统规划、系统分析、系统设计、系统实施、系统运行与维护（如图 1-14 所示）。每个阶段的任务相对独立，具有明确的完成标志，前一个阶段完成的任务是后一个阶段的前提和基础，后一个阶段的任务是前一阶段任务的具体化。

在整个开发过程中，每个阶段结束之前都应该从技术和管理两个角度对其进行严格的审查，审查的主要标准就是每一个阶段都要完成高质量的文档，审核通过后才能开始下一阶段工作。在每个阶段都可以返回上一个阶段，甚至返回第一个阶段。

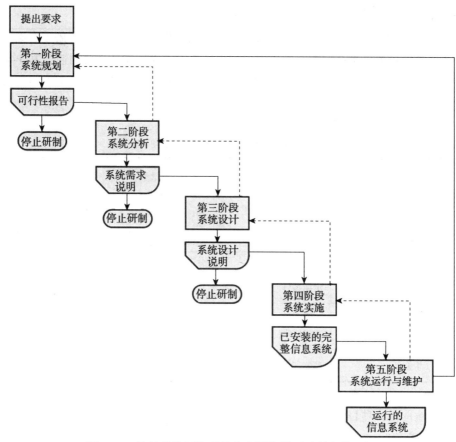

图 1-14　软件系统开发项目生命周期模型（瀑布模型）

在实际的软件开发中，特别是在客户需求不够明确时，很多子模块往往会用迭代型或增量型的方式实现交付。因此，系统交付又具有混合型生命周期的一些特点。

三、项目管理模型、方法和工件的全谱图

各种行业的项目实践为项目管理积累了大量有用的模型、方法和工件，它们表现为一套能用于某个特定项目或情景的表格、图例、指南、模板和清单等，构成了全频谱的项目管理方式体系，见表 1-5、表 1-6 和表 1-7。

项目团队应尽量避免重复非必要的、无用的、错误的、非团队的工作。因此，裁剪是必要的。裁剪就是为工作结构化而构建框架，以便交付项目成果。实践中，要针对项目、内部环境和外部环境，对模型、方法、可交付物和工件进行裁剪。通过深思熟虑，"裁剪"出更适合特定环境和当前工作的项目管理方式组合。

在《PMBOK®指南》背景中，这里的模型、方法和工件等术语定义如下。

- 模型：模型是解释过程、框架或现象的一种思考策略。
- 方法：方法是获得成果、输出、结果或项目可交付物的方式。
- 工件：工件可以是模板、文件、输出或项目可交付物。

表 1-5 常用模型

模型类别	具体模型名称
情境领导力模型	情境领导力模型/奥斯卡（OSCAR®）模型
沟通模型	跨文化沟通/沟通渠道的有效性/执行鸿沟和评估鸿沟
激励模型	双因素模型（保健因素和激励因素）/内在动机与外在动机、需要理论/X 理论、Y 理论和 Z 理论
变革模型	组织变革管理/ADKAR®模型/领导变革八步法/萨提尔变革模型（Satir change model）/转变模型
复杂性模型	Cynefin 框架/Stacey 矩阵
项目团队发展模型	塔克曼阶梯/Drexler/Sibbet 团队绩效模型
其他模型	冲突模型/谈判/规划/过程组/凸显模型

表 1-6 常用方法

方法类别	具体方法名称
数据收集与分析类	备选方案分析、假设和制约因素分析、标杆对照、商业合理性分析方法、核查表、质量成本、决策树分析、预期货币价值（EMV）、挣值分析、预测、趋势分析、偏差分析、影响图、敏感性分析、生命周期评估、概率和影响矩阵、自制或外购分析、过程分析、回归分析、储备分析、根本原因分析、模拟、干系人分析、SWOT 分析、假设情景分析、价值流图
估算类	亲和分组、类比估算、功能点、单点估算、多点估算、参数估算、相对估算、故事点估算、宽带德尔菲
会议和活动类	待办事项列表细化、投标人会议、变更控制委员会、每日站会、迭代规划会议、迭代审查会议、开工、经验教训会议、规划会议、项目收尾、项目审查、发布规划、回顾会议、风险审查、状态会议、指导委员会
其他方法	影响地图、建模、净推荐值（NPS）、优先级模型、时间盒

表 1-7 常用工件

工件类别	具体工件名称
战略类	商业论证、项目简介、商业模式画布、项目章程、项目愿景说明书、路线图
日志和登记册类	假设日志、变更日志、待办事项列表、问题日志、经验教训登记册、风险登记册、风险调整待办事项列表、干系人登记册
计划类	变更控制计划、沟通管理计划、成本管理计划、迭代计划、采购管理计划、质量管理计划、项目管理计划、发布计划、需求管理计划、资源管理计划、风险管理计划、范围管理计划、进度管理计划、干系人参与计划、测试计划
层级图类	组织分解结构、产品分解结构、风险分解结构、资源分解结构、工作分解结构（WBS）
基准类	预算、里程碑进度计划、绩效测量基准、项目进度计划、范围基准
可视化数据和信息类	亲和图、燃尽图/燃起图、因果图、累积流量图（CFD）、周期时间图、仪表盘、流程图、甘特图、直方图、信息发射源、提前期图、优先级矩阵、项目进度网络图、需求跟踪矩阵、责任分配矩阵（RAM）、散点图、S 曲线、干系人参与度评估矩阵、故事图、产量图、用例、价值流图法、速度图
报告类	质量报告、风险报告、状态报告
协议和合同类	总价合同、工料合同、成本补偿合同
其他工件	活动清单、招标文件、度量指标、项目日历、需求文件、项目团队章程、用户故事

第三节　项目管理发展历史与职业认证

一、项目管理的发展历史

项目管理通常被认为是第二次世界大战的产物（如美国研制原子弹的曼哈顿计划），但事实上，项目管理的历史源远流长，我们既要以开放的态度学习和借鉴西方行之有效的项目管理方式和方法，又要汲取我们先祖流传下来的古老经验和智慧，并使之发扬光大。项目管理发展大致经历了以下四个阶段。

1. 经验式项目管理（20世纪30年代前）

这个时期的项目主要依靠能工巧匠的经验来管理。我国古代的能工巧匠如李冰、李春等给后代留下了丰富的工程遗产，如：世界上年代最久且仍在使用的水利工程都江堰；现存最古老、跨度最长的大型石拱桥赵州桥；世界现存最长的人工运河京杭大运河；世界上最长的军事防御工程万里长城等。这些规模宏大、工艺精湛的工程无不体现了中国古代劳动人民的聪明智慧和高超的建筑技艺，至今还产生着巨大的经济效益和社会效益。

这期间，也有些标志性项目管理成果，如：1917年，亨利·L.甘特（Henry L. Gantt）发明甘特图；20世纪30年代，里程碑（milestone）概念出现并得到广泛应用。虽然很多宏伟工程项目表现出了高超的营造技术和先进的项目管理理念，但受当时的科学技术水平和人们认知能力的限制，这个阶段的项目管理是凭经验的、不系统的，还算不上是真正意义上的项目管理。

丁渭"一举三得"修复皇宫

宋真宗祥符年间，北宋的一座宫殿着火了，宫殿被烧成了一片废墟。丁渭奉命修缮被烧毁的宫殿，但在修复过程中面临着取土困难、建材运送困难和建筑垃圾处理困难。经过思索，丁渭决定先让工匠在大街上挖土。没过几日，大街就成了深沟。然后，丁渭又命工匠将汴河的河水引进沟中，再用很多竹排和船将修缮宫室所要用的材料通过沟渠运进工地。宫殿修完后，丁渭再将被火灾毁坏的器物和建筑垃圾填进在大街上挖出的深沟里，重新将街道填好，如图1-15所示。丁渭不但一举做了三件事，还节省了巨大的开支。

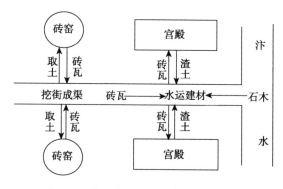

图1-15　"一举三得"修复皇宫示意图

2. 传统项目管理（20 世纪 30—80 年代）

近代项目管理萌芽于 20 世纪 40 年代，起初主要应用于国防和军工领域的项目。这个时期的项目管理有非常多的标志性事件。

20 世纪 30 年代，美国航空业逐步采用类似"项目办公室"的方法来监控飞机的研制过程。美国工程行业开始设立"项目工程师"这个职位，以监控和协调项目相关的各个部门。

1939 年，第二次世界大战爆发，项目管理被认为是第二次世界大战的副产品，在战争的无序之中，诞生了项目管理的有序。

20 世纪 40 年代，美国在曼哈顿原子弹计划中首次应用了项目管理来进行对项目的计划和协调管理。

1957 年，美国杜邦公司发明了 CPM（关键路径法），使维修停工时间由原先的 125 小时锐减为了 78 小时。

1958 年，美国海军在北极星导弹项目中应用了 PERT（计划评审技术），将北极星项目的工期缩短了两年（计划时间为 8 年）。

1965 年，国际项目管理协会 IPMA 在欧洲瑞士成立。

1969 年，美国项目管理协会 PMI 在美国宾州成立。

这个时期，不仅产生了大量的项目管理工具和方法，还成立了项目管理的专业组织。从 20 世纪 70 年代开始，项目管理逐步发展为具有自身特色的专业学科。

3. 现代项目管理（20 世纪 80 年代以后）

美国项目管理协会（Project Management Institute，PMI）于 1987 年正式推出了《PMBOK®指南》。《PMBOK®指南》的出现在项目管理领域是一个新的里程碑，标志着项目管理的成熟。

20 世纪 80 年代是传统项目管理和现代项目管理阶段的分水岭。1980 年之后，美国、英国和澳大利亚等国家先后在大学设立正式的项目管理学位课程，项目管理开始逐步走向规范化和系统化。因此，项目管理专家们把 20 世纪 80 年代以前称为"传统的项目管理"阶段，将 20 世纪 80 年代以后称为"新的项目管理"阶段。《PMBOK®指南》把项目管理归纳为范围管理、时间管理、费用管理、质量管理、人力资源管理、风险管理、采购管理、沟通管理和整合管理九大知识领域。《PMBOK®指南》又分别在 1996 年、2000 年和 2004 年进行了修订，并于 2012 年在第 5 版增加了"项目干系人管理"，让项目管理有了十大知识领域。2021 年发布了《PMBOK®指南》（第 7 版），其体系不断完善和发展。

在这一时期，体系化的项目管理知识迅速传遍世界各国，项目管理的范围从最初的军事项目和宇航项目很快扩展到各种类型的民用项目，其特点是面向市场、迎接竞争。项目管理除了计划和协调外，对采购、合同、进度、费用、质量、风险等给予了更多重视，初步形成了现代项目管理的框架。

4. 现代项目管理新发展

进入 20 世纪 90 年代以后，项目管理有了新的进展。

（1）项目管理的应用范围扩大。自20世纪90年代以来，项目管理的应用范围迅速扩展到了所有工业领域（行业），从单一项目环境扩展到了整个组织环境，有些项目管理还从单一的项目管理转变为多个项目管理，或者一种项目的组合管理。项目管理尤其在新兴产业中得到了迅速的发展，比如通信、软件、信息、金融、医药等。现代项目管理的任务已不仅仅是要执行任务，还要开发项目、经营项目，以及为经营项目完成后形成的设施、产品和其他成果提供必要的条件。

（2）从偏重技术管理到注重对人的管理。为了在迅猛变化、急剧竞争的市场中迎接经济全球化、一体化的挑战，项目管理更加注重人的因素、注重顾客、注重柔性管理，力求在变革中生存和发展。从简单的考虑工期和成本控制，到全面综合的管理控制，包括对项目质量、项目范围、风险、团队建设等各方面的综合管理。过去，项目管理片面地强调技术，如建筑业，过去有技术方面的经验就可以胜任该领域项目经理的工作，现在则要求项目管理者和项目成员不仅要是项目的执行者，还要能胜任更为广泛的工作，也被要求掌握更加全面的专业技术、经营管理知识和技能等。

（3）项目管理被作为组织结构扁平化的解决方案。项目管理作为一种新的管理模式，可以调整原来非常臃肿的纵向职能部门管理或类似军事化的组织结构，使之变成一种扁平化的、更有效率的组织。

（4）企业向项目驱动型企业转型。随着项目管理在企业管理中的渗透和成熟，越来越多的企业向项目驱动型企业转型。

非项目驱动型企业（非项目型组织）通常是传统的制造、服务、营销、研发类企业，其组织中大量的工作是重复性的周期活动，企业的管理是围绕产品的生产流程进行专业分工和职能划分的，组织结构为典型的层级金字塔形。企业创造的收入和利润来自所有部门和员工的混合劳动，没有独立的利润中心，各单位的工作不能进行单独核算。在非项目型企业中也存在类似项目性质的一次性工作，如新产品研发上市、流程优化、技术创新等，但这些工作没有被系统地组织管理起来，通常是被定义为任务而不是项目，采用非正式的方式管理。

项目驱动型企业，如建筑企业、咨询企业及大型设备交通制造企业，其工作都具备项目特征，如一次性、独特性等。在这些项目驱动型组织中，其组织体系、人力资源管理、绩效考核、营销等工作都是以项目为特征，而且每个项目均作为一个独立的成本核算单位。项目驱动型组织是通过其一系列前后相接的项目的起始终结的动态过程来实现企业利润的增长的。

项目驱动型企业必须满足以下几个条件：项目管理蕴含在公司战略中；采用暂时性的项目组织来完成复杂的项目过程；对不同的项目进行项目组合管理；由永久性的管理部门（如项目管理部门和项目组合管理小组）进行一体化的功能管理；运用"新管理范式"；具有清晰的项目管理文化；感知自身是项目驱动型的。

二、全球项目管理教育与职业认证的发展

项目管理职业化教育在国外由来已久。20世纪70年代末，英国就在克兰菲尔德和亨

利管理学院开设了项目管理课程，通常将其作为学位课程的一部分，在当时的英国属于工程和信息专业，而在荷兰，则将项目管理纳入经济类、创新类、信息类范畴。澳大利亚的一些学校在16~19岁的学生中教授项目管理基础知识，而有些国家甚至在初中阶段就开设了类似课程。如今，项目管理的职业化教育已经遍布世界各地。

现在，项目管理已经成了一种职业，从业者可以像教师、建筑师、医师、会计师一样以自己的专业知识和技能立足于社会。人们通常可以通过职业资格认证进入项目管理职业领域。

（1）PMP（project management professional）资格认证。PMP是由美国项目管理协会（Project Management Institute，PMI）发起的，用于严格评估项目管理人员是否具有高品质的知识技能的资格认证考试。其目的是给项目管理人员提供统一的行业标准。美国项目管理协会建立的认证考试有PMP（项目管理师）和CAPM（项目管理助理师），目前已在全世界190多个国家和地区设立了认证考试机构。

PMI认证制度要求申请者必须达到PMI所规定的所有教育和经历要求，并通过认证考试，最后才能获得PMP证书。每隔3年，PMI会重新审查获得PMP资格认证的人员，只有那些在3年内积累了一定的参加培训和实际从事项目管理经历的PMP才可以保持其资格的连续有效性。PMI测试包括200多道问题，主要评估测试者对项目管理原则、原理、术语、观点和要素等方面的知识的掌握，其具体内容是一份有代表性的问卷，是针对项目管理各过程（项目立项、规划、实施、控制和完成）的一系列问题。

（2）IPMP（international project management professional）资质认证。IPMP是由位于瑞士的、由全球范围内的70多个成员国组成的国际项目管理协会IPMA在中国颁发的认证证书。IPMP综合考核项目管理人员的知识（通过笔试）、技能和经验（通过面试）三方面的能力。IPMA从1987年就着手进行对项目管理"人员能力基准"的开发，并在1999年正式推出了ICB（IPMA能力基础线，IPMA competence baseline）。在这个能力基准中，IPMA把个人能力划分为42个要素，其中有28个核心要素、14个附加要素，当然还有关于个人素质的八大特征及总体印象的十个方面。

IPMP资质认证分为A、B、C、D四个等级，该种资格证书的有效期一般为5年，过期后需要再申请。其中，A级是工程主任证书级，简称CPD。它被授予具有指导一个工程计划或一个公司或分公司全部项目的能力，或来自不同国际文化背景、具有管理国际复杂项目能力的人员。如果想得到这个级别的证书，必须自己提出申请，申请包括对自己能力的自我评价，以及已经获得该资格证书的人士的推荐文件。在业务方面，要有本人撰写的项目建议书、项目报告等。最后还要经过面试才能取得该证。B级为项目经理级别证书。C级为项目管理工程师级证书，IPMP中的C级认证水平与美国项目管理协会PMI颁发的PMP证书效力相当。D级为项目管理技术员级证书。虽然这些项目管理人员的资格认证侧重点有所不同、方法各异，但是都为推进项目管理职业化发展做出了很大贡献。

相比较而言，PMP和IPMP在认证体系、知识体系、考核方式、引进方式，以及证书管理上均具有一定区别。

三、我国项目管理专业人才的培养与资质证书

20世纪80年代初，中国引入了世界银行贷款项目（具体指1984年的鲁布革水电工程项目，被业内称为"鲁布革冲击"）。自此，现代项目管理思想、工具及知识体系逐步进入中国。

我国项目管理资质认证的工作最早起源于建设行业的推广的项目法施工。1991年，建设部提出要加强企业经理和项目经理的培训工作，并将项目经理资格认证工作纳入企业资质就位管理。2000年，PMI推出的PMP登陆中国并在我国掀起了项目管理应用的热潮。2001年，IPMA的IPMP在PMRC的推动下正式登陆中国，掀起了我国项目管理认证的高潮。根据《中国项目管理二十年发展报告》显示，截至2019年9月，全国累计PMP报考人数近60万人次，通过PMP认证的人数约42万人，有效持证人数约30万人，占全球PMP持证总量的31.2%，占亚太地区PMP持证总量的90%以上。

2002年，劳动保障部正式推出了"中国项目管理师（CPMP）"资格认证，标志着我国政府对项目管理重要性的认同，项目管理往职业化方向发展已成必然。中国项目管理研究委员会（Project Management Research Committee，PMRC）建立了适合我国国情的中国项目管理知识体系（Chinese project management body of knowledge，C-PMBOK）。C-PMBOK的研究工作开始于1993年，1994年由PMRC常务副主任、西北工业大学钱福培教授负责的课题组向国家自然科学基金委员会提出立项申请，并获准正式开启了"我国项目管理知识体系结构的分析与研究"。在此基础上，PMRC成立了专家小组负责起草C-PMBOK，并于2001年5月正式推出，建立了符合中国国情的《国际项目管理专业资质认证标准》（C-NCB），C-PMBOK与C-NCB的建立标志着中国项目管理学科体系的成熟。

与PMBOK相比较，C-PMBOK的突出特点是以生命周期为主线，以模块化的形式描述项目管理所涉及的主要工作及知识领域。基于这一编写思路，C-PMBOK将项目管理的知识领域共分为88个模块。由于C-PMBOK模块结构的特点，使其具有了将各种知识进行组合的可能性，特别是对于结合行业领域和特殊项目管理领域知识体系的构架非常实用。

在高校项目管理专业人才培养方面，高校在本科层次开设项目管理课程的情况较普遍。另外，国务院学位办早在2003年就设立了项目管理工程硕士学位。2004年，教育部批准全国72所高校培养项目管理工程硕士。截至2021年，共有158所院校可以招收培养项目管理工程硕士。可以看到，目前项目管理已经成为一门综合性的学科，其先进的理论、方法和技术已在各行业、各领域得到了广泛而深入的应用和发展。

本章小结

本章介绍了项目、项目管理，以及《PMBOK®指南》的相关概念、起源与发展。《PMBOK®指南》的出现标志着项目管理学科的成熟，它规范了项目管理知识体系。《PMBOK®指南》（第6版）是基于过程的，它按照项目启动、计划、实施、控制和收尾

五大过程来组织内容,规范了项目管理十大领域的相关过程和知识。而《PMBOK®指南》(第 7 版)是基于原则的,它以十二大原则指导项目管理者管理行为,强调要针对项目特点、内部环境和外部环境合理裁剪项目管理相关模型、方法和工件,以达到八大绩效领域的管理目标。本章的学习为学习者打开了进入项目管理领域或开启一个新的职业生涯的大门,通过培养学习者的系统思维、辩证思维和组织协调等能力,让学习者形成正确的项目管理思维。

1. 项目有哪些特性?这些特性会给管理上带来哪些挑战?
2. 项目与运营相比有哪些不同,为什么会有这些不同?
3. 项目管理过程组中"计划过程""实施过程""控制过程"之间是一种什么样的关系?
4. 在项目管理过程组中,你认为哪个过程最为重要?为什么?
5. 项目生命周期与项目全生命周期和产品生命周期的基本概念有哪些不同?

自学自测　扫描此码

第二章 项目驱动力量：人和组织

学习目标

知识目标

1. 了解项目中的主要角色及其职责；
2. 掌握直线职能式、项目式、矩阵式等组织形式及其优缺点；
3. 掌握项目管理办公室概念、职责及其运行；
4. 掌握项目团队的概念、特点及项目团队的建设发展规律；
5. 了解建设高效项目团队的方式。

能力目标

1. 理解各类项目组织形式的特点，能够为具体项目选择合适的组织形式；
2. 了解项目经理所需的知识、素质和能力要求，培育相应的硬技能和软技能；
3. 了解项目团队的建设发展规律，综合运用沟通管理、冲突管理、谈判和领导等技能，提高建设高效项目团队的能力。

引导案例

宫俊亭的华丽转型：从设计总工转型项目执行经理

2017年9月，在第30届IPMA（国际管理协会）世界大会上，由山东电力工程咨询院有限公司副总经理宫俊亭主持的湄洲湾项目在与世界知名大型项目的竞争中脱颖而出，被授予国际卓越项目管理大奖金奖。这不但是本届超大型项目评选出的唯一金奖，也是我国首个获此殊荣的电力项目，号称国际项目管理领域"奥斯卡"。

引导案例

请扫码阅读案例素材，并讨论：

1. 作为项目经理，他是如何发挥其职能作用，驱动湄洲湾火电建设项目实现卓越管理的？
2. 相比设计总工程，对项目经理的能力和素质的要求有哪些不同？

第一节 项目中的主要角色

项目是由人和组织共同驱动的，项目发起人、执行委员会、项目首席（项目管理办公室),以及项目经理等角色都是驱动项目成功的重要力量。为了成功地启动、规划和实施项目,各层级的项目管理者应承担其相应的管理职责,项目经理应与各级管理者建立良好的工作关系。

一、项目发起人

项目发起人是指最初提出项目设想并计划实施的人,可以是为项目提供财务资源的个人或小组,也可以是享有最大份额的项目成果的实体。作为发起人,一般会通过公开或幕后等多种方式支持项目。

项目中,发起人扮演着极其重要的角色。项目起源于发起人,也要终止于发起人,而且发起人在全过程中要尽可能多地参与到项目中。

发起人的职责通常涉及以下四个方面:

- 选择项目经理和核心团队。
- 制定项目企划书初稿和项目范围界定,并可单方面批准项目章程或将其交给项目执行委员会批准。
- 在项目进展期间,在后台提供资源,决策、协调、支持工作。
- 在客户方面,识别所有干系人,明确客户需求并确定优先级,界定项目可交付物,确定客户愿接受的项目交付成果。

项目发起人在各阶段的职责如表 2-1 所示。

表 2-1 项目发起人的职责

阶 段	发起人职责
启动阶段	(1)就项目当前或未来对企业的商业价值等方面提供说明; (2)定义组织对项目的需求; (3)选择项目经理以及在人员配备方面提供协助; (4)为项目获取资金支持; (5)任命项目发起人的联络人
计划阶段	(1)审批项目计划、预算及建立管理准备金; (2)参与项目计划编制过程的工作; (3)保证项目人员的可获得性
实施阶段	(1)定期对项目实施管理的审查; (2)协助解决项目需求方面的问题; (3)书面批准各种项目要求以及资格标准; (4)审批项目计划及执行中的变更; (5)必要时参加项目状况审查会议
收尾阶段	(1)参加或派员参加项目经验/教训交流会议; (2)签署并批准项目结束

随着项目的进展,发起人可以在后台通过提供资源、消除障碍、制定高水平的决策,以及协调项目核心团队与项目领导层的工作来支持项目,同时不断地获取项目干系人的不

同观点。在员工方面，发起人所选择的员工要在数量上和技术上满足项目的需要。

项目发起人属于项目高层角色，其他高层管理角色如执行委员会和项目首席（项目管理办公室）将在第二节中介绍。

二、项目经理

图 2-1 项目经理的角色

项目经理是由执行组织委派，领导项目团队实现项目目标的个人。

作为项目的负责人，项目经理负责项目计划、实施和收尾的全过程，以保证项目目标成功实现。项目经理在项目管理过程中起着关键的作用，其充当的角色如图 2-1 所示。

- 所有项目活动的中心。
- 企业内部与外部项目相关者和组织之间的纽带。
- 项目进度、质量及成本的管理者。
- 项目成员的领导者与激励者。
- 影响项目所有事情的沟通者与交流者。
- 项目资金与其他资源的管理者。

（一）项目经理的职责与权力

1. 项目经理的职责

项目经理作为项目管理组织的核心，其职责范围非常广泛，主要可分为三个各自独立的领域：对企业的责任、对项目和客户的责任，以及对项目团队成员的责任。

（1）对企业的责任。对项目进行精心而有效的管理，项目经理有责任保证项目的目标和企业的经营目标相一致，使得项目的成功实施以实现企业的战略目标。适当管理项目的资源，保证其在资源约束条件下被充分而有效地利用，避免造成浪费。项目经理应及时准确地进行项目沟通，及时将项目的进展信息、未来可能发生的情况，如进度、成本、质量、项目推迟和出现赤字的可能等向上级汇报，企业才可以从宏观角度对项目群进行管理，同时取得上级对本项目各方面的支持。高层管理者应当知道项目未来可能发生的问题。项目经理应当向高层管理者说明发生超预算或工期延误的可能性，同时要说明减少这些事件发生可能性的方法。如果项目经理要保持其信誉，使公司避免承担较大的风险，以及使高层管理者能够在必要时参与调停工作，那么其报告就必须是准确、及时的。

（2）对项目和客户的责任。项目经理对项目的成功与否负有主要责任，对项目的实施计划、监督与控制，保证项目在预算内按时达到预期效果，保证项目的完整性，保证项目自始至终以实现项目目标为最终目的，合理地解决项目过程中的冲突等负有重要的责任。

尽管许多对项目拥有合法权益的当事方提出的要求有冲突，但一定要确保维护好项目的整体性。例如，市场营销部门响应客户的意见向工程部门提出了变更建议，但工程部门不进行配合,此时项目经理就必须对工程部门进行协调。与此同时,合同管理部门声称,如果没有提交正式的变更指令,客户就没有权利要求变更;生产部门则声称,如果不彻底进行重新设计,市场营销部门的建议在项目中根本无法实施。

项目经理身处这种混乱局面的中心,必须能够从误解中寻求理解、化解矛盾、平衡利益、满足客户的需求。项目经理应当牢记,在努力应对这些问题的同时,需保证项目按时完工,其不超预算、符合规范的责任一点也没有减轻。

(3)对项目成员的责任。项目经理有责任为项目组成员提供良好的工作环境与氛围,鼓励成员之间密切配合、通力合作,打造一个良好的工作团队。同时,建立一定的考评制度对项目成员进行公平、公正的绩效考评,使项目成员在项目完成之后能获得更好的归属。

2. 项目经理的权力

通常情况下,项目经理应该被授予以下几方面的权力。

(1)项目团队的组建权。项目团队的组建权包括两个方面:一是对项目经理班子或管理班子的选择权;二是对项目团队成员的选择权,项目经理班子人员与项目团队成员的选择、考核和聘用、培训、升迁、处分、奖励、监督指挥甚至辞退等权利都包含在内。

(2)财务决策权。实践表明,拥有财务权并使其个人的得失和项目盈亏联系在一起,能够使其较周详地考虑自己的行为后果。因此,项目经理必须拥有与该角色相符的财务决策权,具体包括利益分配权、费用控制权、资金的融通、调配权等。

(3)项目实施控制权。在项目的实施过程中,由于资源的配置可能与项目计划书有所出入,加之项目实施的外部环境也会发生一定的变化,因此项目实施的进度无法与预期同步。为解决该局面,项目经理需根据项目总目标,将项目的进度和阶段性目标与资源和外部环境进行平衡,并做出相应决策以便对整个项目进行有效的控制,避免因冗长的汇报批示而错过时机,造成损失。

3. 项目经理权力的痛点

权责对等是管理的一条原则。权大于责会导致乱拍板、无人承担相应的后果等问题;而责大于权又会使管理者趋于保守,因而缺乏创新精神。但相对其承担的责任,项目经理的权力明显不足。

一方面,项目的周期性特点决定了项目经理的职权与传统的职权相比不占优势。由于项目经理的职务与项目一样,具有一次性、临时性等特点,在项目结束的同时,项目经理的职权也会自动消失。因此,对项目团队成员来说,项目经理对其的管理就无法像传统管理那样具有连续性。

另一方面,存在权力冲突。首先是项目经理与职能经理权力的冲突。项目组织的方式决定了职能经理与项目经理对项目团队成员的多头领导,因此项目经理与职能经理不可避免地会出现管理上的冲突。权力冲突在项目进行的各个阶段都会存在,或大或小,因此项目经理必须清醒地认识到这一点,并正视这些客观存在的冲突,保证项目管理工作的顺利进行。其次是多项目环境下项目经理之间的权力冲突。在多项目环境下,项目之间往往存在资源竞争。项目的交叉性造成了项目经理很难行使强制性的法定权力。在项目出现冲突时，如一个项目组成员同时接受两个项目经理的领导，就会出现两个项目经理都无法公开行使强制法定权力的问题，原因是两个项目经理的权力大致相同。另外，由于项目数量众多，可能造成项目组成员对项目的依赖性下降，从而削弱了项目经理的个人权力。因此，项目经理应多多发展自己职位权力以外的权力，如奖赏权和专业权等，见表2-2。

表2-2 项目经理行使权力的方式

权　力	举例及说明	类　型
地位	正式的、权威的、合法的权利，例如组织或团队授予的正式职位	职位权力
信息	信息掌握权力，如信息收集或分发的控制权，即"房产中介"	复合权力
参考	因为他人的尊重和赞赏获得的信任，如"受人尊敬的老师"	人身权力
情境	在危机等特殊情况下获得的权力、敏捷方法鼓励，如"主动号召大家解决问题"	复合权力
个性魅力	魅力、吸引力，如"气宇轩昂，谈吐不凡"	人身权力
关系	参与人际交往、联系和结盟，如"战国时期著名纵横家苏秦"	人际互动
专家	拥有的技能和信息、经验、培训、教育、证书，如"教授对学生、专家对民众"	专业权力
奖励	能够给予表扬、金钱或其他奖励，如"发奖金，奖励由PM亲自执行"	职位权力
处罚	给予纪律处分或施加负面后果的能力，如"周会迟到罚款"	职位权力
迎合	运用顺从或其他常用手段赢得青睐或合作，如"请客户吃饭交朋友"	人际互动
施加压力	限制选择或活动自由，以符合预期的行动，如"要求限期内完成任务"	职位权力
出于愧疚	强加的义务或责任感，如"带头捐款"	人际互动
说服力	能够提供论据，使他人执行预期的行动方案，如"动之以情，晓之以理"	人际互动
回避	拒绝参加，如"有A参加的会议我就不参加了"	人际互动

（二）项目经理的能力要求

为实现对项目有效的管理和领导，项目经理需要较强的能力和素质要求。项目经理特别需要培养软技能和硬技能。软技能包括沟通和领导才能，硬技能包括风险分析、质量控制、进度安排和预算工作等方面的能力。

1. 技术管理能力

项目经理需要具备与项目、项目集和项目组合管理等特定领域相关的知识、技能和行为，即角色履行的技术方面。

2. 人际沟通能力

项目经理80%～90%的工作时间是在跟各方进行沟通，面对那么多的相关方和干系人，如果没有好的沟通能力，项目根本就推进不下去。项目沟通管理由两个部分组成：第一部分是制定策略，确保沟通对相关方行之有效；第二部分是执行必要活动，以落实沟通策略。

3. 协调冲突的能力

项目经理不仅要夹在客户、领导、职能层、员工层之间，要协调各个干系人、协调各种沟通问题和进度问题，还需要管理好资源冲突、团队冲突等问题，因此项目经理必须具备协调资源和冲突的能力。

4. 领导力技能

项目经理良好的领导力可帮助组织达成项目目标。领导力技能包括指导、激励和带领团队的能力，这些技能可能包括协商、抗压、沟通、解决问题、批判性思考和人际关系技能等方面的基本能力，如图 2-2 所示。

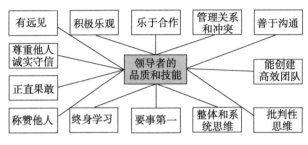

图 2-2　项目经理的领导力技能

5. 战略和商务管理能力

如图 2-3 所示，项目经理能站在全局的角度理解组织战略及目标，在战略全局上与高层保持一致，具备包括纵览组织全局并有效协商和执行有利于战略调整和创新的决策以及行动的能力。

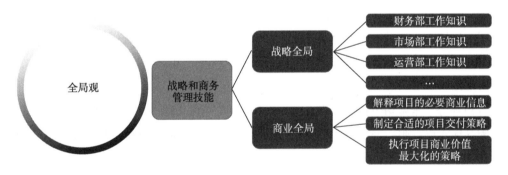

图 2-3　项目经理的全局把握能力

6. 风险管理能力

项目中的风险无处不在，项目经理需要具备对风险的预测、识别和规避，以及应对能力。项目风险管理包括规划风险管理、识别风险、开展风险分析、规划风险应对、实施风险应对和监督风险等各个过程。项目风险管理的目标在于提高正面风险的概率和（或）影响，降低负面风险的概率和（或）影响，从而提高项目成功的可能性。

7. 时间管理能力

为保证项目如期交付，项目经理必须控制好项目的每个节点，管理项目按时完成所需的各个过程。

8. 控制变更的能力

项目推进过程中,变更是不可避免的。项目经理要实施整体变更控制、审查所有变更请求、批准变更,以及管理对可交付成果、组织过程资产、项目文件和项目管理计划的变更,并对变更处理结果进行沟通的过程。

9. 整合能力

项目经理要对项目及项目管理全面负责,因此项目经理要具备良好的系统思维能力、逻辑思维能力、形象思维能力、分析能力和综合能力,以及将几种能力辩证统一于项目管理活动的整合能力。

三、其他项目角色

下面主要介绍职能经理、协调人、客户、核心团队成员和专家。

1. 职能经理

职能经理属于部门领导,通常决定该如何完成项目工作,并监督项目工作的完成。关于指派哪些人去做项目工作,则要同项目经理进行协商,项目经理和职能经理都想为企业贡献自己的最大努力,但项目经理关注的是自身的项目需求,职能经理考虑的是自身部门的需求,因此两者往往存在一些分歧。

2. 协调人

如果项目很复杂或易引起争议,就需要他人来协助项目经理召集会议和做出决策。一旦任用了协调人,项目经理就会集中精力在项目内容上,而协调人则会把注意力放在过程协调上。同时,协调人还能帮助项目经理理解企业政策,并针对具体问题提出建议。

3. 客户

客户部分或全部角色往往是靠发起人来担当的。他们确保客户的需求被准确地识别,并明确其优先权。确保在项目实施过程中及时按照客户的需求来调整项目进程和项目决策。其主要任务见表2-3。

表2-3 客户在项目中的任务

独 立 任 务	和承包商的合作工作
1. 项目优先级排序 2. 选择好的承包商 3. 必要时终止项目	1. 制定章程 2. 制定清晰的需求方案 3. 建立和利用项目控制系统 4. 项目启动

4. 核心团队成员

被指派从头到尾参与项目的人员属于项目核心团队成员,核心团队成员和项目经理一起完成大部分计划工作并从事项目层面上的各种决策。核心团队成员尽量精干,团队规模不宜过大，因为这样会减少成员之间的纷争，也便于对会议的安排与组织。团队成员应在短时间内掌握沟通和相互协助的技能。

5. 专家

由于核心团队成员较少，所以在繁忙时通常会需要外来人员的帮助和支持。在项目繁忙时需要聘任的临时成员通常被称为特聘专家，这些成员往往根据具体需要来运用，他们一般不参与章程的起草和签署。

第二节　项　目　组　织

一、项目环境与项目组织

1. 项目环境

一个项目的完成通常需要对项目所依存的大环境有着敏感的认识和正确的理解。

项目在环境中构想、开发和实现，项目及其管理通常情况下对环境有着一定的影响，同时也被环境所制约。项目环境包括实施项目中的内在环境及外在环境。项目外部环境主要包括：政治环境、生态环境、经济环境、技术环境、规章制度环境及其他。项目内部环境主要来源于组织的内部因素：组织自身、其他项目、工件、实践或内部知识，包括（但不限于）：

- 过程资产。过程资产可能包括工具、方法论、方法、模板、框架、模式或 PMO（项目管理办公室）资源。
- 治理文件。治理文件包括政策和流程。
- 数据资产。数据资产可能包括以前项目的数据库、文件库、度量指标、数据和工件。
- 知识资产。知识资产可能包括项目团队成员、主题专家和其他员工的隐性知识。
- 安保和安全。安保和安全措施可能包括针对设施访问、数据保护、保密级别和专有秘密的程序和实践。
- 组织文化、结构和治理。组织的这些方面包括愿景、使命、价值观、信念、文化规范、领导力风格、等级制度和职权关系、组织风格、道德和行为规范。
- 设施和资源的地理分布。这些资源包括工作地点、虚拟项目团队和共享系统。
- 基础设施。基础设施包括现有设施、设备、组织和电信通道、信息技术硬件、可用性和功能。
- 信息技术软件。信息技术软件包括进度计划软件、配置管理系统、在线自动化系统的网络接口、协作工具和工作授权系统。
- 资源可用性。资源可用性包括签订合同和采购制约因素、获得批准的供应商和分包商，以及合作协议和与人员和材料相关的可用性。
- 员工能力。员工能力包括通用和特定的专业知识和技能。

2. 项目组织

组织的含义：作为名词，是指组织机构；作为动词，是指组织工作（或行为、活动）。

项目组织是指为实施项目管理而建立的组织机构，该机构为实现项目目标而进行各项组织工作。项目组织一般是从母系统（组织环境）中分离出来的，拥有自己的技术人员和行政管理机构，依靠阶段性项目进度报告同母系统保持简单联系，进而成为相对独立的单位。在这一组织里，项目经理对资源拥有一定的控制力，以保证不会和其他项目发生冲突。

为了达到项目目标，项目组织可能复杂且多样。例如，一个工程项目在决策阶段、实施阶段和运营阶段的组织系统，不仅包括建设单位本身的组织系统，还包括各参与单位（设计单位、咨询单位、施工单位、供货单位等）共同或分别建立的针对该工程项目的组织系统，如项目结构、项目管理的组织结构、工作任务分工、管理职能分工、工作流程组织等。

3. 项目组织的特征

项目组织不仅具有一般组织所具有的特征，由于项目与项目管理的特殊性，使得项目组织还具备有别于一般组织的一些特征。

（1）临时性

由于项目是一次性的，项目组织是为完成项目任务而组建的，因此一旦项目结束，并成功交付满足顾客独特需求的项目成果后，项目组织的使命便完成了，项目组织就会随着项目的结束而解散。

（2）灵活性

项目组织与项目一样具有生命周期，会在项目的不同阶段发生变化。项目要有可以根据具体情况而灵活变动的组织形式和用人机制，而不是一个迟钝、僵化、无生命的机体。各个项目利益相关者之间的联系都是有条件的、松散的。项目利益相关者及个人成员在某些事务中属于某项目组织，而在另外的事务中可能属于其他组织。

（3）专业性

提高工作效率、提高熟练程度，需要专业化的成员参与，但当分工和专业化产生协调问题时，项目组织内人员必须协调一致，整合组织内的个体行为，以求效率的最大化。

（4）项目经理的核心性

项目经理在项目组织中处于核心地位，在项目组织的组建、项目实施的进度与费用控制、项目目标的实现上起着重要作用，是沟通和协调项目中所有利益相关者的核心人物。

（5）团队合作性

项目组织将服务于项目的不同部门、不同层次、不同工序的人组合在一起，为完成项目目标而努力工作。因此，只有强调项目成员之间的协作精神，才能促使和保证项目目标的达成。

二、项目管理的主要组织形式

组织一般具备一定的结构，即组织结构，也可称为组织形式。组织结构是企业资源和权力分配的载体。组织结构是组织内部各个有机构成要素相互作用的联系方式或形式，以求有效、合理地把组织成员组织起来，为实现共同目标而努力。

项目组织结构的主要类型包括直线职能式、项目式和矩阵式三大类。

（一）直线职能式组织形式

直线职能式组织是一种层次型的组织结构，在这种组织结构中，每个雇员都有一个直接上级，雇员需要接受他的领导并向他汇报，以保证组织的直线指挥系统能够充分发挥作用。这种组织中的雇员基本上是按照专业化分工来划分部门的，所以在这种组织中除了直线指挥系统之外，还有一系列的职能管理部门（例如，供应部门、销售部门、财务部门、人力资源部门等），这些部门负责企业或组织各方面的职能管理工作。

直线职能式组织既可以用于完成某些小型项目，也可以在组织内部建立相关的项目团队。在这种项目团队中，项目经理和项目管理人员都是兼职的，一般不从组织的其他部门选调专职的项目成员。项目经理权力和权威性其实很小，甚至很少使用"项目经理"这一头衔，而只是简单地被称为"项目协调人"。因此，在这种直线职能式组织中开展项目管理是十分不利的。直线职能式组织形式结构如图 2-4 所示。

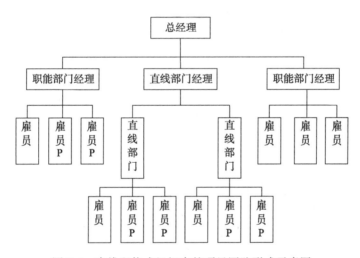

图 2-4 直线职能式组织中的项目团队形式示意图

注：带"P"的雇员是被分配去做项目的雇员（下同），其组合构成了直线职能式组织中的项目团队。

（二）项目式组织形式

与直线职能式组织形式截然相反的是项目式组织形式。项目从公司组织中分离出来作为独立的单元后，有其自己的技术人员和管理人员。项目式组织形式按项目来划分所有资源，即每个项目有完成项目任务所必需的所有资源。每个项目的实施组织有明确的项目经理，对上直接接受企业主管或大项目经理的领导，对下负责对本项目资源的运用，以完成项目任务，每个项目组之间相对独立。项目式组织形式如图 2-5 所示。

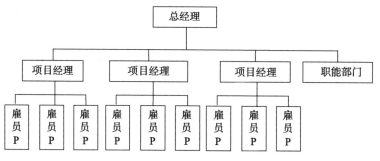

图 2-5　项目式组织形式

（三）矩阵式组织形式

矩阵式组织的主要特色是由其专业职能部门构成了矩阵式组织的"列"，同时由这种组织建立的项目团队构成了矩阵式组织的"行"，其组织形式如图 2-6 所示。矩阵式组织从不同职能部门抽调了各种专业人员组成了一个个项目团队，当这些项目团队的任务结束以后，项目团队的人员可以回到原来的专业职能部门中去，所以这种组织形式具有很大的灵活性。矩阵式组织是一种直线职能式组织和项目式组织的混合物，这种组织形式中既有适合日常运营的直线职能式组织形式，又有适合完成专门任务的项目式组织形式，因此它适合既有日常运营业务，又有项目工作的企业或组织。在矩阵式组织中，按照项目经理相比职能经理权力的大小，又可以将其分为强矩阵式组织、弱矩阵式组织和平衡矩阵式组织。在弱矩阵式组织中，项目经理的角色主要是协调者或促进者，项目经理的权威性较低，有的项目经理甚至还是兼职的。而当项目经理具有较大的权力时，则被称为强矩阵式组织。当项目经理与职能经理权力大小相当时，则被称为平衡矩阵。

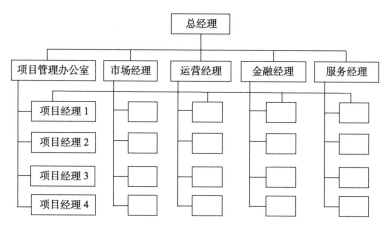

图 2-6　矩阵式组织结构

（四）三种组织形式优缺点比较与选择

项目组织形式将决定项目业务与公司日常业务之间的关系，影响项目组织形式选择的关键因素很多，因此决定采用何种项目组织形式并不容易。项目内外环境的复杂性及每种组织形式的各种优劣使得几乎没有可以让人普遍接受、步骤明确的方法来告诉人们该如何选择何种类型的组织形式。一般需要综合考虑各种组织形式的特点、项目的特点、项目所处环境的特点等因素，才能做出较为适当的选择。最终的选择是项目管理者知识、经验及直觉等的综合结果。因此，表 2-4 列出了在项目组织形式选择时一些可能需要考虑的因素与组织形式之间的关系。

表 2-4 影响项目组织形式选择的关键因素

影响因素	职能式	矩阵式	项目式
不确定性	低	高	高
所用技术	标准	复杂	新
复杂程度	低	中等	高
持续时间	短	中等	长
规模	小	中等	大
重要性	低	中等	高
客户类型	各种各样	中等	单一
对内部依赖性	弱	中等	强
对外部依赖性	强	中等	弱
时间限制性	弱	中等	强

除需考虑这些可能的因素外，还需比较三种常见项目组织形式的决策者各自的优点和缺点，以便根据实际情况做出更准确合理的判断，如表 2-5 所示。

表 2-5 三种组织形式的比较

比较点	职能式	项目式	矩阵式
谁做决策	职能经理	项目经理	共享权力
优点	没有重复活动 专业技能优异 一个老板 便于统一管理 有效地共享知识 便于专业技术水平的提升 资源利用的灵活性与低成本 成员不担心遣散问题	能有效控制资源 统一指挥、整体协调较容易 步调一致 向客户负责 更短的反应时间 更快地做决策 消除部门障碍 团队工作效率高 任务明确 可以采用合署办公模式	有效利用资源 便于共享资源 部门间的良好合作 更多的决策信息 广泛的决策认同 项目的有效认同 注重客户 便于遣散
缺点	狭隘、不全面 对外界变化反应慢 制定决策慢 不注重客户	资源的重复和浪费 成本较高 项目间缺乏知识信息交流 不利于专业能力发展 项目团队成员工作间断性	双重汇报关系 需要平衡权利 资源冲突多 反应慢、难监控

不同的项目组织形式对项目实施的影响也各不相同。表 2-6 列出了主要的组织形式及其对项目实施的影响。

表 2-6　项目组织形式及其对项目的影响

特　征	职能式	矩阵式			项目式
		弱矩阵	平衡矩阵	强矩阵	
项目经理权限	很少或没有	有限	小到中等	中等到大	很高甚至全权
全职工作人员比例	几乎没有	0～25%	15%～60%	50%～95%	85%～100%
项目经理投入时间	兼职	半职	全职	全职	全职
项目经理常用头衔	项目协调员	项目协调员	项目经理	项目经理	项目经理
项目管理行政人员	兼职	兼职	半职	全职	全职

有些项目在采用了某种组织形式之后，其组织人员仍可能错误地判断其组织类型。针对这种情况，可根据项目组织中项目经理特征在职能式、项目式、矩阵式组织类型中的差异对组织类型加以区别，如表 2-7 所示。

表 2-7　项目组织形式中项目经理特征

组织形式		项目经理特征
职能式		没有项目经理，没有项目联络人
矩阵式	弱矩阵式	没有项目经理，但有一个成员扮演项目联络人的角色
	平衡矩阵式	没有专职的项目经理，但有一个成员扮演项目经理的角色
	强矩阵式	有专职的项目经理，但无专用的项目资源
项目式		有专职的项目经理，有专用的项目资源

一般来说，职能式组织形式比较适用于规模较小、偏重技术的项目，不适用于环境变化较大的项目。面对环境的变化，需要各职能部门间紧密合作，而职能部门本身的存在以及其权责的界定，就成了部门间密切配合不可逾越的障碍。当公司中许多项目的规模比较大、技术十分复杂时，应选择项目式的组织形式。与职能式组织相比，在对付不稳定的环境时，项目式组织形式显示了自己潜在的长处，这源于项目团队的整体性及团队中各类人才的紧密合作。同前两种组织形式相比，矩阵式组织形式无疑在充分利用企业资源上显示了巨大的优越性。由于其融合了两种组织形式的优点，因此在进行技术复杂、规模巨大的项目管理时，项目式组织形式呈现了明显的优势。

最后值得注意的是项目组织形式的动态调整。项目管理的一个重要哲学思想是：在项目实施的过程中，变是绝对的，不变是相对的；平衡是暂时的，不平衡则是永恒的。在项目实施的不同阶段，即设计准备阶段、设计阶段、施工阶段和项目运行前准备阶段，其管理的任务特点、管理的任务量、管理人员参与的数量和专业各不相同，因此业主方项目管理组织形式应在项目实施的不同阶段对其进行必要的动态调整。

案例2-1

T公司推行项目化管理带来的烦恼

T公司采购部负责整个公司的物料采购工作，每天加班加点、提高效率，仅用10个员工就保证了对 2000 多个类别物料的采购，这不得不归功于采购部经理小赵的管理能力。在 T 公司推行项目化管理之后，小赵的工作有了麻烦。本来小赵平常的工作时间就很紧张，现在推进项目管理后，采购部的紧急采购单比以前多了近一成。这些订单多为项目实施过程中所需的紧急采购，需要专门分出两个人负责，结果日常采购的个别物料就出现了延迟的情况，差点影响了 T 公司的生产计划。小赵为此受到了领导的批评。小赵都是为了配合公司的项目化管理，结果反倒挨批评，她感到很委屈。她想紧跟领导，却跟出了问题。"五个手指按不住六个跳蚤"，小赵决定以后还是先保生产后保项目吧。

请问：
1. 小赵作为采购部门的职能经理，应如何同时应对项目需求和运营需求？
2. 该如何解决二者之间的冲突？

三、项目管理办公室

项目管理办公室（project management office，PMO），是项目经理的经理，又称项目首席。PMO 起源于那些需要对项目经理提供行政和管理支持的大型项目，企业管理层主要利用 PMO 来"管制"项目经理、监控项目的绩效。在企业内，PMO 更多地扮演着"项目监理"的角色。一般认为，PMO 是在组织内部将实践、过程、运作形式进行标准化的部门，这些标准化的程序能形成一致和可重复的结果，同时提升项目的成功率。

（一）项目管理办公室的主要功能与职责

虽然不同组织的项目管理办公室不尽相同，但项目管理办公室的功能基本相同，其中三个最常见的功能就是审计、驱动和执行。

审计：审计型 PMO 通过项目审计，监督对项目经理对标准、政策、程序和模板的遵守程度。

驱动：驱动型 PMO 在整个组织中推动着项目领导者的成长，促进项目工作更富成效。驱动型 PMO 借助内部顾问团队提供培训，帮助建立组织过程，缩短生命周期。在项目遇到超出项目领导者或团队能力的挑战时，项目顾问就会参与进来。驱动型 PMO 的成员可以协助启动、规划和结束项目。

执行：执行型 PMO 主动参与项目，负责推进和完成项目工作。此类 PMO 的成员包括：规划者、行政人员，以及协调和指导项目执行的监督者。对于大型项目集，执行型 PMO 要确保所辖各项目计划的统一性。作为支持（甚至开展）项目活动或过程的外部人员，执行型 PMO 成员能够帮助项目团队加强项目控制。

成立项目管理办公室的最初目的是减少企业中用于项目管理职能的成本，改进呈报高层管理者的信息的质量。许多企业通过项目办公室来履行项目管理的诸多职能，实现对多种职能的整合可以使企业在行动上保持统一、在不同项目的管理上形成统一规范，如对进度表和报告的使用就有通用标准。

另外，项目管理办公室在项目管理中发挥着如下的重要职能。

项目管理办公室是项目冲突的协调者。PMO 成为企业战略与具体项目之间衔接的桥梁，需要依据企业的战略规划实施项目组合管理，根据企业发展战略对每一个项目进行评估和排序，然后进行恰当的资源分配。特别是在矩阵式组织中存在多个项目时，为了协调项目间资源冲突、项目经理与职能经理间权力冲突，以及对专业技能的培养、项目知识管理（经验教训）与积累组织过程资产，很多企业都设立了项目管理办公室或项目首席作为项目经理的管理者，介于项目经理和董事长之间，对二者起协调作用。

项目管理办公室是项目管理制度的执行者、推动者和改造者，对项目的标准、方法、培训和文件管理等工作负责。许多企业通过项目办公室来履行项目管理的诸多职能，实现对多种职能的整合可使企业在行动上保持统一，在对不同项目的管理上有统一的规范。通过项目管理办公室保证企业项目与企业战略的一致性，使企业资源得以优化配置和有效利用，可以妥善解决项目与项目之间存在的冲突，从而保证了企业项目管理目标的实现。

项目管理办公室的职责取决于企业的具体需求，而且会随着这些需求的变化而不断调整。通常，项目管理办公室被定位为企业项目管理的业务支持机构或内部咨询机构，其主要职责包括：

- 开发和维护项目管理标准、方法和程序。
- 为企业提供项目管理咨询和指导。
- 选择可管理的一组项目去实施，并确定项目的优先级。
- 为企业提供合格的项目经理。
- 为企业提供项目管理培训。
- 为企业提供有关项目管理的资源及其他支持。
- 监控项目的实施。

以上项目管理的职责可进一步细化，项目管理办公室内部又可视其需要设立一些专业小组，如风险评估小组等。

（二）项目管理办公室负责知识管理

项目管理办公室作为常设机构，有利于组织的知识管理。知识管理不仅应贯穿项目的整个生命周期，还应贯穿所有项目。项目管理办公室可以使项目中产生的各类知识经验成为组织的过程资产。项目管理办公室是组织过程资产的收集者、保存者、传播者。PMO 肩负着培养和提升项目成员项目管理专业能力的重任，需要通过建设统一的项目管理流程、方法体系和知识库来应对日益复杂的多项目管理问题。所谓组织过程资产，就是项目组织在项目操作过程中所获得的经验和教训，既包括已经形成文字的档案，也包括留在团队成员大脑中、没有形成文字的思想。项目组织在项目管理过程中形成的文档，包括知识资料库、文档模板、标准化的表格、风险清单等。项目组织在以往的项目操作过程中留下的历史信息，包括项目组织在项目管理过程中指定的各种规章制度、指导方针、规范标准、操作程序、工作流程、行为准则和工具方法等。

1. 获得经验知识

经验知识是从执行项目的过程中获得的知识。经验知识包括可复制或应用到将来类似工作或其他领域的工作中的有效方法。在各个里程碑和项目结束时，都应进行对经验知识的总结。对于长期项目，要定期总结经验知识，否则人们有可能不会清楚地记得前面发生的事情。项目管理办公室和项目经理要广泛收集经验知识，既要从核心团队成员处获得经验知识，还要从其他干系人处获得经验知识。

2. 传播并使用经验知识

获得和讨论经验知识的过程对参与者来说是宝贵的。然而，对将要利用这些知识的其他人来说，必须找到记载并分享这些知识的方法。有效收集经验知识的组织比有效传播并使用这些知识的组织要多。当如何保存这些知识的问题解决后，公司的所有员工就可以轻易接触这些知识，一些公司为此制作了数据库或共享文件夹。许多对知识管理较为重视的公司专门分配了一个人来掌管经验知识数据库。每一个收集了经验知识的项目团队都会将这些新的经验知识传递给这个"掌管者"，这个人再将新知识与已经存在的知识进行比较，并决定是否修改、合并或添加。通过这种方式，仅需要在添加独特和有用的新知识时才会增加数据库的内容。另外，一些公司也会把提供新知识的人的电话号码、电子邮箱和其他联系方式附在后面，以便其他需使用这些新知识的人进行联系。

项目管理办公室要负责对每项经验知识根据项目类型、项目生命周期、涉及的议题等进行编码，帮助未来的项目团队快速找到这些新知识并加以应用。

（三）项目管理办公室的建立与运行

PMO 作为组织内部的一个共享部门，其组织模式会对其在组织中的作用产生很大影响。通常我们会根据组织的业务特点、企业文化、组织结构等方面的不同，采用不同的组织模式。常用的组织模式有三种：支持式 PMO、教练式 PMO、管理式 PMO。

从开始建立项目管理办公室到其具备成熟的管理能力，通常需要经过以下几个阶段。

（1）确定项目管理办公室提供的服务内容。其服务内容必须得到高级管理层和项目经理的认可。项目管理办公室的职能可能会逐步演化，但就其工作范围与各方面达成一致意见是非常重要的。

（2）确定项目管理办公室人员的职责和技能要求。原因是所指派人员的职责与技能水平决定了他们所能提供服务的能力。

（3）建立项目管理办公室并宣布开始作业。在项目管理办公室成立之初，应制订一个能成功支持总经理和项目经理的工作计划，并通过宣传所取得的成功，扩大项目管理办公室的影响。

（4）在工作中，项目管理办公室应与总经理和项目经理密切联系，以便了解他们的需求并满足这些需求。

（5）项目管理办公室在为项目经理提供服务时，通过不断满足业务需求，可扩展项目管理办公室的服务。

（6）项目管理办公室需在客户的参与下不断改进其技能并完善其职责。

（7）为客户提供最佳的服务。

项目管理办公室的建立必须有高层管理者的支持,但其运行成功与否则取决于其"客户"。项目管理办公室的客户指接受项目管理办公室的产品和服务的个人,主要包括:公司总经理、项目经理或主管、项目团队成员、职能部门的经理,以及其他利益相关者(如项目产品的接收者)等。如果客户对其服务不满意,那么来自高层管理者的支持将会减弱,项目管理办公室也就无法生存下去。

总之,需要强调的是,项目管理办公室通常不是一个决策机构或管理机构,而是一个项目决策的支持机构和项目管理的服务机构。项目管理办公室通过提供项目相关的专业化服务以满足企业的业务需求,并可将项目经理从日常的琐碎事务中解放出来。项目管理办公室为项目相关各部门收集信息并将其格式化,以便项目各方能对项目的进展情况实现统一的认识。项目管理办公室将项目管理的多项职能加以整合,可以提高工作效率,从而更好地支援项目。

四、执行委员会

执行委员会常常包括组织中的最高领导及其直接下属,他们代表了组织的所有职能部门。在大型组织中,执行委员会可以分层。在这种情况下,低层的执行委员会受高层执行委员会的领导和制约。许多组织靠建立评审委员会来分担执行委员会的部门职责和任务。执行委员会的职责通常涉及以下六个方面:

- 制定总的指导思想。
- 对项目的选择与优化。
- 任命发起人,帮助发起人选择项目经理,参与选择关键团队成员。
- 对项目的审核反馈。
- 制定总体方针。
- 制定激励措施。

执行委员会不仅要帮助首席执行官决定谁将作为潜在项目的发起人,还要帮助发起人选择项目经理,甚至要参与选择项目关键团队的决策。执行委员会的建议包括正式评审时的反馈与随时的非正式建议的反馈。正式的项目审核是为了保证项目的成功,对非正式建议的鼓励体现了领导对项目团队工作的重视。

第三节 项 目 团 队

一、项目团队及主要类型

(一)团队与项目团队

团队是为实现某一目标,由相互协作的个体组成的正式群体。团队是组织适应快速变化的环境的要求的结果,也是高效组织应对环境变化的最好方法之一。

项目团队,即为适应项目的实施而组建的团队。项目团队的具体职责、组织结构、人员构成和人数配备等方面因项目性质、复杂程度、规模大小和持续时间长短而异。简单地把一组人员调集在一个项目中一起工作，并不一定能形成团队，就像公共汽车上的一群人不能被称为团队一样。项目团队不仅指被分配到某个项目中开展工作的一组人员，更是指一组互相联系的人员，是通过同心协力的工作实现项目目标，满足客户需求的群体。要使人员发展成一个能够有效协作的团队，一方面需项目经理做出努力，另一方面需要项目团队的每位成员积极融入团队。一个有效率的团队不一定能决定项目是否成功，但一个效率低下的团队注定会使项目失败。

（二）项目团队的主要类型

1. 跨职能团队

项目通常需要跨职能的团队，以实现多学科协作的需求。当来自不同背景的人员一起工作时，时常会因为个人看待问题的角度不同而导致误解，项目经理就是解决这些误解的关键人物。因此，项目经理需要提升与各种各样的技术专家交流与理解的能力。项目经理可以不是专家，但其必须能理解专家，并与专家交流，使专家相信其判断和决定。

2. 同一地点团队

项目成员的工作地点距离很近的团队被称为同一地点团队。当项目中每天都有许多不值得下达正式文件或打电话沟通的决定的时候，就需要项目成员在同一地点进行信息传达。同一地点团队为项目成员间更方便地交流创造了机会。

3. 虚拟项目团队

虚拟项目团队（virtual project teams）是指一群跨越空间、跨越时区和组织边界的人们通过先进的通信技术（互联网、电话、邮件、视频会议），为实现共同的目标而在有限的时间范围内协同工作的团队。虚拟项目团队是一种高度自治的团队，几乎所有项目团队都将经历一定程度的虚拟协作，这些团队成员在不同地点通过电子手段分享项目相关信息。虚拟团队面临的两大主要挑战：建立信任和确立最好的交流模式。

二、项目团队的发展与建设

（一）项目团队的发展

项目团队建设是提高工作能力、促进团队成员互动、改善团队整体氛围，以提高项目绩效的过程。项目团队建设可以改进团队协作、增强人际关系技能、激励员工、减少摩擦，从而提升整体项目绩效。

项目团队是种临时性组织，其发展过程一般遵循塔克曼模型（1965）：有组建期、激荡期、规范期、成熟期和解散期五个阶段。根据塔克曼模型，这五个阶段都是必要的、不可跳过的，团队在成长、迎接挑战、处理问题、发现方案、规划、处置结果等一系列过程中，必然要经过上述五个阶段。如图2-7所示。

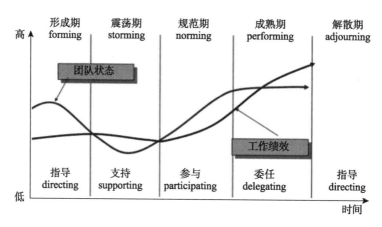

图 2-7　项目团队发展的五个阶段（塔克曼模型）

团队建设的各个阶段分别具有不同的特征，项目成员的工作任务及团队间的人际关系在不同阶段有很大的差别，项目经理应采用不同的领导策略加以适应，如表 2-8 所示。

表 2-8　团队建设的阶段及特征

特　征	组建阶段	激荡阶段	规范阶段	成熟阶段	解散阶段
团队成员的关系问题	成员开始相互熟悉、感到兴奋，但持怀疑态度	成员开始反抗示威，并透露幕后的动机和偏见，冲突出现	成员在操作程序上达成一致，感觉自己成为团队成员	团队成员一起工作，完成他们的任务	团队随着项目的完成或团队成员的重新分配而解散
团队成员尝试做什么	为项目和团队制定基本规则，了解期望，工作与权力结构	用尽方法争取权力，提出很多问题，建立模糊的目标	寻求共同工作，建立密切的关系，致力于项目的进展	改进自己，防止并解决问题，超出正式职责的范围	高调地完成项目，与队友保持联系，寻找下一个项目
提升组织需求的项目管理策略	形成业务建议书和接收标准	形成干系人分析、沟通计划、预算和质量计划	管理并权衡每个干系人的期望	与组织分享所使用的知识，向干系人报告进展	保证顾客接受交付物，如实评价团队成员，为用户提供持续的支持
提升项目需求的项目管理策略	形成范围概述、里程碑进度计划、风险和知识	形成范围说明书、进度和风险清单	根据需要增加专家，授权工作，改进工作过程	根据计划监控项目，需要时更新计划	检验项目交付物，保证团队成员认可交付物
提升团队成员需求的项目管理策略	形成团队运作方法和承诺，帮助成员建立联系	阐明每个成员的职责，鼓励所有成员参与，制定团队基本规则	使每个成员的职责个性化，在可能时合作，评估并开发成员和团队能力	掌握使用的知识，改进会议和时间管理	庆祝成功，奖励团队成员，帮助团队成员获得后续工作

（二）项目团队的组建

组建项目团队是确认可用人力资源并组建项目所需团队的过程。因集体劳资协议、分包商人员使用、矩阵式项目环境、内外部报告关系等原因，项目管理者对选择团队成员不一定拥有直接控制权。在组建项目团队的过程中，项目管理者应特别注意下列事项。

（1）项目经理或项目管理团队应该进行有效谈判，影响能为项目提供所需人力资源的人员。

（2）在不违反法律、规章、强制性规定或其他具体标准的前提下，如果由于制约因素、经济因素或其他项目对资源的占用等原因而无法获得所需的人力资源，项目经理或项目团队可能不得不使用替代资源（也许能力较低）。

（3）如果不能获得项目所需的人力资源，可能会影响项目进度、预算、客户满意度、质量和风险，还可能降低成功概率，甚至最终导致项目取消。

图 2-8 展示了组建项目团队的基本步骤。

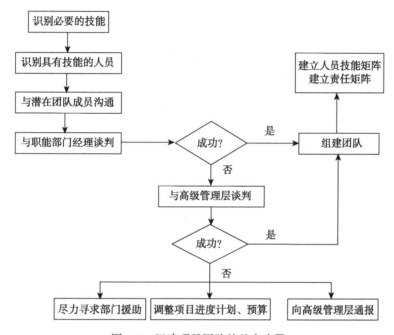

图 2-8　组建项目团队的基本步骤

（1）识别必要的技能。在一个技术高度复杂的项目中，有必要确保项目团队拥有所需的技术人才，并判断其是否有能力为项目的开发增加价值。在组建项目团队的开始阶段，应对项目团队成员所需技能的类型进行真实评估，这样才能达到使成员之间的能力互补的目的，也使他们能够尽可能高效地完成项目任务。

（2）识别拥有必要技能的人员。一旦确定了项目所需的技能，就需要对具有必备技能的人员的可获性进行评估。一般来说有两种选择：①雇用新的工作人员；②将现有的工作人员培训成精通项目所需技能的人员。

（3）与潜在团队成员沟通并与职能部门领导谈判。与潜在团队成员进行沟通，了解他们参与项目的兴趣。在大多数情况下，所有的职能专家都是由职能部门主管控制的。因此，项目经理为了使项目团队成员能更好地为项目服务，就必须与相应的部门主管进行谈判。与部门主管的谈判可能是一个复杂的长期过程。部门主管一般是不会反对部门人员参与项目的，但他们主要关心的是组织的平稳运行。对他们而言，将一个部门的核心人员抽调到项目团队中,对该部门的平稳运行是有害的。因此,谈判是必需的。谈判中需要讨论的问题有以下几个。

①团队成员的工作性质是全职还是兼职?

②谁来选择适合项目的人员?部门经理从其自身角度出发,有其最好的选择;同时,项目经理也有自己不同的选用标准,因而可能选出其他的候选人员。

③当特殊情况出现时怎么办?当出现一些紧急或特殊情况时,职能部门经理可能希望保持对团队成员的控制或者有权召回这些人员从事部门活动。如果团队成员被召回,相应部门应该怎样为项目团队提供替代者?项目团队成员离开项目的最长时间是多少?这些问题都是非常重要的,都应该在指定项目团队成员之前解决。

绝大多数项目资源都是通过与部门经理谈判得来的。对大部分项目经理而言,他们对项目团队成员的控制权力可能会受到限制,尤其在项目团队刚刚组建的时候。对此,项目经理最好的办法就是仔细考虑为成功完成项目所需要的专门知识和技能的类型,然后带着明确的目标与部门经理进行谈判,从而获得各职能部门的支持。

(三) 高效项目团队的打造

要打造高效项目团队,首先,必须认识和尊重团队发展的基本规律(见图 2-7);其次,要分析和了解高效项目团队的特点;最后,需要采用团队建设的基本工具和方法,如集中办公、沟通技术、人际关系与团队技能、团建、认可与奖励、项目文化建设、培训学习等。

1. 高效项目团队的特点

现实中既存在"三个和尚没水喝"式团队,也有"三个臭皮匠,赛过诸葛亮"式团队。团队不会自动地提高生产效率,因此项目经理要用心思考该如何打造高效的项目团队。研究发现,高效项目团队具有如下特点:明确的目标、一致的承诺、良好的沟通、彼此的信任、高效的领导、相关的技能、协商的能力,以及来自内外部的支持,如图 2-9 所示。

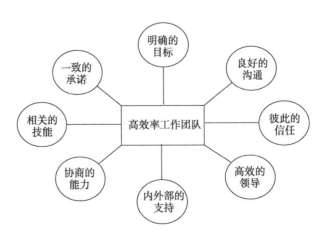

图 2-9 高效项目团队的特点

2. 基本原则

（1）共同的目标和行为准则。要建立团队协作，首先应该清楚定义个人目标和团队目标，以及需要遵守的行为准则，并且列出完成目标所需要的角色和责任。

（2）承认相互依赖并相互尊重。即便已经在团队中很好地定义了职责分工，但如果不承认相互间的依赖关系，就没有团队协作的基础，有的只是良好的个人表现。为了团队成员能认可相互间的依赖关系，必须接受和尊重每一个团队成员的角色。就团队协作本身而言，互相尊重说起来容易，做起来却非常难。团队成员需要发现并承认自己和别人的优缺点，并要学会取长补短。

（3）团队精神和团队活力。团队所具有的精神和活力依赖于成员的个人态度和公司文化，如资源共享被大家认同；成员之间互相依赖，而不是互相独立；团队成员愿意为了实现目标而努力工作。

3. 建设高效团队的方式

（1）第一时间把事情办好。项目经理应当想尽办法保证职员在第一时间把事情办好。项目是一次性的，如果由于失误造成返工，会导致大量的项目资源被浪费。做好沟通、减少交流中的误解，并给予团队成员充分思考的时间。正确的管理方法不是延长职员每周40小时的工作时间，而是要想办法让他们在第一时间就把事情办好。

（2）设定现实目标。以不现实的想法为基础的目标肯定得不到足够的资源以保证其按计划完成任务，因此这就要求项目经理要充分了解项目的各个方面，制定现实的目标，以激励项目成员顺利地完成目标。

（3）选用高技术水平人员。高技术水平人员往往能达到事半功倍的效果。"用我们能得到的，做我们所能做的最好的工作"应当成为一个共识。这些技术水平高的人员也是指导其他成员学习与进步的重要资源。

（4）培养团队凝聚力。在项目成员中激发凝聚力应当是项目管理者的责任。高效项目团队建设的努力应该集中在三件事上：一是通过有效的会议沟通，使人感到项目团队的存在；二是群策群力，建立一个奖励系统；三是通过项目经理与项目成员之间的感情，建立团队精神。

三、项目团队的管理

能否成为高效的项目团队，完全取决于项目经理的团队管理能力。项目经理需要采取措施将团队中的抱怨者、观望者和等待者转化为领导者，激励他们成长起来，并使用他们。项目团队管理是跟踪团队成员的表现、提供反馈、解决问题并管理变更，以优化项目绩效的过程。项目管理团队应该观察团队行为、管理冲突、解决问题，并评估团队成员的绩效。通过管理项目团队，项目经理可以提交变更请求，更新人力资源计划、解决问题，为绩效评估提供输入，以及为组织过程资产数据库增加经验教训。

管理项目团队需要借助多方面的管理技能来培养团队的协作精神、整合团队成员的工作,从而创建高效团队。团队管理需要综合运用各种技能,特别是在沟通、冲突管理、谈判和领导力等方面的技能。项目经理应该向团队成员分配富有挑战性的任务,并对取得优秀绩效的团队成员进行表彰。达成这种目标的基本方法是:良好的沟通、参与决策、学习提升基本技能、激励,以及冲突管理等。

1. 良好的沟通——让他们讨论起来

项目干系人会因利益和目标的不同而产生矛盾。例如,内部员工和分包商团队之间存在矛盾,每一方都有另一方所需要的关键性运作和技术信息,但两者之间的对立阻碍了这些信息的顺畅交流。这时,围绕项目目标的定期会议,包括有内部员工和承包商员工的顶级领导参加的每日和每星期的运作会议,将有利于从整体上解决问题,并基于各自的技术优势挑选解决方案。

2. 参与——让他们做决策

人们习惯于做自己决定的事。参与决策和共同决策是提高团队执行力的法宝。在团队决策活动中,通常可问下列问题。

- 你认为我们应该做什么?
- 其他单位正在做什么?
- 我们的用户群体想要的是什么?
- 以前类似的情况下,我们做了些什么?

3. 团队学习,提升成员职业技能

团队学习是提高团队成员互相配合、整体搭配与实现共同目标的能力的学习活动及过程。当团队真正在学习的时候,不仅团队整体可以产生出色的成果,个别成员成长的速度也会比通过其他的学习方式更快。当需要深思复杂的问题时,团队必须学习如何萃取高于个人智力的团队智力;当需要具有创新性而又协调一致的行动时,团队要能创造一种"运作上的默契"。团队既可以从理论上学习,也可以从实践中学习。而优胜基准也是一种学习方法,它最早应用于企业的学习,项目团队采用此法有利于提高其竞争力,有助于项目的顺利完成。

项目团队需要提升的基本的职业技能包括:写、说和职业管理。有效的书写和良好的语言技巧有利于团队成员之间更好地进行交流和理解。另外,团队中的每一个成员都要设定清晰的职业目标,以及实现它们的计划。

4. 项目团队的激励

项目经理有效的激励会点燃团队的激情,促使他们的工作动机更加强烈,让他们产生超越自我和他人的欲望,并将其潜在的巨大的内驱力释放出来,让团队成员为团队奉献自己的热情。

1)激励原则

(1)目标结合原则。目标设置必须同时体现组织目标和成员目标的要求,最好能实现二者的结合。这样既保证团队的公共利益,也体现个人利益。

（2）物质激励和精神激励相结合的原则。物质激励是基础，精神激励是根本。在两者结合的基础上，逐步过渡到以精神激励为主。

（3）引导性原则。外在的激励措施只有转化为被激励者的自觉意愿，才能取得效果。因此，引导性原则是激励过程的内在要求。

（4）合理性原则。激励的合理性原则包括两层含义：其一，激励的措施要适度，要根据所实现目标本身的价值大小确定适当的激励程度；其二，奖惩要公平。

（5）明确性原则。激励的明确性原则包括三层含义：其一，明确，激励的目的是需要做什么和必须怎么做；其二，公开，特别是在分配奖金等大量员工关注的问题时更为重要。其三，直观，实施物质奖励和精神奖励时，都需要直观地表达它们的指标，总结奖励和惩罚的方式。激励的直观性与激励影响的心理效应成正比。

（6）时效性原则。要把握激励的时机，"雪中送炭"和"雨后送伞"的效果是不一样的。激励越及时，越有利于促进团队成员的积极性和创造力，使其连续有效地发挥潜能。

（7）正激励与负激励相结合的原则。所谓正激励就是对成员的符合组织目标的期望行为进行奖励。所谓负激励，就是对成员违背组织目的的非期望行为进行惩罚。正负激励都是必要而有效的，不仅作用于当事人，还会间接地影响周围其他人。

（8）按需激励原则。激励的起点是满足成员的需要，但成员的需要因人而异、因时而异，并且只有满足成员最迫切的需要（主导需要）的措施，其效价才高、其激励强度才大。因此，项目经理必须深入地进行调查研究，不断了解成员的需要层次和需要结构的变化趋势，有针对性地采取激励措施，才能收到实效。

2）激励方法

激励是以人的需要为突破口的，通过满足成员的需要以激发其工作积极性。但是人的需要是复杂多样的，这就决定了激励的方法也必须是多种多样的。管理者必须根据不同的对象，灵活地采取不同的激励方法，把握不同的激励程度。激励的方法主要有以下八种。

（1）金钱激励。金钱及个人奖酬是刺激人们努力工作的最重要的激励手段，要想调动成员的工作积极性，主要方法还是经济性报酬。虽然在知识经济时代的今天，人们的生活水平已经显著提高，金钱与激励之间的关系逐渐呈弱化趋势，然而物质需求始终是人类的第一需要，是人们从事一切社会活动的基本动因。所以物质激励仍是激励的主要形式。但是管理者必须注意，金钱激励必须公正且要反对平均主义：①金钱激励必须公正，一个人对他所得的报酬是否满意不是只看绝对值，而要进行社会比较或历史比较，通过相对比较判断自己是否受到了公平对待，进而影响自己的情绪和工作态度；②金钱激励必须反对平均主义，平均分配等于无激励。

（2）目标激励法。目标是组织对个体的一种心理引力。所谓目标激励就是确定适当的目标，诱发人的动机和行为，达到调动人的积极性的目的。将目标作为一种诱引，具有引发、导向和激励的作用。只有不断激发一个人对高目标的追求，才能激发其奋发向上的内在动力。

（3）荣誉激励法。从人的动机看，人人都具有自我肯定、争取荣誉的需求。对于一些工作表现比较突出、具有代表性的先进人物，应当给予必要的精神奖励。对于企业中的各类人才来说，不仅要有物质激励，还要有合理的精神激励，因为这可以满足人们的精神需求。在荣誉激励中，还要注重对集体的鼓励，以培养员工的集体荣誉感和团队精神。

（4）情感激励法。情感是影响人们行为最直接的因素之一，任何人都有渴求各种情感的需求。根据心理学，人的情感可以分为利他主义情感、好胜情感、享受主义情感等类型。项目管理者在满足人们物质需要的同时，还要关心成员的精神生活和心理健康，提高成员的情绪控制能力和心理调节力。对于成员遇到的事业上的挫折、感情上的波折、家庭中的矛盾等各类"疑难病症"，要给予及时的"治疗"和疏导，以营造一种相互信任、相互关心、相互体谅、相互支持、互敬互爱、团结融洽的良好团队氛围，以切实培养人们的生活能力和合作精神，增强成员对企业的归属感。

（5）信任激励法。信任被比作润滑剂，信任激励是一种基本激励方式。领导之间、上下级之间、下属之间的互相理解和信任是一种强大的精神力量。在项目管理中也是如此，信任是加速个体自信力爆发的催化剂。项目团队中，人与人之间的和谐有助于团队精神和凝聚力的形成。

（6）知识激励法。随着知识的更新速度不断加快，人们存在知识结构不合理和知识老化的现象，这就需要在项目管理过程中加大对团队成员的职业培训力度，不断提高成员的知识文化素质、技术素质。

（7）参与激励法。在管理过程中，通过使组织成员参与管理行为，能够增加他们对组织的关注，进而把组织目标转变成个人的追求，变成组织成员乐于接受的任务，使个人在实现组织目标的过程中获得成就感。参与激励法是项目管理中常用的激励方式。

（8）数据激励法。数据激励法是一种通过数据对比的方式反映先进与落后，以达到鼓励先进、激励后进的目的的做法。心理学家认为，明显的数据对比能够使人产生明显的印象，激发强烈的感想。这是因为人都是有自尊心的，数据激励正是基于人们的这种自尊心，将存在于人们之间的工作成果上的差别，以数字形式鲜明地表现出来，从而实现对人们行为的定向引导和控制。

5. 项目团队的冲突管理

所谓冲突，就是组织、团队或队员为了限制或阻止另一部分组织、团队或队员达到其预期目的而采取的行为和措施。冲突管理是从管理的角度运用相关管理理论来应对项目中的冲突事件，避免其负面影响，发挥其正面作用，以保证项目目标的实现。

在项目过程中，冲突是常见的。为保证项目目标的实现，冲突应得到很好的控制或管理。冲突管理的具体过程及方法可见第四章第四节。

四、项目文化建设和项目团队能力建设

（一）项目文化建设

项目文化是指在一定的项目环境下，项目参与人员所持有的、决定项目流程及各方关系的共享价值观、基本假设及信念。项目文化是项目的群体精神、文化素质、文化行为、

人际关系等文化现象的综合反映。

项目文化建设有利于打造高效项目团队，项目文化的主要作用如下。

（1）凝聚作用。一个项目的成员各有其不同的背景，健康的项目文化犹如润滑剂，可以给有各种期望抱负和技能的项目成员以互相了解的时间和条件，创造良好的沟通、团结氛围、凝聚人心、形成整体、共同作战。

（2）激励作用。项目文化所形成的项目内部的文化氛围和价值导向会对员工起到精神激励的作用，将员工的积极性、主动性和创造性调动并激发出来，激活员工的潜在智慧，使员工的能力得到充分发挥，提高各部门和员工的自主管理能力和自主经营能力。

（3）导向作用。导向包括价值导向与行为导向。企业价值观与企业精神能够为企业提供具有长远意义的、更大范围的正确方向，为企业在市场竞争中对战略和制度的制定提供依据。例如"团结、拼搏、创新、奉献"的企业精神、"打造精品、创造效益、实现价值、构建和谐"的企业宗旨、"用户至上、质量为先、求真务实、合作共赢"的经营理念，为项目价值观提供一个导向，可以指引项目不断前进。全体员工以价值导向为标准，不断提高技能、深化服务，在各方面不断取得新的突破与发展，最终取得巨大的经济效益。

（4）约束作用。项目文化为项目树立了正确的方向，并创造了良好的氛围，对那些不利于项目长远发展的不该做、不能做的行为，项目文化常常会发挥一种"软约束"的作用，为项目提供"免疫"功能，起到让员工自我约束的作用。另外，项目文化还增强了员工的责任感和使命感。

项目的临时性、一次性特点，使得项目文化建设通常呈现与一般意义上的常规组织文化建设的不同特点。项目文化具有明显的生命周期性特点。项目的一次性特点，决定了以项目为存在平台的项目文化亦具有明确的起点和终点。这一特点是项目文化有别于其他常规组织文化的本质所在。项目内在的时间约束性，决定了项目文化建设的紧迫性，对项目文化的建设与管理的效率和质量提出了更高的要求。

由于项目文化具有明确的生命周期，因此要使项目文化在项目存续周期内充分发挥其应有的作用和功能，就需要在兼顾效率和质量的前提下，尽快让项目文化完成由萌芽阶段向成熟阶段的演变，以充分彰显项目文化的作用和价值。为缩短项目文化在自然状态下可能经历的漫长而难以掌控的时间期限，需要对项目文化进行有效的规划和管理，增强项目文化建设的人为干预，适应项目进度的基本要求。

项目文化一定是集团文化、母公司文化的核心理念在项目上对应性的传承和凝结。项目文化理念提炼的过程务必要发挥群众的智慧，真正做到"尊重历史沿革""凝聚共同愿景"，实实在在地把项目的灵魂提炼出来，形成体系，并在实践中不断总结提升。切勿另起炉灶，擅自切割与母公司文化的内在联系。

另外，项目文化建设不可避免地会受到项目工作地点的文化氛围的影响。对参与海外项目或者通过互联网、电子邮件与来自不同国家的其他项目团队成员保持联系的项目团队成员来说，正确理解不同国家的文化差异是非常重要的，这些由不同文化所表达的价值观和态度，会对个人行为进行规范和矫正，他们不但定义了各组织的信仰体系和工作贡献，还定义了跨文化项目团队的职责能力。

两种不同项目文化比较

A 公司是一家位居《财富》500 强的企业，对于项目经理的资源需求，职能部门经理多年来都是只派最差、最新，或者是绩效最低的人员到项目团队中去。实际上，他们将项目看作了处理不满或能力极差员工的绝佳机会。在这个组织中，项目团队常常被称为"受蔑视的群体"，因此也不难想象当企业的员工听到他将被分配到一个新项目时的反应。

B 公司是一家 IT 企业，他们有一条不成文的规定：当项目经理需要帮助时，所有职能部门的人员都要使自己成为专家资源。项目交付成果在这家企业享有最高优先权，其他的活动都要为达到这个目标服务。在特殊时期，IT 成员每天都要工作 12 个小时以上，同时支援 10 个或更多的项目，这样的现象在 B 公司很普遍。正如一个经理所说："在关键时期，头衔和工作种类都无关紧要，如果要求必须完成，我们就会团结在一起共同担负责任，以确保项目完成。"

请问：

1. 比较 A 和 B 两公司项目文化不同之处，分析其对项目管理的影响。
2. 如何培育好的项目文化？

（二）项目团队能力建设

项目团队能力建设是通过培训和学习提高团队成员的能力、消除成员间的差距，以便成员之间更好地协同工作，从而实现项目目标的过程。项目团队能力建设可以看作一个学习循环，在循环中，团队使用创造力共同发展。可以使用"计划—实施—检查—改进（P-D-C-A）"模型来理解学习循环。项目管理能力建设循环如图 2-10 所示。

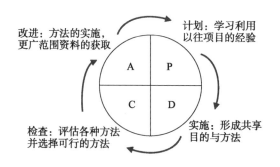

图 2-10　基于 PDCA 模型的能力建设——学习循环

计划阶段 P（plan）——计划，确定方针、目标和活动计划（通过集体讨论或个人思考确定某一行动或某一系列行动的方案，包括 5W1H）。项目团队需使用从以前的项目中获取的经验教训来不断应对工作中的挑战，同时需要将这些经验教训与在收集需求、会见客户、集体讨论风险，以及进行设计评估等方面获得的新要求进行比较。

实施阶段 D（do）——执行，实现计划中的内容（执行人执行，按照计划去做，落实计划）。项目团队通过使用一些知识形成共享的目的，并开发要用到的备用方法。项目团队要基于执行的成果和信息进一步开发滚动计划，为制订后期工作计划提供必要的信息。

检查阶段 C（check）——检查，总结执行计划的结果，找出问题（检查或研究执行人的执行情况，比如到计划执行过程中的"控制点""管理点"去收集信息，"计划执行情况如何？有没有达到预期的效果或要求？"找出问题，评估可能的方法并做出选择）。

改进阶段 A（action）——行动，对总结检查的结果进行处理（对检查的结果进行处理，认可或否定。对成功的经验要加以肯定，或者将其模式化、标准化以适当地推广；失败的教训要加以总结，以免重现。在这一轮未解决的问题放到下一个 PDCA 循环）。注意要在团队外寻求认可，尽量计划主动沟通，让干系人参与进来。

经过一个周期的运行，能力建设循环又开始了。在项目阶段、在关键的里程碑，以及从一个项目到另一个项目中，项目团队都可通过重复能力建设循环提高其能力。另外，项目团队还可以通过与其他项目共享核心团队成员和专家等方式与其他团队分享其提高后的能力。

本章小结

项目是由人和组织驱动的。项目经理是项目组织的核心和灵魂，项目经理应与各级管理者（项目发起人、执行委员会、项目首席）建立良好的工作关系，以获得他们的支持。项目经理应具有较丰富的知识经验、较高的职业素质和能力，具备项目管理的硬技能和软技能。项目经理要善于管理项目团队，了解项目团队的建设发展规律，能综合运用沟通管理、冲突管理、谈判和领导等技能建设高效项目团队。项目经理应注重对团队精神的培养，注意培育并发挥项目文化的积极作用。项目组织形式主要包括直线职能式、项目式、矩阵式等，不同组织形式具有不同的优缺点。在项目管理实践中，要根据实际情况和各类项目组织形式的特点选择合适的组织形式。为协调和解决项目管理冲突，企业通常会建立项目管理办公室，它一般具有项目审计、驱动和执行项目等功能。另外，项目管理办公室还行使总结经验教训、积累组织过程资产，以及开展人员培训等功能。

简答题

1. 请你谈谈应如何化解职能经理与项目经理之间的工作冲突。
2. 在网上了解 IT 项目常用的组织形式，并分析其有效性。
3. 找一份项目经理岗位说明书，评估你对该岗位的胜任程度，并思考应如何提升自己的能力。

4. 项目管理办公室的定位是什么？它会发挥何种作用？

如何建立一支良好的项目团队？

自学自测　扫描此码

第三章 项目选择与启动

学习目标

知识目标

1. 了解潜在项目的识别方法;
2. 了解组织项目管理能力评价与项目组合管理的内涵;
3. 掌握财务模型及评分模型的各种方法及应用;
4. 掌握项目优先级排序;
5. 了解项目启动标志、任务及成果;
6. 了解项目章程的概念与具体内容;
7. 认识项目启动会议的重要性和具体做法。

能力目标

1. 学会系统分析方法,提高识别和选择达成组织战略目标的项目的能力;
2. 学会基本的财务分析模型,提高进行潜在项目初选的能力;
3. 学会项目章程编制,提高统筹与协调项目整体的能力。

引导案例

十八洞村精准扶贫首倡地:扶贫项目的识别与优选

走进"神秘"湘西,走进武陵山脉腹地,有一座隐藏在大山深处的"地无三尺平,多是斗笠丘"的小山村:湖南省湘西州花垣县十八洞村。这个小山村地处武陵山连片特困地区的中心地带,常住人口有 600 多人。十八洞村传统农业种植较分散,有稻谷、黄豆等谷类作物。2013 年,十八洞村人均年纯收入 1668 元,贫困人口占比 56.8%。十八洞村山清水秀,虽然生态好,但交通不便,也没有什么产业,真的很穷。当时的十八洞村是个空心村,年轻的村民大多外出打工,村里只有老人与小孩,出村也只有一条很窄的沙土路,孩子读书要走几个小时的山路。

视频 3.1

2013 年 11 月 3 日,习近平总书记来到十八洞村考察调研,首次提出"精准扶贫"重要论述,使这里成为我国脱贫攻坚历程中具有地标性意义的地方。曾经贫困的十八洞村,自此蝶变,村民年人均收入由 2013 年的 1668 元提高到 2020 年的 18369 元,村集体收入由零提升到 2020 年的 200 万元以上。

网上查阅十八洞村"精准扶贫"建设项目相关资料,并回答以下问题。
1. 请调查研究这个作为"精准扶贫"重要论述的首倡之地的扶贫目标是什么?
2. 如何识别扶贫项目?如何优选扶贫项目?如何实现精准扶贫目标?

第一节 项 目 识 别

一、潜在项目的识别

组织要发展,必须通过一系列项目推动。站在企业角度,如何识别潜在的项目呢?潜在的项目一般源于内外部各种需求,例如市场需求、战略机遇、社会需求、环境变化、法律和技术进步。理论上应通过系统的方法识别潜在项目。有些机遇可能会碰巧出现,而有些机遇则需要挖掘。机遇的挖掘与组织中的各个部门都密切相关,因此组织的各层人员,包括基层员工和高层领导等,都应积极参与潜在项目的识别中。

组织领导者可以运用各种"识别改进机会"的方法找出潜在项目。例如:
(1)与其他组织进行比较找差距,从而产生改进想法。
(2)了解组织发展的关键驱动因素(如成本领先、技术改进、市场份额和风险控制等)。
(3)找出绩效问题或差距(客户的投诉、流程的绩效)。
(4)存在于约束或瓶颈中的可能的机遇(找到影响和制约组织发展的关键因素)。
(5)识别存在浪费的地方。

识别一定数量的潜在项目后,就要对每一个项目进行简要描述(通常被简称为工作说明书),即对项目需交付的产品、服务或成果的叙述性说明。

一般而言,项目识别数量的理想目标应该是组织可支配时间和资源的两倍左右。当然,某些潜在的项目可能与组织目标不一致或是并不完全适合组织,此时就需要对其进行筛选。

二、战略导向的项目识别

1. 战略规划的过程

战略是组织开展项目的基本依据,开展项目是实现组织战略目标的基本手段。组织管理层应仔细寻找并甄别可以实现组织战略目标的各类项目,而项目经理应了解并掌握组织战略目标及其规划的过程。图 3-1 展示了战略规划的步骤,并说明了项目组合管理如何成为战略规划中至关重要的一部分。

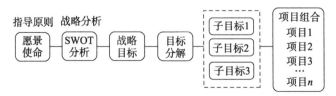

图 3-1 战略规划和项目组合

2. 战略分析

战略规划一般从战略分析出发，战略分析的方法很多，这里主要介绍 SWOT 分析法。SWOT 分析通过分析组织内外部环境，确定这些环境因素将如何提升或限制组织的执行能力。内部分析（项目团队可控的要素）需要了解组织本身有哪些优势和劣势，外部分析（项目团队难以控制和不可控制的要素）需要识别外部环境所带来的机遇与威胁，包括竞争者、供应商、客户、监管机构、技术等。SWOT 分析具体内容如下。

- S（strength）优势，是组织机构的内部因素，具体包括有利的竞争态势、充足的财政来源、良好的组织形象、技术力量、规模经济、产品质量、市场份额、成本优势等。
- W（weakness）劣势，也是组织机构的内部因素，具体包括设备老化、管理混乱、缺少关键技术、研究开发落后、资金短缺、经营不善、产品积压、竞争力差等。
- O（opportunity）机会，是组织机构的外部因素，具体包括新产品、新市场、新需求、外国市场壁垒解除、竞争对手失误等。
- T（threat）威胁，也是组织机构的外部因素，具体包括新的竞争对手、替代产品增多、市场紧缩、行业政策变化、经济衰退、客户偏好改变、突发事件等。

3. 指导原则：愿景和使命

一旦 SWOT 分析完成，组织的领导者就应当依据 SWOT 分析的结果制定相应的指导原则，如组织的愿景和使命等，如图 3-2 所示。

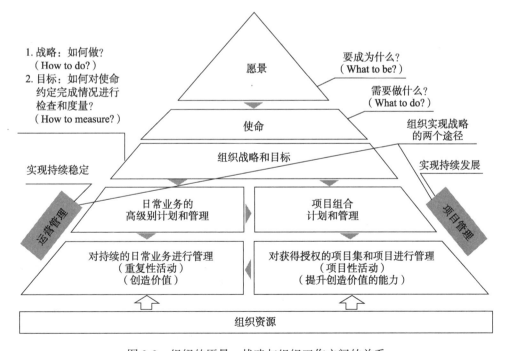

图 3-2　组织的愿景、战略与组织工作之间的关系

愿景位于组织商业价值系统的顶层，用以回答"要成为什么"的问题；支撑组织愿景的是组织的使命，回答"需要做什么"的问题；明确了使命，就需要定义组织实现使命的战略和目标，即"如何做"和"如何对使命的完成情况进行检查和度量"。

4. 战略目标

当战略分析、组织愿景和使命确定后，就要进一步设定组织的战略目标。

战略目标就是对组织战略经营活动预期取得主要成果的期望值。战略目标也是对组织愿景和使命的展开和具体化，是组织在既定的战略经营领域展开战略经营活动所要达到的水平的具体规定。战略目标实际上表现为战略期内的总任务。

有效的战略目标要符合 SMART 原则，其中：

S 代表 specific，表示目标制定或者说绩效考核标准，一定要是具体的，要让人知道应该怎么做。

M 代表 measurable，指目标或者指标要是能够测量、能够给出明确判断的，比如通过数据。

A 代表 attainable，指在给自己或者他人确定目标的时候，目标既不能定得太高，也不能定得太低。如果太高的话容易打击人积极性，太低又没有挑战性，因此最好定一个努力一下能够达到的目标。

R 表示 relevant，指目标与目标之间要有一定的关联性，所有目标整体上都是为大目标或者大方向服务的。

T 代表 time_bound，既截止日期。对于一个目标而言，如果没有截止期限，那么就基本等同于无效，截止日期是拖延最大的敌人。

为了落实组织战略目标，一般需要对目标进一步从上往下逐级分解，将战略目标适当分解后通过对应的项目来实现。战略目标的分解的方法有两种：一是空间维度进行分解，即把战略目标分解到各个部门；二是按时间维度进行分解，如分解成年度目标、季度目标或月度目标。

实现组织战略和目标的手段主要依靠两类工作，一类是持续的、重复的工作（即运营）；另一类是独特的、临时的工作（即项目、项目集、项目组合），这里直接简称为项目类工作。项目和运营都是实现组织战略目标的手段。

三、组织项目管理能力评估与项目组合管理

1. 组织项目管理能力评估

评估组织的项目管理能力是组织确定项目组合的重要内容，如果组织没有相应的能力，即便选定与组织目标相一致的项目，也难以完成。

组织级项目管理测评从个人、项目、组织三个维度对组织的项目管理能力现状进行全方位调研评估。个人项目管理能力主要对个人掌握的项目管理知识、经验等进行测评，包括项目管理技术能力、项目管理行为能力、项目管理环境能力等。项目的执行水平通过项

目目标达成情况、项目管理方法的有效应用、项目利益相关方满意度等进行测评。组织的整体项目管理水平通过企业项目管理的定位、战略规划、文化、组织结构、多项目管理、项目管理人员能力、配套环境建设、激励机制等顶层设计要求进行测评。

为了评估组织项目管理能力，人们建立了项目管理成熟度模型（PMMM，简称PM3），该模型将组织项目管理水平分成五个等级：

（1）混乱级。项目管理成效处于个体层面，过程不正规，某些个体执行效果良好，但这种效果是偶然的，个别过程混乱不可预测；企业尚未建立正式的项目管理标准、流程。

（2）简单级。项目管理受到重视，部分定义了项目管理标准、流程，并已应用企业的部分项目中，以往成功的经验可以复制，但过程主要还是依赖项目经理。

（3）规范级。构建了企业项目管理的顶层设计，全面定义了项目管理过程、标准、流程，形成了完整的体系，项目管理得到很好的理解和有效实施，企业项目管理基本成熟。

（4）量化级。项目管理实现了量化管理和有效控制，能对项目目标如质量、时间、费用等进行度量并建立了相应的数据库。

（5）战略级。明确了项目管理战略，项目管理成为企业的核心竞争力，项目管理实现标准化，并持续优化改进。

项目管理大师哈罗德·科兹纳博士曾经指出：要接受项目管理理论，并持续地运用它，要采用促使组织向着成熟的项目管理发展的管理哲学，并将其传达给每一个人。因此，任何组织应当尽快提升其项目管理成熟度，以促进其项目管理能力的全面提升。

2. 项目组合管理

项目识别实质上就是寻找并甄别可以实现组织战略目标的一组项目，形成一个项目组合并加以管理。美国项目管理协会PMI对项目组合的定义为：项目组合是项目和/或项目群以及其他工作聚合在一起，通过有效管理以满足业务战略目标。而项目组合管理（portfolio management）是指在可利用的资源和组织战略规划的指导下，进行多个项目或项目群投资的选择和支持。项目组合管理通过项目评价选择、多项目组合优化，确保项目目标符合组织的战略目标，从而实现组织收益最大化。

当管理层评估组织实施项目的能力，识别和选择项目组合，划分项目优先级、配置资源，进行组合监控、组合评估、项目终止和删除、设置业务管理焦点，以及考虑哪些项目更有利于帮助组织实现其战略目标时，他们就是在实施项目组合管理。尽管大部分的项目组合管理活动可能都是由一个高层管理团队执行的，但项目经理应理解他们的项目是如何与组织的目标相联系的，因为他们需要做出许多决策，或是为许多决策提供支持。

开展项目需要投资，项目组合实质上对应于一个投资组合。项目决策建立在项目组合基础之上，而不是单个项目基础之上。早在20世纪50年代，美国经济学家哈利·马克沃兹（Harry Markowz）就提出了投资组合的概念，1981年，沃伦·麦克法兰首次将现代投资组合理论运用到项目的选择和管理中，通过项目组合的运作方式实现了在风险一定情况下的收益最大化。

第二节 项 目 选 择

识别潜在项目并对其做简要描述后,接下来就要对这些潜在项目进行选择与排序,筛选符合组织战略目标并组织有能力执行的项目。项目选择要求组织对各种项目机会做出比较与抉择,将有限的资源以最低的代价投入收益最高的项目中,以确保组织的长足发展。

在进行项目选择时,一般要把财务和非财务的因素都考虑进去,在选择项目时以财务分析为主,非财务因素为辅。通常使用财务模型用于项目的初选,然后使用评分模型最后敲定。

一、用财务模型进行项目初选

财务模型通常借助预期的项目成本和收益的比较进行项目初选,主要方法如下。

1. 投资回收期法(PP)

第一种财务投资模型是投资回收期法(payback period,PP),即使累计的经济效益等于最初的投资费用所需的时间,在一定程度上反映了项目方案的资金回收能力,如公式(3-1)所示。

$$\sum_{t=1}^{P_t}(CI-CO)_t = 0 \qquad (3\text{-}1)$$

其中,P_t 为投资回收期;CI 为现金流入量;CO 为现金流出量;$(CI-CO)_t$ 为第 t 年的净现金流量。

通常组织会设定一个基准投资回收期,当计算投资回收期 P_t 短于基准投资回收期时,认为项目可取,投资回收期越短越好。

例 1:某工程的现金流量表如表 3-1 所示。若基准投资回收期为 5 年,试用投资回收期法评价方案的可行性。

表 3-1 某工程的现金流量表   单位:万元

年数	第 0 年	第 1 年	第 2 年	第 3 年	第 4 年	第 5 年	第 6 年
投资	1000						
净效益		500	300	200	200	300	250

解:$\sum_{t=1}^{P_t}(CI-CO)_t = 0$,因此 $P_t = 3$。$P_t < 5$,故该方案可行。

2. 净现值法(NPV)

考虑到时间价值,净现值法(net present value,NPV)就是将整个项目投资过程的现金流按照期望的投资收益率(折现率)折算到时间等于零时,得到现金流的折现累计值(净现值NPV），然后加以分析和评估。净现值的计算如公式（3-2）所示。

$$\mathrm{NPV} = \sum_{t=0}^{n} \frac{(CI-CO)_t}{(1+i_c)^t} \quad (3\text{-}2)$$

其中，NPV表示净现值；i_c表示期望的投资收益率或折现率；n表示项目寿命期。如果NPV＞0，表明该项目可赢利，说明项目可取。多方案比选时，NPV大的方案相对更优。

例2：某工厂拟投资一个项目，该项目各年的现金流量表如表3-2所示，若期望收益率为10%，试用净现值指标判断该项目在经济上是否可行？

表3-2 项目现金流量表

年 数	投资额（万元）	收入（万元）	支出（万元）	净现金流量（万元）	因数	现值（万元）
第0年	−300	0	0	−300	1.0000	−300
第1年	0	250	150	100	0.9091	90.9
第2年	0	250	150	100	0.8264	82.6
第3年	0	250	150	100	0.7513	75.1
第4年	0	250	150	100	0.6830	68.3
第5年	0	250	150	100	0.6209	62.1
NPV值						79

解：计算数据详见表3-2。

也可由公式算出：

$$\mathrm{NPV}(10\%) = -300 + 100(P/A, 10\%, 5) \approx 79 \,（万元）$$

因为NPV＞0，所以该项目可行。

3. 效益成本比率法（BCR）

第三种财务模型是效益成本比率法（benefit cost ratio，BCR），即在整个项目投资过程中的现金流入总量与现金流出总量之比。效益成本比率的计算如公式（3-3）所示。

$$\mathrm{BCR} = \frac{\sum_{t=0}^{n} CI_t}{\sum_{t=0}^{n} CO_t} \quad (3\text{-}3)$$

当效益成本率BCR大于1时，表示该项目能够盈利，该数值越大越好。

例3：某公司有下列三个工程项目方案可供选择，经济分析期均为10年，且各方案均可当年建成并受益，资料见表3-3，试用效益成本比率法选择最优方案。

表3-3 各工程项目的经济数据表   单位：万元

项目方案	A	B	C
投资现值	1075	1329	1641
运行费现值	111	134	159
效益现值	2243	2592	2822

解：由表 3-3 可得各项目的效益成本比分别为：

$$BCR_A = \frac{2243}{1075+111} = 1.89$$

$$BCR_B = \frac{2592}{1329+134} = 1.77$$

$$BCR_C = \frac{2822}{1641+169} = 1.56$$

由于 A 的 BCR 最高，因此项目 A 最可取。

4. 内部收益率法（IRR）

第四种财务模型是内部收益率法（internal rate of return，IRR），内部收益率法又称贴现法。内部收益法就是求一个内部收益率，这个内部收益率可以使项目使用期内现金流量的现值合计等于零，如公式（3-4）所示。

$$NPV = \sum_{t=0}^{n} \frac{(CI-CO)_t}{(1+IRR)^t} = 0 \qquad (3-4)$$

当内部收益率 IRR 大于标准折现率 i_0 时，则认为该项目是可取的；反之，则不可取。选择投资项目时，项目的内部收益率越高越好。

内部收益率的试算步骤：①假定折现率 i_1, i_2，且 $i_1 < i_2 (i_1 - i_2 \leqslant 5\%)$，对应的 $NPV_1 > 0$，$NPV_2 < 0$；②用线性插值法求 IRR（见图 3-3）：$IRR = i_1 + \frac{NPV_1}{|NPV_1|+|NPV_2|}(i_2 - i_1)$。

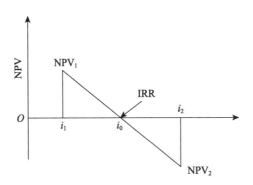

图 3-3 用线性插值法求 IRR

例 4：某项目现金流量如表 3-4 所示，基准折现率为 12%，试用内部收益率法判断该项目是否可行。

表 3-4 某项目现金流量表　　　　　　　　　　　　单位：万元

年数	第 0 年	第 1 年	第 2 年	第 3 年	第 4 年	第 5 年
净现金流量	−100	20	30	20	40	40

解：当 $i_1 = 10\%$ 时，

$$NPV_1 = -100 + 20(1+10\%)^{-1} + 30(1+10\%)^{-2} + 20(1+10\%)^{-3} + 40(1+10\%)^{-4} + 40(1+10\%)^{-5} = 10.16（万元）> 0$$

当 $i_2 = 15\%$ 时，

$$NPV_2 = -100 + 20(1+15\%)^{-1} + 30(1+15\%)^{-2} + 20(1+15\%)^{-3} + 40(1+15\%)^{-4} + 40(1+15\%)^{-5} = -4.02（万元）< 0$$

满足插值法的两个基本条件，因此可以直接用插值法公式计算 IRR 值：

$$IRR = 10\% + \frac{10.16}{|10.16| + |-4.02|}(15\% - 10\%) = 13.58\% > 12\%$$

因此，该项目可行。

上述几种方法的比较如表 3-5 所示。

表 3-5 项目选择的财务模型

比较点	投资回收期法（PP）	净现值法（NPV）	效益成本比率法（BCR）	内部收益率法（IRR）
计算方法	$\sum_{t=1}^{P}(CI-CO)_t = 0$	$NPV = \sum_{t=0}^{n}\frac{(CI-CO)_t}{(1+i_c)^t}$	$BCR = \dfrac{\sum_{t=0}^{n}CI_t}{\sum_{t=0}^{n}CO_t}$	$\sum_{t=0}^{n}\frac{(CI-CO)_t}{(1+IRR)^t} = 0$
盈亏平衡	PP = 预定投资期	NPV = 0	BCR = 1.0	IRR = 标准折现率
选择标准	PP < 预期值	NPV > 预期值	BCR > 预期值	IRR > 预期值
项目比较	PP 越短越好	NPV 越高越好	BCR 越高越好	IRR 越高越好

财务模型能够从成本和收益的角度保证项目选择的合理性，但也有不足。例如，投资回收期模型并没有考虑到时间成本，因此当两个项目的回收期相同时，如果其中一个有更高的收益，当然就是更好的选择；效益成本比率的使用前提是所有的成本和收益都能计算出现值，内部收益率和效益成本比率方法在选择互斥的项目中会出现问题，因为这样的方法会选择有高收益率但总利润水平低的小型项目。此外，对于一个非常规的现金流量项目，计算出其内部收益率非常困难，大部分情况下，在选择财务模型方法时，我们推荐使用净现值法，当然也要考虑其他条件，比如设立最低投资收益率，或者与不理解净现值法的人员沟通。但是没有一种财务模型能够保证与组织目标完全一致，因此财务分析的方法虽然有效，但也有不足。为达到理想的效果，可以使用评分模型，有时评分模型也被称为项目选择优化矩阵。

视频 3.2

二、用评分模型进行项目终选

除了要保证项目选择在财务方面具有合理性外，也应当考虑到其他因素。评分模型特别适合在多项目和有多种评价指标时使用。

1. 识别潜在指标

首先应当识别出潜在指标，这些指标应体现未来项目应怎样符合组织战略规划，同时也应当体现风险、时间、所需资源等内容。常规做法是由组织领导小组共同决定使用哪些指标。

2. 明确强制性指标

当对一系列的重要指标达成一致后，下一步就是确定哪些指标是强制性的，即是否存在不顾任何情况必须选择某些项目的情形，比如政府的指令或安全考虑。由于强制性指标的存在，可能会导致其他有价值的项目受到排挤，所以应当尽量缩小这一类项目的规模。

3. 确定指标权重

确定各指标权重，即每一指标的重要性。首先，由管理人员决定哪项指标最重要，并赋予其 10 分的权重，然后把其他的指标与其对比，确定各自的相应权重。大多数公司在项目选择时采用 3~5 个指标。必要时，次要的指标可作为附加考虑。

4. 项目评价

将所有的指标权重确定后，接下来项目决策团队就要按照每项指标对项目进行评价。最好的方法是每次集中于某一项指标，依次按照列顺序进行。按照每一指标打分后，将评分的分值乘以该标准的权重计算出加权分数填写在"综合加权得分"一列（如表 3-6 所示）。

表 3-6 项目筛选和加权优先级矩阵

项目	符合业务目标（0.25）	客户关系（0.2）	工期（0.3）	财务收益（0.25）	综合加权得分
A 项目	60	70	20	60	50
B 项目	70	50	80	90	74
C 项目	80	90	30	70	64.5
D 项目	90	70	90	80	83.5

通常情况下，选择综合得分最高的项目，如在表 3-6 中应该优先选择 D 项目。如果存在两个得分相同的项目，那么就需要采用其他标准来打破平局。

5. 灵敏度分析

一旦某些因素发生了变化，就需要分析它会给项目选择决策带来什么影响。有可能需要对选择标准进行补充或调整，按照标准的重要程度重新赋予其相应的权重，并根据新指标体系和选项，对决策加以修订。

项目决策者的决策应保证所选择的项目理由充分。如果一个公司计划选择多个项目，那么根据选择矩阵计算出加权分数，可作为选择项目优先顺序的方法之一。

三、确定项目优先级

组织中总是存在经可行性研究合格，但又超过可用资源所允许数量的项目建议。因此，面对众多可行项目时，需要确定各项目的优先级，以识别出哪些项目具有较大的附加值，进而将稀缺资源分配到比其他替代项目贡献更多价值的那些项目上，以便控制并平衡稀缺资源的使用，从而将项目和组织战略联系起来。项目选择的关键是建立与发展战略有机联系的、科学可行的项目优先级评价标准，且该标准为组织的所有成员所认知和使用。采用与发展战略连接的项目优先级评价标准至少会有利于以下工作：

- 使组织参与者的注意力集中在组织的战略核心上。
- 在哪些项目具有最高优先级的意见上达成一致。
- 更有效地使用组织资源和执行资源计划。
- 在给定可用资本的情况下，平衡风险的资产组合选择。
- 体现项目选择过程中的公开性。
- 通过标准选择形成控制变动的机制。

没有项目选择标准会导致混乱、权力政治，以及组织资源的低效使用或滥用。无论选择项目的过程如何，每个项目均应以相同的标准加以评判，且应将选择过程予以公开。评价项目优先级的常用方法有期望值法、等级列表法、项目组对比矩阵和加权优先级矩阵等。

加权优先级矩阵是目前应用得最广泛的项目优先级评价方法之一。大多数项目选择团队经常按照每个项目在矩阵中的综合加权得分作为资源的分配和日期选择的依据。然而，有时也需要考虑以下问题：每个项目的紧迫性、各个项目延期所带来的预期成本，以及时间安排的具体细节等。因此，三乘三矩阵也经常被用来记录项目工作优先级。如图 3-4 所示。

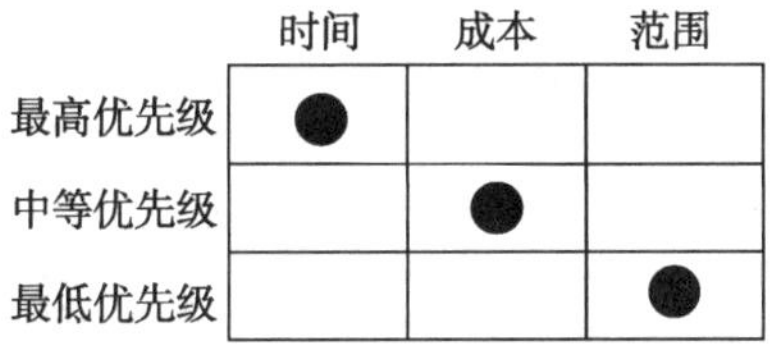

	时间	成本	范围
最高优先级	●		
中等优先级		●	
最低优先级			●

图 3-4　项目优先级矩阵

矩阵中的这三个因素的优先级可以有六种不同的组合，每种都对项目控制有不同的意义。三个因素都是重要的，如果不能实现其中的任何一个，都要承担相应的责任。但当两个项目所需的资源发生冲突时，我们应该如何取舍呢？通常情况下，可由项目发起人进行协调，当涉及重大项目时，可将决定权交给领导层。这样一来，关键项目由于某些原因而被搁置的可能性就会大大降低。

让大家都明白项目优先级，有利于项目控制。一般来说，一旦项目陷入困境，应该最先牺牲那个处于最低优先级的因素。一开始就把重要的因素设为高优先级，有助于避免将来以牺牲其他因素为代价进行变更。

一旦设置完所有项目的优先级，接下来就到了为每个项目配置资源的时间。因为资源是有限的，同一资源不可能在同一时间供所有的项目使用；资源又是有价的，若资源被闲置的话，将浪费组织的成本。因此，在资源合理分配的前提下，如何才能使资源得到最有价值的利用是一个组织领导者需要仔细思考和解决的问题。资源可以包括关键人员，比如发起人、项目经理、核心团队成员和主题专家，还可以包括资金、空间和设备等。配置项目资源最容易的方式是使用资源分配矩阵并将资源分配给优先级最高的项目。一旦某项资源无法获得，组织在特定时间可承担的项目数量将会受到限制。要用上述方式分配资源，必须有设置了优先级的项目清单、资源清单、每种资源的可获取量，以及每个项目对每种关键资源的需求量的估计。

海岛啤酒公司项目选择

海岛啤酒公司原是 A 市啤酒行业的龙头组织，市场占有率曾高达 80%，但近几年来 A 市啤酒市场群雄并起，很多小啤酒品牌逐步蚕食了海岛啤酒的市场。海岛啤酒的市场占有率下滑到 30%。海岛啤酒公司决定在 2017 年争取把市场占有率提高到 50%。为此，海岛啤酒公司准备开展一系列项目。

项目 1：收购本地区三个小啤酒厂。

项目 2：开发新品牌的淡啤酒。

项目 3：利用线下渠道资源整合到线上综合运营管理。

请问：

海岛啤酒公司为什么想开展项目？如果你被任命为其中某个项目的项目经理，你接下来会怎么做？

第三节 项 目 启 动

项目启动是项目运行的第一阶段，是项目计划和实施的前提。

一、项目启动的标志

项目启动的标志有两个：一是任命项目经理、建立项目工作团队；二是构建项目章程，即下达项目许可证书，赋予项目经理和工作团队将资源用于项目活动的权力。项目经理的选择和核心项目团队的组建是项目启动的关键环节，强有力的领导是优秀的项目管理的必要组成部分，因此应尽快将项目经理委派到项目上去。紧接着，项目经理应当领导项目成员，处理好与关键项目干系人的关系，理解项目的商业需求，准备可行的项目计划。

项目启动过程是由项目团队和项目干系人共同参与的一个过程，其主要任务包括：

（1）制定项目的目标，完成项目总体描述。

（2）进行项目的合理性说明，具体解释"开展本项目是解决问题的最佳方案"的理由。

（3）进行项目范围的初步说明。

（4）确定项目的可交付成果，即项目应该获得哪些主要成果。

（5）预计项目的持续时间及所需资源。

（6）确定高层管理者在项目中的角色和义务。

通过签署项目章程，项目团队做出承诺，项目发起人进行授权，完成上述六个方面的内容后，项目启动阶段的任务才算完成。

二、项目章程的编制

1. 项目章程的概念

项目章程是证明项目存在的正式书面说明和证明文件，由高级管理层签署，说明项目的商业目标、项目范围、质量、项目里程碑、成本和可交付成果的约束条件等，用以授权项目经理分派组织资源用于项目工作。项目章程通常是项目开始后第一份正式文件。

在不同项目上，项目章程的名称可能不同，例如可被称为项目建议书、项目定义文件、项目数据表、系统规范文件、记录计划或工作说明书等。无论以什么名称或形式，也无论谁起草，对项目来说，最重要的是章程记录了对项目的初始期望。一份完整的项目章程为后续的详细范围定义、项目规划、项目跟踪和定期的项目审查打下了良好基础。

项目章程是项目团队和发起人之间的非正式合同，作为项目启动阶段的输出物，项目章程的签署代表了从项目高层次的启动阶段到更详细的规划阶段的转变。图 3-5 展现了项目生命周期示意图。

图 3-5 项目生命周期示意图

2. 项目章程的编制

项目章程的编制始于收集项目发起人和其他干系人关于项目成果的信息。作为工作繁忙的高层主管人员之一，项目发起人通常没有时间参与项目章程的整个编制过程，在这种情况下，将由团队成员亲自起草项目章程草案的大部分内容。如果发起人有某些特殊的要求，应当提前告知工作人员，这样有助于节省时间，并为项目创造一个良好的开端。

项目章程中具有代表性的内容以及每一部分的具体内容如表 3-7 所示。项目章程的制定必须足够简洁，便于项目工作人员和发起人能够仔细核查并理解每一个细节，最终达成共识。通常 2~4 页是项目章程比较合适的篇幅。

表 3-7　章程代表性内容

章 程 内 容	说　　明
1. 标题	• 项目的标题有助于快速分辨所涉及的项目
2. 范围说明	• 描述项目所做的主要工作和项目结果 • 估计成本、资源和进度的基础 • 描述和评估项目风险的基础 • 尽可能地由项目发起人或项目领导者提供初始草案
3. 商业论证	• 项目目标或项目可能性的说明 • 回答"为什么实施该项目" • 尽可能地由项目发起人或项目领导者提供初始草案
4. 背景	• 项目背后的详细背景细节 • 篇幅不限 • 有特定要求时编写，具有选择性
5. 里程碑进度计划	• 对项目中的重大事件时点的概括性的时间安排 • 是计划和控制阶段应该考虑的关键点 • 可交付成果是项目管理中的阶段或最终交付物 • 注意关注项目里程碑事件与项目可交付物的关系 • 认可度指标包括标准、规则，以及可以评估产品、服务或过程的测试方法
6. 风险、假设与约束条件	• 风险是指会对项目产生积极或消极影响的不确定事件或条件。要对各种风险因素进行识别，且从发生的可能性与影响大小两方面评估风险，为每种风险确定相应的风险责任人、制订风险应对计划（建构一个风险日志或登记册） • 假设条件是指为了实现预期的目的，未加任何证实或证明却默认是真实的、可靠的或确定的因素的总和；约束条件指影响项目执行的限制性因素（建构一个假设与约束日志或登记册）
7. 预算估计	• 粗略估计项目预算与其他资源需求，包括时间、资金、设备和应急储备等 • 不需要项目预算的项目通常也会给项目经理一定的费用开支权限
8. 沟通计划要求	• 各干系人需要何种信息；何种信息需要我们从干系人那里获得；何时及采用何种方式沟通等
9. 团队合作原则	• 明确如何召开会议、做出决策、具体实施项目，以及相互合作等内容 • 提高团队效率并确保各参与方了解各自的需求
10. 经验教训	• 回顾每个项目的主要经验，将所有获得的经验存储在数据知识库中 • 项目经理和成员吸取经验教训之后，发起人再签署授权工作的项目章程
11. 签署与承诺	• 各参与方签署章程、公开并亲自履行承诺

编制带有认可度指标的里程碑进度计划的方法主要包括以下六个步骤：

（1）简明扼要地描述当前情况和项目要求，类似于商业论证的精简版，确保简洁清晰，对应表 3-8 "里程碑事件"一栏的第一行。

（2）一旦项目经理和团队成员对当前状况达成共识，就简要描述项目成功完成时或未来各阶段的实施情况，对应表 3-8 "里程碑事件"一栏的倒数第二行。

（3）描述最主要的项目干系人确立的最终交付成果的认可度指标，对应表 3-8 的最后一列。

（4）确定质量审核的几个关键点，对于多数中小型项目而言，3～8 个中间点是比较合适的，对应表 3-8 "里程碑事件"一栏的其余几行。

（5）判定每一个里程碑事件的主要干系人以及他们该如何判定可交付物的质量，应尽可能地让最终评定项目结果的人员来评审项目的中间可交付物，防止出现较大的偏差。

（6）明确里程碑事件预期的完成日期，大多数项目的里程碑事件完成时间在 1～6 周内都是比较合理的。表 3-8 展示的是一个推行六西格玛的里程碑计划与认可度指标例子。

表 3-8　推行六西格玛的里程碑计划与认可度指标的模板

里程碑事件	完成日期	项目干系人	认可度指标
现状			
定义			分析操作中存在的问题；顾客与衡量标准的界定；项目进程与安排
测量			定义因果关系；批准数据收集程序；收集足够的证据
分析			识别潜在变量；根本原因的统计验证
改进			收集问题解决方案；方案评估与确认；方案实施
监控			标准、程序与适当培训
未来状态			
最终目标			

项目经理和团队成员应该一起对项目实施计划可能存在的风险因素、假设条件，以及约束说明进行集中探讨，并从发生的可能性与影响大小两方面评估风险。在量化所有风险后，需要判断哪些风险是主要风险，并为每种风险确定相应的风险责任人以及制订风险应对计划，这将形成一个风险登记册或假设与约束日志，如表 3-9 和表 3-10 所示。

表 3-9　风险登记册

序号	风险名称	描述	类型	影响	概率	应对方式	具体应对措施	责任人
1								
2								
…								
n								

通过各参与方的签署章程以及公开并亲自做出应履行的承诺，能够保证参与方在项目实施过程中并肩作战，促进项目的成功完成。表 3-11 即为一个项目签署章程示例。

表 3-10　假设与约束日志

项目名称：_____　　　　准备日期：_____

编号	分类	假设/约束	责任方	到期日	活动	状态	评价

表 3-11　项目签署章程示例

项目干系人	签名	签字日期
项目发起人		
项目经理		
其他主要干系人		
团队成员 A		
…		
团队成员 N		

3. 项目章程的正式批准

项目章程由项目经理和团队成员提交发起人，获得正式批准。在某些组织中，项目负责人也会参与其中。项目发起人是非常赞同制定项目章程的，通常他们会对章程各部分的细节进行询问，这些问题常涉及章程的具体内容和相关协议。当所有问题都获得满意答复后，项目发起人、项目经理和核心团队成员将统一签署项目章程并按照章程自觉实施。

三、一页纸项目管理矩形图

在项目启动时，为简要理解项目管理全貌，可以采用一页纸项目管理工具，向公司高层管理者反映项目状况和各负责人的绩效目标。简短和全面的"一页纸项目管理"是个非常有效的沟通工具。一页纸项目管理是一份矩形图，连接项目组成的各部分，适度忽略精确性，各组成部分的所有者也被标注在文件上，项目进展也被不同颜色或图表区分。具体可参考图 3-6 的示例。

四、项目启动会议

为了项目的顺利开展，在项目正式启动时，将所有的项目干系人召集到一起举行一次启动会议是十分必要的，可以现场阐明项目目标和意义，以确保大家取得理解上的一致，加深大家对项目的理解。通过项目启动会议，还可以公开落实项目干系人的角色和责任，提高他们对项目承诺的兑现程度。此外，项目启动会议也是大家相互认识和交流的社交场合，毕竟良好的人际关系有时候比什么都重要。项目启动会议的议程主要包括表 3-12 所示的内容。

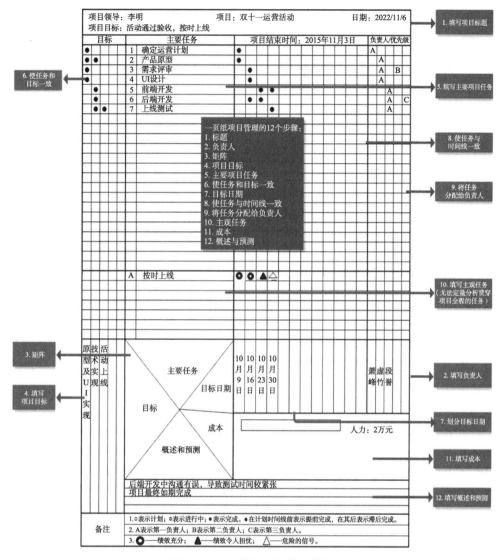

图 3-6　一页纸项目管理矩形图

表 3-12　项目启动会议议程及内容

议　程	主　要　内　容
1. 欢迎和介绍	确保关键项目干系人能够到场并且面对面地介绍项目组主要人员
2. 介绍会议目的	通过会议确保项目客户、供应商等对项目管理方法、角色和责任、变更管理办法等取得认可，安排人员记录会议内容并分发会议纪要
3. 介绍项目背景	说明为什么发起这个项目，尽量用数字说明问题
4. 说明项目范围	简单但完整地说明项目包含什么、不包含什么，并说明主要项目产品及重要里程碑
5. 说明项目干系人的角色和责任	利用责任矩阵说明各项目干系人的角色和相应的责任
6. 介绍项目经理将采取的管理方式	项目的管理方式必须得到所在组织及项目干系人的认同，而且必须包含项目沟通方式

续表

议　程	主　要　内　容
7. 说明项目变更控制方式	明确变更管理的责任人；说明何时需要客户参与；说明谁有签字权等
8. 说明项目行动要点	简单介绍项目采取的工作方式，例如一些主要的度量和控制办法等
9. 说明客户对项目成果的接收标准	说明项目将提供给客户什么样的产品，质量判断标准是什么，客户将如何验收该产品等
10. 说明下次会议的议题和时间	介绍下次举行项目会议的原则和时间
11. 回答与会人员的问题	告诉项目干系人能够随时联系的方式，以便有问题时可以及时咨询
12. 对会议进行总结	总结本次会议取得的成果和结论；感谢大家的参加；说明会议纪要发放的方式和时间等
13. 结束会议	努力使其他项目干系人对项目组，特别是对项目经理留下良好的印象

小赵的麻烦

海正公司的小赵最近心里挺烦。公司前段时间签了一个100多万元的单子，由于双方老板很熟，且都希望项目尽快启动，于是在签合同时也就没有举行正式的签字仪式。合同签完，公司老总很快指定小赵及其他8名员工组成项目组，由小赵任项目经理。老总把小赵引荐给客户老总，客户老总在业务部给项目组安排了一间办公室。

项目开始进展得很顺利，小赵有什么事都与客户老总及时沟通。可客户老总很忙，经常不在公司。小赵想找其他部门的负责人，可他们不是推脱说做不了主，就是说此事与他们无关，有的甚至说根本就不知道这事儿。问题得不到及时解决不说，很多手续也没人签字。而且项目组内部的问题也不少：有的程序员多次越过小赵直接向老板请示问题；几个程序员编写的软件界面不统一；项目支出的每笔费用，财务部都要求小赵找老板签字等。小赵频繁打电话给老板，其他人心里就会想：小赵怎么老是拿老板来压人？由此，小赵与项目组其他人员以及财务部的人员产生了不少摩擦，老板也开始怀疑小赵的能力。

相信小赵的遭遇很多项目经理都亲身经历过，尤其是刚开始做行业客户的公司，往往是公司的老板和客户单位的某个主管关系不错，或业务人员关系做得很到位，公司老板希望赶紧做完项目，因此常常跳过项目启动环节，直接指令项目经理进入实施阶段，结果项目刚开始就麻烦不断。

请问：

项目启动阶段应该注意哪些问题？如何才能成功并且顺利地启动一个项目？

识别和选择潜在项目要坚持战略导向原则。组织战略是组织开展项目的出发点和基本

依据，而开展项目是实现组织战略目标的基本手段。

在进行项目选择时，一般要把财务和非财务的因素都考虑进去，在选择项目时以财务分析为主，非财务因素为辅；通常使用财务模型进行项目的初选，然后使用评分模型进行最后的敲定。另外，当面对多个可行项目时，应设定一定的标准和程序以确定各项目的优先级。

项目章程是项目团队和发起人之间的非正式合同，是项目启动阶段的重要成果，也是项目启动的标志之一。项目章程的签署代表了从项目高层次的启动阶段到更详细的规划阶段的转变。项目启动一般通过项目启动会议来加深大家对项目的理解。项目启动会议有利于公开落实项目干系人的角色和责任，提高他们对项目承诺的兑现程度。

思考题

1. 组织开展项目应具备什么样的能力？
2. 财务模型与其他模型相比较的优缺点是什么？
3. 如果让你将项目成功的标准进行排序，你认为哪些指标应该排在前面？为什么？
4. 项目章程一般由谁来写？谁来批准？它的作用是什么？
5. 项目成功启动的标志是什么？

计算题

1. 某建设项目为一次性投资、当年收益，且收益每年保持不变。由现金流量表得知，固定资产投资 1500 万元，流动资金投资 400 万元，年销售收入 700 万元，年经营成本 240 万元，年上缴营业税及所得税共计 80 万元。则该项目投资回收期是多少？

2. 某企业拟投资建设一项目，该项目需投资 100 万元按直线法计提折旧，使用寿命十年，期末无残值。该项目工程当年投产，预计投产后每年可获利 10 万元。

（1）假定该项目的行业基准折现率为 10%，求净现值。
（2）若资产报废时有 10 万元的残值，净现值为多少？
（3）假定建设期为一年，无残值，则净现值为多少？
（4）若建设期为一年，年初年末各投入 50 万元，期末无残值，求净现值。

即测即练

自学自测　扫描此码

第二部分　编制项目管理计划

- 项目干系人管理与沟通计划
- 项目范围管理计划
- 项目进度管理计划
- 项目资源与成本管理计划
- 项目风险管理计划
- 项目质量管理计划

第四章 项目干系人管理与沟通计划

 学习目标

知识目标

1. 掌握项目干系人识别、分析及优先级排序；
2. 了解项目干系人管理策略；
3. 了解项目沟通计划的构成与编制；
4. 掌握主要的沟通方式及其适用性；
5. 掌握项目会议的组织方法；
6. 了解全球化与虚拟团队的沟通；
7. 掌握冲突管理的方法。

能力目标

1. 学会识别与分析项目干系人，提高综合分析能力；
2. 编制干系人管理计划，促进干系人参与，提高对干系人的管理能力；
3. 创建项目沟通矩阵，提高信息收集能力；
4. 选择有效沟通的方式，提高沟通能力；
5. 学会应对冲突的方法和基本策略，提高解决问题的能力。

 引导案例

港珠澳大桥项目建设中突然冒出来的干系人

2012年4月28日，港珠澳大桥内地段已经开工经年，其中人工岛挖泥工程已完成近九成。反观原定于2010年年初动工、2016年通车的港珠澳大桥香港段仍未有动静。由于大桥香港段迟迟未能动工，预计工程造价将上涨30%～40%，单计大桥主体工程，港方或因此多付68.2亿～91.1亿港元。

阻碍大桥施工的正是家住香港东涌富东邨的居民朱绮华。靠吃政府救济的66岁老太太朱绮华，2010年通过法律援助，就港珠澳大桥香港段的环评报告，向香港高等法院申请司法复核。她提出，大桥工程没有评估臭氧、二氧化硫及悬浮微粒的影响，因而不合理也不合法。结果香港高等法院裁定环评报告不合规格，要求港环保署撤销《环境许可证》，香港段施工从此陷入"急冻"，港府随后上诉。

就高等法院对港珠澳大桥环评司法复核案件所做出的裁决，香港运输及房屋局表示，会研究判词及其影响，再决定如何根据法律的要求，尽快处理有关的程序问题。

网上查阅港珠澳大桥建设项目相关资料，并回答以下问题：
1. 请讨论项目对项目干系人的影响，以及项目干系人对项目的影响。
2. 请思考项目干系人管理的重要性，以及如何识别、分析和管理项目干系人。

第一节　项目干系人管理

一、项目干系人与干系人管理的主要过程

项目始于干系人需求，终于干系人满意。

项目干系人（也称利益相关方）指积极参与项目、利益可能受项目实施或完成的积极或消极影响的个人或组织，如客户、发起人、执行组织或公众等，也可以指与项目有直接或间接关系的任何个人、小组或组织。

在一个项目中，项目干系人会影响项目成败。一条决策的变动，一个人心情的好坏，一个人所处地位的改变等，都可能影响项目的进展。遗漏某个重要的干系人，或者对干系人的要求没有识别清楚，通常会造成项目执行困难，甚至导致项目完全失败。尽管项目经理无法控制项目干系人，但是可以通过影响干系人，使干系人清楚地了解项目情况，例如项目能给他们带来的利益以及项目面临的风险等，提高干系人对项目的正面作用。正是因为每个项目干系人对项目是否成功具有直接影响，因此项目经理需要对项目干系人进行管理，并且尽量满足干系人的需求。

为了成功地管理项目干系人，项目经理或项目团队需要完成以下工作，如表 4-1 所示。

表 4-1　项目干系人管理主要过程

过　程	定　义	主　要　作　用	其　他　描　述
识别干系人	识别能够影响项目决策、活动或结果的个人、群体或组织，以及被项目决策、活动或者结果影响的个人、群体或组织，并分析和记录他们的利益、参与度、相互依赖、影响力及对项目成功的潜在影响等信息	帮助项目经理建立对各个干系人或干系人群体的适度关注	项目干系人是积极参与项目，或其利益可能受到项目实施或完成的积极或消极影响的个人或组织，如客户、发起人、执行组织和有关公众
规划干系人管理	基于对干系人需要、利益及对项目成功的潜在影响的分析，制定合适的管理策略，以及有效调动干系人参与整个项目生命周期的过程	为与项目干系人的互动提供清晰且可操作的计划，支持项目利益	在分析项目将如何影响干系人的基础上，规划干系人管理过程可以帮助项目经理制定不同方法，有效调动干系人参与项目，管理干系人期望，从而最终实现项目目标
管理干系人参与	在整个项目生命周期中，与干系人进行沟通和协作，以满足其需要与期望，解决实际出现的问题，并促进干系人合理参与项目活动的过程	帮助项目经理提升来自干系人的支持，并把干系人的抵制降到最低，尽量提高项目成功的机会	通过管理干系人参与，确保干系人清晰地理解项目目的、目标、收益和风险，提高项目成功的概率。干系人对项目的影响能力通常在项目启动阶段最大，而后随着项目的进展逐渐降低

续表

过程	定义	主要作用	其他描述
控制干系人参与	全面监督项目干系人之间的关系，调整策略和计划，以调动干系人参与的过程	随着项目进展和环境的变化，维持并提升干系人参与活动的效率和效果	应该对干系人参与进行持续控制

二、项目干系人识别

干系人识别要求识别每个干系人对项目的需求、期望和对项目的贡献、影响及其制约作用等，在条件允许的情况下，可以让他们尽早参与实际的项目。项目管理要求识别出项目的所有干系人，但是在实际的项目中，可能无法完全识别，不过项目经理或项目团队还是要尽可能地识别项目干系人。

项目管理的目的包括既要满足项目干系人对项目已经表达出的各种利益诉求，也要满足他们对项目尚未表达出的利益期望。项目干系人具有复杂性。第一，项目通常是基于多用户的，并且每个用户都有不同的需求；第二，一般情况下，用户并不完全清楚他们需要的是什么，因为他们不知道实现需求有何种选择；第三，项目的出资人可能并不是实际上享受项目成果的人，并且出资人可能并不完全了解使用者的需求；第四，当第三方出资时，一些用户可能会产生额外的要求，出现耗资耗时的现象；第五，除了用户之外，许多干系人都享有不同的利益。

在项目启动阶段就应该识别干系人，并分析他们的利益层次、个人期望、重要性和影响力。由于总存在一些不明显甚至隐藏的项目干系人，所以全面识别项目干系人并不容易。在项目开始时，要认识到隐藏的项目干系人也会对项目产生重要影响。不要担心识别出的干系人太多，可以在其后通过干系人分析进行排序，划分重要、次要，甚至不需要加以管理的干系人。如果被识别的某些干系人对项目不会产生实质性的影响，那么只需加以观察即可。如果某些干系人不能够被识别出来，就说明存在问题，任何一个被遗漏的干系人都可能会给项目带来意想不到的影响。

项目干系人一般包括：为项目工作的人，为项目提供人力、资料的人，因项目打破惯例的人。识别项目干系人的方法如下：

（1）根据项目章程、采购文件、项目的制约因素和组织积累的相关资料来识别干系人。

（2）项目经理和项目核心团队（常常与发起人进行沟通）可以根据表 4-2 所示的干系人识别表识别潜在项目干系人。按照内外部以及受项目过程或结果所影响的分类标准将识别对象分为四个部分。值得注意的是，受项目实施过程影响的干系人可能多于受项目结果影响的干系人，外部干系人可能多于内部干系人。

表 4-2 项目干系人识别表

受影响因素	内部	外部
受项目过程影响	业主 负责人 项目经理 职能经理 竞争项目 资金来源 项目核心团队 主题事务专家 雇员 股东	供应商 合作者 债权人 政府机构 特别兴趣小组 邻里 客户 职业团队 媒体 纳税人 联盟 竞争对手
受项目结果影响	内部客户 项目发起人 使用者	客户 公众 特别兴趣小组

项目干系人与项目存在各种利益关系。针对各个潜在的项目干系人，列出与其利益相关的项目过程和成果。当列明项目干系人及其利益之后，就应该将他们划分为不同的利益团体。

（3）头脑风暴法。基于现有项目人员，采用头脑风暴法的方式生成一份潜在干系人名单，可以在一块白板或者挂图的工作表上绘制表格，将干系人名单填在表格的第一列。关键干系人一般很容易识别，包括所有受项目结果影响的决策者或管理者，如发起人、项目经理、主要客户等。通常可通过与已识别的干系人进行访谈，来识别其他干系人，扩充干系人名单，直至列出全部潜在干系人。另外，在可能的情况下，也可以通过姓名识别项目干系人。

值得注意的是，项目管理要求尽早识别和正视负面干系人，并且一视同仁，如同对待正面干系人一样，力争将负面影响转换为正面支持。忽视和冷漠负面干系人会在某种程度上提高项目失败的可能性。

最后需要强调的是，识别干系人是一个持续性的过程，并且会随项目生命周期的进展而变化。在不同的项目阶段，项目干系人会有所不同，不同干系人在项目中的责任和职权各不相同，有些只偶尔参与项目调查或焦点小组的活动，有些则为项目提供全力支持，包括资金和行政支持等。因此持续识别干系人是项目经理或项目团队重要的工作组成部分。当干系人发生变动时，要重新对干系人进行识别和评估，并主动与其进行沟通和交流，力争新的项目干系人是为项目服务的。

三、项目干系人分析

项目干系人分析是系统地收集和分析各种定性和定量信息，以便确定在整个项目中应该考虑哪些人的利益的过程。通过干系人分析可以识别出干系人的利益、期望和影响，并把它们与项目目标联系起来。干系人分析也有助于了解干系人之间的关系，以便利用这些关系建立联盟和伙伴合作，从而提高项目成功的可能性。

1. 项目干系人重要性分析

在存在大量干系人的项目中，项目团队是不应该平均其时间和精力应对每个干系人的，必须分类管理干系人并划分优先级。既不应忽略任何一个项目干系人，但也应将重点集中在最重要的干系人上。在实践中，常用下面的指标对项目干系人进行打分排定优先级：

- 职权（权限）。
- 顾虑（利益）。
- 积极参与（利益）。
- 影响变更的能力（影响）。
- 直接影响的需要（紧急）。
- 适当参与（合法性）。

可按 3 个等级打 1~3 分，其中 3 分代表优先级最高，对项目产生重大影响的指标得 3 分，不能对项目产生重大影响的干系人得 1 分。将所有的得分汇总形成一个总的优先级评分。表 4-3 所示为项目干系人识别和进行优先级排序的模板。

表 4-3 项目干系人重要性分析

项目干系人	重要程度						总分	优先级
	职权	利益	影响	效果	紧急	合法性		

另外，还可以根据干系人权力的大小和利益高低建立权力或利益方格，如图 4-1 所示。这个矩阵指明了项目需要与各干系人之间建立的关系种类。首先关注处于 4 区的干系人，他们对项目有很高的权力，也很关注项目的结果，项目经理应该"重点管理，及时报告"，尽量让他们满意，如项目的客户和项目经理的主管领导等。其余的 1、2、3 区应分别按图 4-1 的方法去管理。

还有一种分析方法是凹凸模型，如图 4-2、图 4-3 所示，按权力的高低、紧急程度的高低和合法性的高低划分，分为 A1、B1、C1、D1、A2、B2、C2、D2 这八种情况。

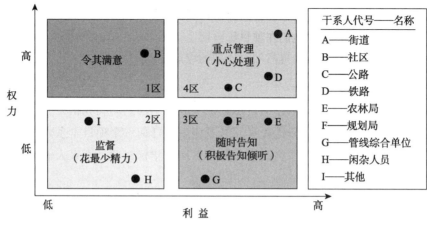

图 4-1　干系人权力—利益方格

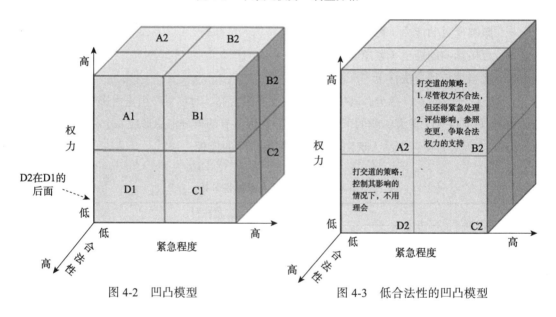

图 4-2　凹凸模型　　　　　图 4-3　低合法性的凹凸模型

以 **B2** 区的干系人为例：这类干系人权力高，但合法性低，所涉及的事项很紧急。例如市信息中心正在为市政府的电子政务项目布设光缆，此时电力公司闻讯后紧急叫停了光缆的施工，叫停的理由是：光缆离他们的设施过近。但对于光缆和市政电力设施有多远，其实并没有一个确切的说法，电力公司内部的标准也没有得到信息中心的认可。为了赶工期，信息中心继续施工，此时电力公司威胁要断电。如果你是项目经理，你会如何处理此类棘手的问题？

根据图 4-3 中的建议，对 B2 区的干系人应该：

- 尽管权力不合法，但还得紧急处理。
- 评估影响，参照变更，争取合法权力的支持。

因此，项目经理要报告单位，由单位出面，由"单位对单位"进行协商进行解决。

总之，在对干系人分类制定出对策后，还应该让项目干系人尽可能早参与项目，比如在启动阶段就介入，这有助于改善和提高分享项目所有权、认同可交付成果、满足干系人要求的可能性，也有利于争取他们在项目管理过程中的支持，从而提高项目的成功率。

2. 干系人登记册

通过干系人识别过程，找到所有的干系人，收集他们的基本信息和需求，对他们进行分类，初步拟定沟通策略，然后把这些成果记入干系人登记册。

编制干系人登记册或项目干系人清单，记录各干系人的名称、地址、联系方式等基本信息，以及对干系人的初步评价。这是在项目干系人识别过程中得到的主要文件。

项目干系人清单是针对干系人进行识别、评估与分类的项目文档。项目团队可以据此制定策略，充分利用项目干系人的支持或者消减他们对项目的阻力。项目干系人清单有助于与每个项目干系人建立关系并了解他们的需求，这是明确项目范围的基础。此外，项目干系人清单是一份随着需求不断变化的动态文档。

3. 干系人分析的作用

通过识别项目干系人，以及分析每个利益团体的需求，项目经理能有效地实施以下工作：

- 明确远期项目的计划、控制和实施方向。
- 划分各个相互冲突的目标的优先级。
- 进行复杂的权衡，识别每一个干系人的期望。
- 制定和实施必要的决策。
- 建立共同的风险意识。
- 与客户建立紧密的联系。
- 建立同事、客户和供应商之间的授权模型。
- 以总公司和客户组织的优秀资源管理员的身份为项目提供服务。

接下来，项目团队应该挑出前 10～15 名项目干系人，在余下的计划中重点考虑。总得分最高的干系人通常被认为是项目的首要影响者。随着项目的进展，干系人对项目的影响会发生相对变化，项目经理和核心团队应该定期审查项目干系人优先级清单，尤其是在初始阶段项目目标尚不明确时。

四、编制干系人管理计划

每个干系人对项目的态度和认知程度不同，对项目产生的影响也不同，或许是积极正面的影响，或许是消极负面的影响。干系人既可能看到项目的积极结果，也可能看到项目的消极结果。有些干系人受益于一个成功的项目，而另一些干系人则看到的是项目成功给他们带来的负面影响。对项目抱有积极期望的干系人，可通过帮助项目取得成功来最好地实现自己的利益。而消极干系人则会通过阻碍项目的进展保护自己的利益。这时候项目团队需要考察各个干系人对项目影响的作用、对项目的态度等，并以此为依据对项目干系人进行综合评定和分类管理，考虑全部干系人的利益与影响力，充分评价干系人的知识、技能与地位等，并加以合理利用。

1. 编制干系人管理计划

在编制干系人管理计划（见表 4-4）时，干系人参与评估矩阵（见表 4-5）是一个极为重要的工具。项目经理在使用这个矩阵之前，先通过干系人分析技术把干系人分为如下几类。

表 4-4　新能源汽车研发项目干系人管理计划

编制：项目经理侯宇　　　　审核：QA 章彬　　　　批准：PMO 总监王权　　　　2017-10-17

序号	姓名	职位	所需参与程度	当前参与程度	沟通需求	需要的信息及报告周期	备注
1	王华明	副主任	D 支 5	C 支 3	降低污染、改善空气质量，为我国汽车工业找到新的增长点	通过沟通，需要加强支持度，他注重结果、不注重过程，需要周报	重点管理，他比较坚持自己观点
2	刘亚东	司长	D 支 5	C 支 4	希望项目成功	需要刘亚东加强支持，他需要细节，需要周报	重点管理，他的协调水平较高
3	柳亚明	司长	D 支 5	C 支 4	改善空气质量，拉动地方经济	需要柳亚明全力支持，他关注技术，关注创新，需要周报	重点管理，他认为目前的技术落后，需要创新
4	张新生	副总经理	D 支 5	C 支 4	希望项目成功，新能源汽车能赚钱	他需要了解各级领导的想法、注重沟通，需要日报，项目需要他全力支持	重点管理，他喜欢讨论业务发展趋势、急于出业绩
5	项目团队		D 支 5	C 支 4	通过项目来获得个人职业的成长	他们关注技术、喜欢学习，需要实时关注和指导	重点管理，团队在磨合，对项目未来有担心
6	电池组		D 支 5	C 支 3	能及时拿到货款	他们需要订单信息、实施信息、回款信息，需要参加周协调会	随时告知项目动态，说话强势、不好沟通
7	用户		D 支 5	C 支 2	价格合理、续航里程长、电量够多、对健康无害	关注安全、经济性、舒适度、政府支持政策，重细节、比较认真，项目里程碑要发布新闻	随时告知项目动态，对本项目很重视
8	燃油汽车		D 支 1	C 支 4	共同发展	向政府、用户宣传新能源的好处，同传统燃油车商沟通	随时关注，担心冲击现有市场
…	…						

注：1. 支持程度分为 1、2、3、4、5 级，5 级最高；
　　2. 反对程度分为 1、2、3、4、5 级，5 级最高；
　　3. D 表示项目团队希望的参与程度，如 D 支 5 表示：需要最高的支持度；
　　4. C 表示每个项目干系人目前的参与程度，如 C 支 3 表示：目前的支持度为 3。

表 4-5 项目干系人参与评估矩阵

项目干系人	不了解	抵制	中立	支持	领导
干系人 1	C			D	
干系人 2		C	D		
干系人 3			C	D	
干系人 4				C、D	
干系人 5				C	D

注：C 表示每个项目干系人目前的参与程度，D 表示项目团队希望他们参与的程度。

（1）不了解：对项目和潜在影响不知晓。
（2）抵制：了解项目和潜在影响，抵制项目。
（3）中立：了解项目，既不支持，也不反对。
（4）支持：了解项目和潜在影响，支持项目。
（5）领导：了解项目和潜在影响，积极致力于保证项目成功。

然后在这个矩阵中标出需要每个重要干系人支持的力度以及这个干系人目前给予的支持力度，从而可以很直观地观察到项目所需的支持力度是否足够，如果不够则需要请教专家。必要的话，还要与干系人做进一步沟通，采取进一步行动，使他们达到所需的参与程度。

在表 4-4 中，第 4 号干系人张新生是项目的主管领导，是新能源汽车公司的副总经理。张新生目前分管 5 项工作，新能源汽车开发仅仅是其中之一，但需要他出席的项目会议，5 次中他一般会缺席 1 次。因此项目经理要与他沟通，要想办法让他每次都出席。如果遇到实在不能出席的情况，应该使用最新的通信技术让他实时连线网上参会。如果不能实时连线，那么项目经理需要事前汇报以获取他的意见，会后也要专门汇报以争取他的支持。

2. 管理干系人参与

管理干系人参与的过程，就是依据干系人管理计划，解决项目实施中出现的问题，推进干系人参与。

考虑到在整个项目生命周期中，干系人的参与对项目的成功至关重要，因此应该比较所有干系人的当前参与程度与计划参与程度（为项目成功所需的）。这可以通过表 4-5 的矩阵来实现，参与程度可以由低到高依次分类为不了解、抵制、中立、支持、领导。项目团队应该基于可获取的信息，确定当前阶段所需要的干系人参与程度。通过分析，识别出当前参与程度与所需参与程度之间的差距，并通过沟通等方式消除这个差距。

项目发起人、项目经理与核心团队通过兑现所有的承诺、平等相待、创造自豪感和培养项目激情等方式，可以与关键项目干系人建立紧密的关系。这就需要我们先了解每个项目干系人的激励动因是什么，可以用"这么做对我有什么好处？"来描述每位项目干系人想要什么。项目干系人如果感觉自己受到威胁，认为他们最终不会从项目中获益，就会干扰项目进程。项目干系人对项目不满意是项目失败的标志。另外，从项目规划开始，项目团队要为他们提供参与的机会,使项目干系人成为合作伙伴。通过向项目团队讲述他们的需求,及时做出决策,项目干系人更可能在项目中主动承担责任。反过来,他们也能够感受到项目团队的计划符合他们的期望。这样他们所做的就不仅仅是检查结果和签发支票了。项目干系人可以在早期就参与到项目中来,当他们了解的信息是有意义的时候,就会感到项目是成功的。项目经理必须记住,在项目早期就要在所有项目干系人之间建立互相尊重与信任,并将其持续贯穿到整个项目过程。这与硬技术计划一样,对项目的成功同等重要,值得引起项目经理的关注。

五、监控干系人参与

"监控干系人参与"过程,就是依据干系人管理计划,全面监控干系人之间的关系。如项目有需要,就要调整策略和计划,从而调动和发挥干系人的积极性。

1. 与项目干系人建立关系

有效的项目计划是进行项目实施、监控和交付的基础,而创建良好的项目团队与干系人之间的关系,使之相互信任,则是取得项目成功的关键。

项目经理有必要尽早与所有关键干系人建立积极关系,原因有两个:第一,这样做能使干系人为项目提供积极的支持,或至少不对项目造成干扰;第二,可以为项目沟通奠定基础。与项目关键干系人建立有效的沟通渠道,有利于后期项目计划和实施工作的开展。

项目经理和项目团队要设法与重要的项目干系人建立紧密的工作关系,这是贯穿于整个项目生命周期的持续过程。事实上,项目经理甚至会在项目结束后仍然维持与项目干系人的关系,以便增加获得未来项目工作的机会。当然,这里首先要建立好项目团队内部的关系。在与项目核心团队以及其他项目干系人建立关系时,项目经理需要时刻牢记应相互尊重与充分信任,这会增加项目成功的可能性。

通常来说,在项目规划过程中建立关系的效果最好。完整有效的项目关系建立活动包括以下内容:

- 公开各自的目标。
- 鼓励开放式沟通。
- 共同建立议程。
- 使用分享信息。
- 定期庆祝成功。
- 分享项目中的乐趣。
- 正确制定决策和解决问题。

2. 让干系人为项目"付出"

项目经理应在项目启动阶段应识别出重要的项目干系人,并尽可能地给该干系人安排一个正式的岗位。项目经理前期要明确向该干系人汇报项目情况的方式,包括形式、工具、频率等。在项目实施过程中,要按计划定期向干系人汇报项目进展,适当的时候可以就某个业务问题向该干系人征求意见,这样可增加干系人对项目的投入感。

3. 平衡不同干系人的利益

项目经理的重要职责之一就是管理干系人的期望,但由于干系人的期望往往差别很大,甚至相互冲突,所以这项工作困难重重。项目经理的另一项职责就是平衡干系人的不同利益,并确保项目团队以合作的方式与干系人打交道。

在众多的干系人中,有些干系人或许会因为项目的成功而获得升职或利益,受益于项目;而有的干系人看到的是项目的成功对自己带来的负面影响,如选拔干部时,A、B两个人都是候选人,但是A主持建设的项目成功了,得到了升迁,那么这个项目对于B而言就具有一定的负面影响和威胁。因此,项目经理或项目团队需要通过各种手段和途径,尽量多地创造有利因素,尽力化解负面影响,平衡干系人之间的不同利益要求。满足干系人的期望是项目经理的重要职责,可以使干系人最大限度地为项目尽心尽力,成为项目中的一员。

项目经理还应该考虑到不同干系人的利益关系可能相互冲突。例如,财会人员会担心现金流的超额,但是客户却希望项目尽早完工。此外,还应该考虑到选择某个项目是为了支持特定的商业目标,该目标有助于判断项目干系人的相对重要程度。通常情况下,如果产生了利益冲突,按照《PMBOK®指南》的要求,应该按有利于客户(项目产品、服务或成果的使用者)的原则进行处理。如果有众多客户,应该以最终客户的利益至上为原则。如果项目团队编制项目干系人识别和优先级矩阵时明确考虑项目发起人,那么现在就应该与项目发起人进行沟通,并要求反馈。在项目团队继续工作之前,如果发起人还想做出一些变更,那么这个时机就是最佳的。此外,在项目干系人优先级存在冲突时,发起人能够提供帮助。

在项目团队进行如下活动时,应首先考虑高级别的项目干系人:

- 编制沟通计划(见下一节)。
- 确定项目范围(见第五章)。
- 识别威胁与机会(见第八章)。
- 确定质量标准(见第九章)。
- 划分成本、进度、范围和质量目标的优先级(见表4-6)。

表4-6 项目干系人利益权衡矩阵表

	条 件	标 准	代 价
成本			提前10天,成本增加5000元
进度	提前10天		
质量		必须达到	
范围		必须达到	

项目管理需要满足重要项目干系人的利益,并做出适当平衡。如表4-6所示,要想优先完成某项目目标,可能会以牺牲另一项目目标为代价,比如将进度提前可能需增加成本。

在对干系人管理时，应特别注意以下几个方面：

（1）尽早以积极态度面对负面的干系人。面对消极的干系人，应如同面对积极的干系人一样，尽早积极地寻求解决问题的方法，充分理解他们，设法把项目对他们的负面影响降低到最低，甚至可以设法使项目也为他们带来一定的正面影响。直接面对问题要比拖延、回避更加有效。

（2）让项目干系人满意是项目管理的最终目的。让干系人满意并不是被干系人限制，而是弄清楚干系人的利益追求并加以适当引导，满足其合理的利益追求。项目管理要在规定的范围、时间、成本和质量下完成任务，最终还是要让项目干系人满意。所以，不要忽视干系人，项目管理团队必须完整地列出干系人的利益追求，并以适当方式请干系人确认。

（3）特别要注意干系人之间的利益平衡。由于各干系人之间或多或少地存在利益矛盾，虽然我们无法同时同等程度地满足所有干系人的利益，但应该尽量缩小各干系人满足程度之间的差距，使之达到一个相对平衡。项目干系人管理的一个核心问题，就是在众多项目干系人之间寻找利益平衡点。我们要及时面对利益差别甚至是冲突，并进行协商。

（4）依靠沟通解决干系人之间的问题。通过沟通，不但能及时发现项目干系人之间的问题，更重要的是能够使之相互理解、相互支持，直至问题解决。对于沟通，我们要建立良好的沟通机制和计划，并加以管理。

最后，在项目收尾阶段，项目产品、服务或成果应该得到主要干系人或使用者的认可，因此在项目中，当干系人的利益发生冲突时，通常应按照有利于客户的原则进行处理，提取共同的利益、找到平衡点。如果在实际的项目中客户众多，应以干系人话语权、决定权较大的客户的利益为上，尽量满足其利益诉求。

案例4-1

谢经理是学赛信息技术公司软件开发部的项目经理，他6个月前被公司派往新动力贸易集团有限公司（以下简称新动力）现场组织开发财务管理信息系统，并担任项目经理。谢经理已经领导开发过好几家公司的财务系统了，并已形成了较为成熟的财务管理软件产品，所以他认为此次去后应当只要适当地做一些二次开发，并根据用户需求做少量的新功能开发即可大功告成。

谢经理满怀信心地带着他的项目团队进驻了新动力，谢经理和项目团队在技术上已经历过多次考验，他们仅用了3个月的时间就将系统开发完毕，项目很快进入了验收阶段。可是新动力分管财务的陈总认为，一个这么复杂的财务系统在短短的3个月的时间里就完成了，这在新动力的IT项目中还是首次，似乎不太可能。因此他拒绝在验收书上签字，并要求财务部的刘经理和业务人员认真审核集团公司及和各个子公司的财务管理上的业务需求，并严格测试相关系统的功能。

财务部的刘经理和相关人员经过认真审核和测试，发现系统开发基本准确，但实施起来比较困难，因为业务流程变更较大。这样一来，又过了1个月，新动力的陈总认为系统还没有考虑集团公司领导对财务的需求,并针对实施较困难的现状,要求项目组从集团公司总部到各家子公司,逐步推动对系统的使用。

谢经理答应了新动力陈总的要求,开始先在集团公司总部实施财务系统。可是两个月过去了,连系统都没有安装成功。集团公司信息中心的人员无法顺利地购买服务器,因为这个项目没有列入信息部门的规划;财务部门的人员说项目在集团中都推不动,何必再上。谢经理一筹莫展:"我该如何让项目继续走向成功?"眼看半年过去了,项目似乎没有了终结之日,更不用说为学赛信息技术公司带来效益了。

请问:

1. 请描述项目干系人中需要重点关注的角色。
2. 项目干系人分析是项目管理中的一项重要工作,请选用合适方法进行项目干系人分析。
3. 请描述谢经理发现的主要问题。他应该怎么办?

第二节　项目沟通管理

项目经理 80%～90% 的时间都花在了项目沟通上。沟通管理最能体现项目管理者的水平,有效沟通不仅可以节省时间,而且会达到良好的效果。

一、项目沟通管理概述

沟通是人与人之间、人与群体之间进行信息传递和反馈的过程,以求在思想上达成一致和感情的通畅。简言之,沟通就是交换信息、达成共识。

项目沟通管理包括通过开发工件(如电子邮件、社交媒体、项目报告或项目文档),以及执行用于有效交换信息的各种活动,来确保项目及其相关方的信息需求得以满足的各个过程。项目沟通管理包含三个主要过程:规划沟通管理即制定沟通策略,确保沟通对相关方行之有效;管理沟通和监督沟通是通过执行必要活动,以落实沟通策略,如图 4-4 所示。

图 4-4　项目沟通管理的主要过程

规划沟通管理的过程是依据项目章程、项目管理计划、资源管理计划、干系人(相关方)参与计划、项目文件、需求文件、干系人(相关方)登记册、事业环境因素和组织过程资产等资料,采用一定的沟通工具和技术,例如专家判断、沟通需求分析、沟通技术、沟通模型、沟通方法、人际关系与团队技能、相关方参与度评估数据以及会议等,形成定制化和结构化的沟通管理计划,以及更新的项目管理计划和项目文件等成果等。如图 4-5 所示。

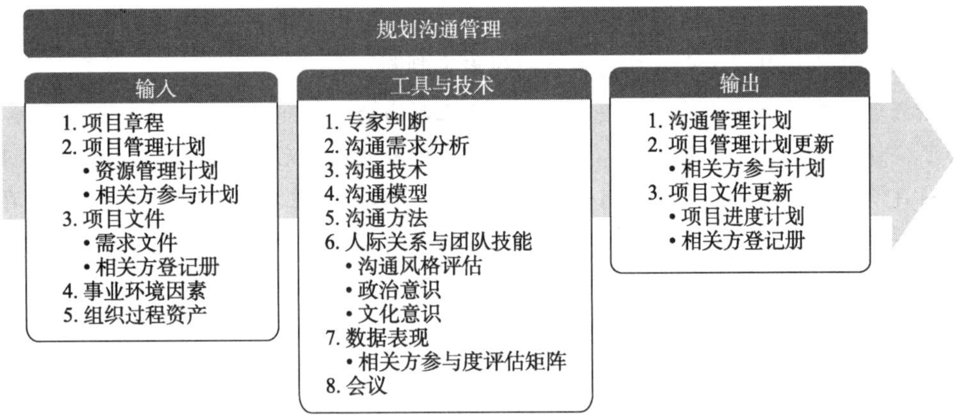

```
                        规划沟通管理
┌─────────────┐  ┌──────────────────┐  ┌─────────────┐
│    输入     │  │    工具与技术    │  │    输出     │
│ 1.项目章程  │  │ 1.专家判断       │  │ 1.沟通管理计划│
│ 2.项目管理计划│ │ 2.沟通需求分析   │  │ 2.项目管理计划更新│
│  •资源管理计划│ │ 3.沟通技术       │  │  •相关方参与计划│
│  •相关方参与计划│ 4.沟通模型       │  │ 3.项目文件更新│
│ 3.项目文件  │  │ 5.沟通方法       │  │  •项目进度计划│
│  •需求文件  │  │ 6.人际关系与团队技能│ │  •相关方登记册│
│  •相关方登记册│ │  •沟通风格评估   │  └─────────────┘
│ 4.事业环境因素│ │  •政治意识       │
│ 5.组织过程资产│ │  •文化意识       │
└─────────────┘  │ 7.数据表现       │
                 │  •相关方参与度评估矩阵│
                 │ 8.会议           │
                 └──────────────────┘
```

图 4-5　规划沟通管理的过程

管理沟通是指在整个项目期间确保及时且恰当地收集、生成、发布、存储、检索、管理、监督和最终处置项目信息的过程。其作用是促成项目团队与相关方之间的有效信息流动。

管理沟通的过程是依据项目管理计划、资源管理计划、沟通管理计划、相关方参与计划、项目文件（变更日志、问题日志、经验教训登记册、质量报告、风险报告、相关方登记册）、工作绩效报告、事业环境因素和组织过程资产等，并采用一定的沟通方法、技术和技能，项目管理信息系统、项目报告发布、人际关系与团队技能以及会议等，将得到项目沟通记录、更新的项目管理计划、项目文件更新、项目进度计划和组织过程资产等成果。如图 4-6 所示。

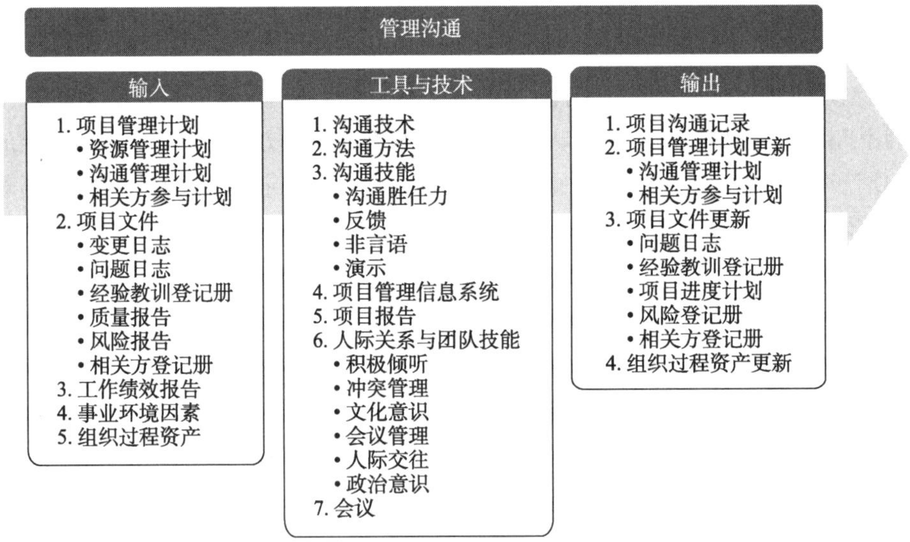

```
                          管理沟通
┌─────────────┐  ┌──────────────────┐  ┌─────────────┐
│    输入     │  │    工具与技术    │  │    输出     │
│ 1.项目管理计划│ │ 1.沟通技术       │  │ 1.项目沟通记录│
│  •资源管理计划│ │ 2.沟通方法       │  │ 2.项目管理计划更新│
│  •沟通管理计划│ │ 3.沟通技能       │  │  •沟通管理计划│
│  •相关方参与计划│ │  •沟通胜任力    │  │  •相关方参与计划│
│ 2.项目文件  │  │  •反馈           │  │ 3.项目文件更新│
│  •变更日志  │  │  •非言语         │  │  •问题日志  │
│  •问题日志  │  │  •演示           │  │  •经验教训登记册│
│  •经验教训登记册│ 4.项目管理信息系统│  │  •项目进度计划│
│  •质量报告  │  │ 5.项目报告       │  │  •风险登记册│
│  •风险报告  │  │ 6.人际关系与团队技能│ │  •相关方登记册│
│  •相关方登记册│ │  •积极倾听       │  │ 4.组织过程资产更新│
│ 3.工作绩效报告│ │  •冲突管理       │  └─────────────┘
│ 4.事业环境因素│ │  •文化意识       │
│ 5.组织过程资产│ │  •会议管理       │
└─────────────┘  │  •人际交往       │
                 │  •政治意识       │
                 │ 7.会议           │
                 └──────────────────┘
```

图 4-6　管理沟通的过程

监督沟通是指在整个项目期间实施项目沟通计划时，通过监督手段确保满足项目及其相关方的信息需求的过程。实践中，常常按沟通管理计划和相关方参与计划的要求调整或优化信息传递流程。如图 4-7 所示，监督沟通依据项目管理计划、项目文件、工作绩效数据、事业环境因素和组织过程资产等，通过专家判断、项目管理信息系统、数据分析、人际关系与团队技能，以及会议等，形成工作绩效数据、变更请求、更新的项目管理计划和项目文件等成果。

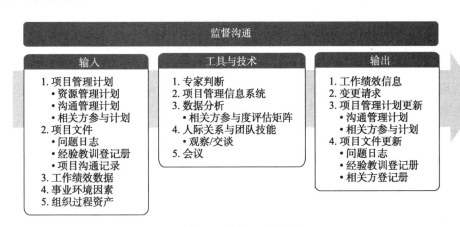

图 4-7　监督沟通的过程

二、项目沟通计划的编制

1. 编制项目沟通计划的必要性

项目实施过程中会遇到包括技术、成本和进度等诸多方面的挑战。一方面，大多数项目涉及的成员可能来自多个职能部门，项目团队成员之间可能过去没有在一起工作过，项目团队与许多干系人过去也可能没有合作过，所以对于不熟悉的人，他们不可能了解彼此的沟通需求，如需要什么信息、喜欢什么沟通方式等；另一方面，项目管理需要通过许多人的合作，在规定的条件下完成项目任务。这两个方面决定了编制项目沟通管理计划的必要性。

沟通计划由项目经理和项目团队编制，不仅可以使项目管理人员了解谁在什么时候需要什么信息，而且也可以使其他重要项目干系人了解这些问题。在与公众有密切关系的项目上，沟通计划甚至可以通过电子或其他公告形式向社会公开。

项目上需要搜集和发送的信息多种多样，如：

- 项目计划及其更新（修改）。
- 项目进展报告。
- 项目例外情况报告。
- 项目会议计划。
- 项目风险情况。
- 项目团队成员变更。
- 项目团队成员的工作业绩评价。

既需要向项目内部的干系人发布信息，也需要向项目外部的干系人发布信息。事先弄清楚谁在什么时候需要什么信息，对项目经理处理好与各项目干系人之间的关系很有帮助，也有助于工作安排。

2. 项目沟通计划的概念和要求

项目沟通计划就是确定、记录并分析项目干系人所需要的信息和沟通需求，即：谁需要信息，需要何种信息，何时需要以及如何有效传递信息等。项目沟通计划作为规划未来项目进行沟通管理的动态文件，一般在项目的初期阶段制订。项目沟通计划在一定程度上实现了项目沟通结构化和沟通策略定制化，大大提高了沟通的成功率。

项目沟通定制化就是项目沟通要基于项目干系人信息需求进行"量身定制"，开发一份合适的沟通策略，以确保正确的信息通过正确的形式和方法传达给正确的干系人。

定制化的项目沟通计划可以提升项目管理者的结构化思维和沟通的底层逻辑。例如，项目经理想要和领导沟通"原定今天下午的会议是否可以改期"，那么可依照"结论先行，上下统一，归类分组，逻辑递进"的原则来设计其沟通逻辑，如："会议可以改期，原因是……"

值得注意的是，项目沟通要贯穿项目的整个生命周期。在整个项目生命周期的各阶段，主要项目干系人会有所不同，主要沟通对象也会有所不同。因此，为了提高沟通的有效性，应该根据项目实施中的具体情况和沟通计划的适用性来对沟通计划进行定期检查和修改。

项目沟通要遵循 5C 原则，即：

correctness，正确的语法和拼写。语法不当或拼写错误会分散注意力，还有可能扭曲信息含义，降低信息可信度。

concise，简洁的表达和无多余字。简洁且精心组织的信息能降低信息意图的可能性。

clear，清晰的目的和表达（适合读者的需求）。确保在信息中包含能满足受众需求与激发其兴趣的内容。

conherent，连贯的思维逻辑。写作思路连贯，以及在整个书面文件中使用诸如"引言和小结"的小标题。

controlling，受控的语句和想法承接。可能使用图表或小结来控制语句和想法的承接。

3. 项目沟通计划的内容和形式

项目沟通计划的内容主要包括：有哪些干系人？项目为他们带来的利益和影响有多大？各自需要什么信息？何时需要以及如何提供这些信息？虽然所有的项目都需要沟通项目信息，但信息需求和传播方式差别很大。确认干系人的信息需求和决定满足需求的适当方式是项目获得成功的重要因素。

项目沟通计划常常以表格的形式来表达，有时也被称为沟通矩阵，重点将表达以下信息。

- who，项目干系人，项目团队需要沟通的对象。
- what，项目团队需要从某位项目干系人那里得到什么信息？
- what，项目团队需要向某位项目干系人传达什么信息？
- when，他们什么时候需要了解这些内容？

- how，为了使项目干系人满意，最有效的沟通方式是什么？
- who，在项目团队中由谁负责这项沟通？

表 4-7 是项目沟通矩阵的模板，每个项目的沟通需求都是唯一的，因此在不同的项目中，沟通责任的分配是不同的。

表 4-7　项目沟通计划——沟通矩阵

干系人 （who）	项目团队要从干系人 那里得到什么信息（what）	项目团队要向干系人 传达什么信息（what）	时间 （when）	沟通方式 （how）	负责人 （who）

项目干系人希望自己知道工作已经完成多少（通过验收测试）、还剩多少。团队成员使用这些明确且详细的信息，以便改进和推动工作。项目发起人利用这些信息来判断能否在规定的时间和预算内完成全部工作。其他项目干系人可能与发起人有同样的想法，但是希望得到与他们职能相关的工作细节。

项目经理必须使用有效的沟通方式为所有干系人建立和管理他们的期望，也要确保项目能够适时地完成。必须对干系人进行主动沟通，通过暴露和解决问题，以及接受项目过程和成果的反馈来获得客户的需求信息。不同干系人的期望通常会发生冲突，可以利用有效的沟通和理解解决这些冲突。通过对项目干系人的沟通，可以帮助项目干系人制定正确的策略（通过了解选择和风险），确保他们对项目有适当的了解并实施改进，也可以使他们能完全投入项目工作。最终，应确保沟通计划在项目结束时为未来的项目记录下这些有意义的活动。

第三节　沟通方式

在项目整个生命周期中，需要进行大量的沟通，不同的沟通方式、沟通渠道都会在一定程度上影响沟通的效果。

请扫码看视频，分析视频中沟通障碍并提出改进的措施。

视频 4.1

一、正式沟通

正式沟通是指依据组织明文规定的原则进行的信息传递与交流，包括发送项目状态报告、开展项目陈述，以及召开项目会议等。正式沟通的优点是沟通效果好、比较严肃，而且约束力强、易于保密，可以使信息沟通保持权威性；缺点是沟通速度慢。

1. 项目状态报告

项目状态报告是用书面文档说明项目的状态，是项目经理必须完成的工作。无论项目大小，项目状态报告都是必不可少的。项目状态报告的主要内容是对项目已经完成的内容和当前状态进行报告，涵盖项目管理的多个方面。在项目中，汇报项目状态最根本的原因是管理项目干系人对项目的期望，以及对项目当前工作成果和项目的目标形成一致，树立项目干系人的自信，以及项目团队的自信。如项目有进展，要及时、准确地报告信息；项目暂时没有进展，也要把导致项目停滞的原因及相关背景信息告诉干系人。在项目中，可以利用项目状态报告和项目干系人积极沟通，只有持续不断的项目状态汇报和沟通才可以保证项目顺利进展。

根据项目状态报告的内容，无论是项目发起人还是项目组织内部，都可以对项目进展给出项目的绩效反馈。项目状态主要包括的内容：项目进展情况、运行状态和进展；团队状态、团队稳定性及工作效率；项目质量情况；项目变更情况；项目风险及应对措施；项目问题及应对措施；项目过程改进情况；是否有里程碑及里程碑完成情况；最后是下一阶段的主要工作计划及工作建议。不同的工作阶段会有不同的偏重内容，例如交付阶段偏重质量、交付物状态及工作回顾的计划等。

2. 项目陈述

正式沟通也包括项目陈述。项目经理可以通过项目陈述来影响项目发起人和干系人，以此加强对项目的控制，保持项目在他们心目中的重要性。在进行项目陈述之前，必须确定哪些干系人将参加，并针对他们所关心的问题进行认真准备，千万不要认为每个人都像自己一样了解项目工作。必须用清晰易懂的语言传达复杂的项目信息。在报告项目进展时，除了状态信息外，还要有相关的背景信息、问题原因分析、具体措施，以及需要干系人给予的协助与支持等。只有让那些有资源、有权力、对项目感兴趣的重要干系人对项目有及时而全面的了解，才能对项目经理、对项目本身提供最大的支持与帮助。

3. 项目会议

会议是项目正式沟通的另一种重要方式，也是项目经理的一项重要工作内容，它提供了交换和分享信息与观点的手段。在项目环境中，会议作为管理沟通的一种方式是否经济和有效，常因项目经理的沟通技能不同而有所差异。会议需要许多时间和精力，因而只有必要时才会召开会议。然而，许多会议并非富有成效，这些会议准备得不够充分，主持得也毫无章法。因此，懂得召开什么类型的项目会议、什么时候需要召开会议和召开多少次会议，以及如何有效地主持项目会议是非常重要的。根据项目会议的类型及其目标，项目经理可能需要召集许多不同类型的会议。这些会议包括项目启动会议、项目计划会议、项目状态/评审会议、项目可交付物移交会议、项目收尾会议等。

（1）会前准备。充分计划和良好管理的项目会议，可能会富有成效。项目经理应提前准备好会议议程，并分发给与会者。如果项目团队经常召开会议，就可以在本次会议结束时提前准备好下一次会议的议程。这样，每位成员都能够提前知道即将召开的会议的主要内容是什么，并有机会为会议做好准备。会议议程还能够帮助项目经理决定是否需要引入主题专家或者其他项目参与者。图4-8是项目会议议程模板。

```
项目团队_____ 日期_____ 时间_____ 地点_____
会议目的：_____
话题：_____
                              人员           时间
议程回顾              _____    _____分钟
会议总结              _____    _____分钟
会议评价              _____    _____分钟
```

图 4-8　项目会议议程模板

议程首先要说明会议逻辑，其次要阐明会议目的。如果项目经理不能用一两句话概括为什么要召开会议，那么这个会议可能就没有必要召开。议程模板主要有三栏，第一栏被称为话题清单。因为事项通常开展得很快，所以在会议开始时应先对议程进行回顾，对议程中的事项进行添加或删除，按照会议讨论顺序列明会议涵盖的主要议题。通常情况下，先前会议中遗留下来的任务或其他的紧急事项应置于清单的顶端。然而，项目经理要确保会议涵盖所有重要的议题，即使它们并没有那么紧急。本栏的第二个部分是会议总结。项目经理总结会议上制定的主要决策和工作布置，能帮助团队成员记住他们同意了什么。本栏的最后一部分是会议评价，具体将在下一部分中介绍。

议程的第二栏标明了议程中每个任务的责任人。通常情况下，项目经理负责项目的启动和收尾，不过某些特殊的任务会分配给单个团队成员。当人们提前知道他们应该对某项活动负责时，他们就会有所准备。另外，如果提前为关键项目干系人准备好了议程，那么这些干系人就能提前与负责人联系，以便提供相关信息，这样可以方便干系人参与项目。

第三栏指出了每个要讨论的事项所需要的时间。虽然项目经理不需要成为时间的奴隶，但是让团队成员了解会议要花费的时间以及要完成的事项有助于会议的成功。同时，人们更愿意参加能够按时结束的会议。

（2）召开会议。在召开会议时，需要对会议进行记录。许多项目团队会让团队成员轮流担任记录员的角色，这样可以使得每个人感觉得到了平等的待遇。图 4-9 是项目会议纪要的模板。

```
项目团队_____ 日期_____ 时间_____ 地点_____
出席成员：_____
_____
_____
项目目标：_____
做出的决定：_____
问题日志：_____
已解决的问题：_____
新问题：_____
执行项目              个人责任              完成日期
会议评价：_____
记录人：_____
```

图 4-9　项目会议纪要模板

第四章　项目干系人管理与沟通计划

项目会议纪要反映的是会议议程中所描述的会议范围。与会议议程一样，纪要的第一部分也是会议逻辑。项目会议中描述的四种主要信息类型是：决策制定、新问题的提出和旧问题的解决、商定的行动事项、会议评价。

首先，应为每项决策建立相关的文档。

其次，应对提出的新问题和存在且已经被解决的问题进行记录。问题是指有争议的或者是还未被解决的、正处在讨论阶段的或存在分歧看法的观点。

问题日志是用于记录和监控被讨论的或者在项目干系人之间存在争议的内容的项目文件。编写问题日志对项目至少有两个好处：其一，当项目经理遇到在会议上提出的却不能立即解决的重要问题时，可以把该问题添加到等待解决的问题中。这样就能节省当前的会议时间，用于处理更加紧急的事情；其二，问题日志能确保重要的问题不被遗漏。表 4-8 所示为问题日志的模板。

表 4-8 项目问题日志

等待解决的问题				
名称	提出的日期	发起人	潜在影响	过程
已经处理了的问题				
名称	提出的日期	发起人	怎么解决的	处理日期

项目会议纪要的最后一部分是会议评价，既包括项目团队以后愿意重复去做或者至少愿意调整的项目会议的优势活动，也包括项目团队以后应该避免的会议缺点。每位团队成员都应该参与其中。有经验的团队能够在一两分钟内搜集这些优势和缺陷，这样他们为未来会议所节省的时间通常会为团队赢得巨大的利益。

最后，针对会议需要执行的任务，项目经理要与团队成员相互沟通，从而确保每个人都在履行自己的承诺。聪明的项目经理会在会议与会议之间与团队成员保持积极的非正式的联系，以确保行动事项能够按时完成。

4. 正式面谈

正式面谈对于及早发现问题、找到和推行解决问题的方法是非常有效的。项目经理一方面要与关键干系人进行面谈，仔细倾听，尽早了解干系人期望。在面谈中，项目经理要询问项目干系人："您希望我在项目中如何向您汇报进展？用什么方式与您沟通？"当今时代，每个人对沟通途径的要求各不相同：电子邮件、短信、微信、电话会议、网络电话等，包括时区的差异也要考虑在内。因此项目经理要了解每个人不同的沟通方式和内容需求，否则如果在项目深入开展时出现沟通问题就无法弥补了。与关键干系人的讨论越充分，你对项目的期望结果越明确。项目经理还要与项目团队进行面谈，这样可以使得团队成员有一种被尊重的感觉，有利于建立项目经理与团队之间的融洽关系。但面谈的重点应该放在具体的工作任务和标准上，鼓励团队成员多谈自己的想法，以一种开放、坦诚的方式进行谈话和交流。

另外，各种项目计划，包括进度计划、资源计划、成本计划等也是良好的沟通方式，还可以通过分析信息需求，建立信息检索和分发系统，这样极大地方便了信息的传递。如 MS Project 软件就常用来检索和分发进度信息。

二、非正式沟通

非正式沟通是指在正式沟通渠道之外进行的信息传递与交流。其沟通对象、时间、内容等都是未经计划且难以辨别的。对于缺乏正式职权的项目经理，为了实现项目控制，非正式沟通比正式沟通更加重要。正式沟通提供信息及其背景，而非正式沟通，如对话、社交甚至非项目互动，则为建立信任、团队合作和持久关系提供了基础。非正式沟通对于高效执行项目和快速解决问题来说是必不可少的。

1. 走动式管理

走动式管理的概念起源于惠普早期，戴维·帕卡德发现，在《惠普之路》(*The HP Way*) 一书中，把走动式管理追溯到了他年轻时在通用电气公司当总经理时的实践。他发现，与工人们一起工作并了解他们，对解决工厂制造车间的困难问题至关重要。发现并纠正不合理、不完整甚至不正确的文档，需要相当程度的互动和信任。走动式管理的主要议程是没有议程，它不是要收集状态数据或解决某个特定问题，而是要与人交往，进行非正式谈话，增强人与人之间的联系。

走动式管理也可以通过打电话进行，但是面对面更加高效。远程与面对面的走动式管理都应该遵循同样的原则，即建立基于信任、开放和尊重的持久关系。但是这种方式不适合工作很忙的项目成员，特别是全球团队的成员。走动式管理也可以通过现代社交技术进行，从分享笔记、图片和视频，到全动态视频会议。如今有这些技术可用，处于同一位置并直接交往的人之间的关系会更加深入持久。应该充分利用旅途或会议中的时间，与远程团队成员面对面会晤，即使见面时间很短。

2. 交谈

交谈一般是走动式管理和非正式沟通的核心，但注意不要交谈过多。作为项目经理，如果频繁地与团队成员交流，会导致生产效率下降。如果你为了交谈而打断团队成员的紧急工作，你就破坏了自己对项目的控制。不过，你应该允许团队成员随时打断你。如果团队成员找你交谈，而你不停下手头的工作接待他，那么就不利于项目控制。及时响应团队成员对讨论的要求，既是你的责任，也是你影响力的重要来源。

面对面交谈最为有效。美国传播学家艾伯特·梅拉比安研究指出，有效的沟通技巧应该包含三大要素：肢体语言、声调和说话内容。而它们的重要性在整个技能中的比例竟然是 55∶38∶7，如图 4-10 所示。

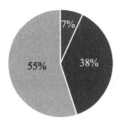

- 55%肢体语言：来自视觉的身体语言（仪态、姿势、表情）
- 38%声音：来自谈话时的声音面（语气、声调、速度）
- 7%说话内容：来自实际说出来内容

图 4-10　梅拉比安沟通模型

因此，正式沟通几乎全是书面的，所以它通常没有面对面的非正式沟通那样有影响力和意义。定期并有效的交谈是项目成功的关键。应该利用一切可能的机会，与远程团队成员面对面会晤交谈，尤其是对于全球项目。如果与远程成员的面对面交流很少或完全没有，那么克服项目的障碍和不利因素就会更加困难。

3. 非正式笔记、电子邮件和社交媒体

非正式书面沟通对于项目经理建立项目影响力也很重要。即使要快速写便条、发送电子邮件、短信和即时消息，也不能掉以轻心，以免出现问题。想表达的意思必须阐述清楚，不要让对方猜测你的想法；必须发送完整的信息，不要让人们来找你澄清。

尽管需要非正式书面沟通，但不能过少或过多。应该与团队成员一对一讨论，建立适合需要的互动方式，使互动更加有效。应该考虑使用社交媒体、即时消息，甚至电子邮件的最佳时机。如果要发送可能分散团队注意力、降低生产效率的信息，就必须考虑发送时机：是必须立即发送，还是可以稍后发送？在发送信息之前，应该检查可能存在的含糊、错误或者意思表达不清楚的情况。对于复杂或含有负面意思的书面消息，随后必须口头跟进，以确保书面信息不被误解。更好的做法是，先跟进谈话，然后进行书面确认。需要注意的是，电子信息可以永久保存并且很容易被转发。对于你所写的和所发的内容，要始终保持警惕，尤其是应该删除或至少淡化任何不应被广为分发的私人信息。

三、全球化与虚拟团队的沟通

随着组织变革的日益加快，越来越多的项目团队成员可能来自庞大组织中的不同部门，或来自不同的组织，甚至可能来自世界上不同的地区。这些项目团队确实拥有使用广泛的人才资源的优势，团队成员通常也能够享受到更多的自主与动力。然而，这样的项目也会带来额外的挑战，表 4-9 是某跨国项目面临的挑战。因为团队成员并不在同一工作地点，所以项目经理在完成工作时就需要比平时更具有说服力。

虚拟团队指使用电子媒体，包括电子邮件、互联网和远程电信会议，将分散在不同地理位置的成员联系在一起。虚拟团队是由于物理障碍或空间分散使得团队成员不能进行面对面的交流而产生的。因此，虚拟团队的沟通包括确定可供选择的交流媒介，从而使所有团队成员能够保持联系，为项目持续做出贡献。虚拟团队具有以下特征：

- 团队成员地理位置分散；
- 跨越时间界限；

- 使用沟通技术；
- 在文化、组织、年龄、性别与职能方面具有多样性。

表 4-9 某跨国项目面临的挑战

- 实施大规模业务流程变更，包括技术升级和新的解决方案的开发
- 公司总部位于英国，在中国香港设有地区总部，经营区域涉及亚洲多个国家和地区
- 快速构建超过 100 人的项目团队，包括项目管理人员、项目管理办公室（PMO）团队、业务分析师和专题专家
- 5 个时区，时差达 13 小时
- 15 种语言
- 多个供应商，多个服务协议，多个司法区域

资料来源：《项目管理评论》2015 年 7—8 月第 1 期。

虚拟团队面临两大主要挑战：建立信任关系和确立最好的沟通方式。建立信任关系是将不同的人组合成一个完整项目团队的关键因素。物理上的距离使得信任关系的建立比较慢。交流媒介可以创造一种正式的、没有人为因素影响的环境，人性化的交流媒介仍需要时间去开发，这就延缓了成员之间信任的建立。随着项目团队开始使用虚拟技术，为了改善虚拟团队会议的效率和效益，要注意以下几点。

- 尽量寻求面对面交流的机会。不要一味地依靠虚拟技术。即使仅仅只能发生在项目的开始和关键里程碑事件之后，创造机会使团队聚集在一起交换信息、联谊，以及建立个人关系，依然是非常有效的。
- 不要让团队成员缺席。虚拟团队产生的问题之一在于成员很容易长时间不进行交流，尤其是在没有确立定期的交流日程时。解决问题的最好办法是确立包括定期会面和临时聚会两种形式的交流，或者通过视频会议、电子邮件和互联网进行交流。
- 确立团队之间的行为准则。团队成员之间需要共享的信息类型相对来说容易取得一致，制定一些规则也同样重要，比如何时应该进行联系，对信息反馈的可接受和不可接受的滞后时间是多长。
- 使所有团队成员参与交流。虚拟团队需要高度警觉，项目经理需要保持交流通道随时通畅。当团队成员懂得怎样适应大环境时，他们就乐于保持联系。
- 建立一个解决冲突、意见不一致和团队规范问题的清晰过程。对于虚拟团队，项目经理要判断团队成员对项目和其他成员的反应和感觉是非常困难的。建立一套指导团队成员之间自由表达疑虑或反对意见的方针非常有用，例如组织项目团队召开诉苦会议，让团队成员每周有两小时用于发泄情绪、表达不一致的观点等。

第四节 冲突管理计划

冲突是项目与生俱来的。无论是在工期、费用和质量这些核心的项目目标中，还是在

项目干系人对项目的期望中,冲突都不可避免且持续存在。冲突既可以对项目造成负面影响,也能够产生有益的结果。沟通能够有效解决冲突,但是沟通不畅又容易导致冲突。

冲突管理指在一定的组织中对各种冲突的管理,是利用沟通技能创造性地处理项目冲突的艺术。冲突管理的作用是引导这些冲突的结果向积极的、协作的而非破坏性的方向发展。在这个过程中,项目经理是解决冲突的关键,他不仅要解决组织中的冲突,更要刺激功能性的冲突,以促进项目工作更好地开展。

一、冲突识别

在项目实施的过程中,项目团队之间产生一些冲突是正常的。冲突可以分为建设性冲突和破坏性冲突。冲突双方目的一致但由于手段不同导致的冲突一般属于建设性冲突,建设性冲突对完成组织目标往往是有利的,也比较容易处理。建设性冲突有利于激发团队的才干和能力,带动创新和改变,促使团队同心协力,学习有效解决或避免冲突的方法。破坏性冲突往往是双方目的不同造成的,不利于团队关系,而且可能会影响项目进度,妨碍组织的整体发展。

项目经理既要知道在哪些方面容易产生冲突,也要弄清楚产生冲突的原因,以便提前进行沟通,采取正确的解决方式,使这些冲突在影响项目计划之前被化解。下面列出了团队成员在工作上最容易产生冲突的七个方面。

(1)管理程序上的冲突。项目管理的特点与企业日常运行时的管理区别很大,每一个项目都具有独特性,项目经理不可能在所有管理细节上让所有成员都满意。关于项目的组织机构、成员责任和权力的划分、项目信息的沟通方式、规章制度的制定、工作程序的实施、工作绩效的评价等,都不可避免地会存在冲突。

(2)项目人力资源冲突。这种冲突主要来自项目组和职能部门对于人力资源的争夺,因为这些项目成员所在的部门可能为多个项目提供支持。如果企业不能及时调整其组织结构,或者职能经理不能为项目提供合理的人员分配,人力资源方面出现的问题可能会很难解决,这样对项目的进展是非常不利的。

(3)技术冲突。项目组成员可能来自不同的专业领域,他们对实施项目方案需要的技术可能有不同的看法,这些不同技术或对技术的不同理解,将导致项目集成与项目沟通的困难。此外,项目在某种程度上具有创新性,所以会遇到很多技术方面的难题。

(4)项目优先权的冲突。优先权问题带来的冲突主要表现在两个方面:一是工作活动的优先顺序;二是资源分配的先后顺序。优先顺序的确定常常意味着项目的重要程度和项目组织对其的关注程度,但有时候项目组织无法对项目进行优先权排序,这常常会引起冲突。

(5)进度计划冲突。进度计划主要是解决对时间资源的分配问题。进度冲突可能来源于对完成工作的次序及完成工作所需时间长短的意见不一,往往与支持部门有关,项目经理对这些部门的控制权力有限,因此在进度方面压力最大。同时,进度是项目其他冲突因素的最终反映。

（6）项目成员个性冲突。这种冲突经常集中在个人的价值观、判断事物的标准等个性差异上，而并非技术上的问题。虽然个性冲突没有其他的冲突来得激烈，但是处理这类冲突却比较困难，个性冲突往往起源于项目成员经常性的"以自我为中心"。

（7）项目费用冲突。在实施项目的进程中，由于项目参与人各有不同的利益出发点，因此经常会由于某项工作需要多少费用而产生冲突。这种冲突多发生在客户和项目团队之间、管理决策层和执行队员之间。例如，对于某项既定任务，财务部门或上级主管认为投入 50 万元可以完成，而项目团队技术人员从技术完善角度出发认为需要 60 万元，客户（业主）方则打算投入 40 万元且要求获得优良、完美的产品或服务，项目经理必须在这诸多利益中周旋，谨慎地进行项目成本控制，冲突也就在所难免。

在这些冲突中，有些冲突是有益的。例如，两个技术专家为谁有解决某个问题更好的方法而争论，他们都试图为各自的假设找到更多的支持资料。对于这些冲突，就应该允许其继续。但是有些冲突是不可避免且会持续重复发生的。例如，原材料和产成品存货，制造部门希望有尽可能多的原材料存货以便不削减产量；销售部门希望有更多的产品存货来满足顾客需求；然而，财务和会计希望原材料和产成品存货尽可能小，这样账目看起来会更理想，也不会发生现金流量问题。如何准确地识别冲突、利用冲突，进而解决冲突，项目经理应该发挥主要作用。

二、冲突分析

如果项目团队进行了全面的冲突识别，可能会发现很多冲突源。接下来团队的任务是要对冲突进行分析，项目经理和项目团队需要了解每个冲突出现的可能性及相关的必要信息。可以将项目冲突和项目生命周期结合起来，在不同阶段对冲突进行优先级排序，确定哪些是需要谨慎管理的重要冲突，哪些是可以比较轻松地应对的次要冲突。

1. 项目生命周期不同阶段冲突的平均强度

项目实践经验的总结发现项目冲突的平均强度如图 4-11 所示，其中进度计划冲突强度最大，项目优先权的冲突排名第二，第三是人力资源冲突，接下来依次是技术冲突、管理程序冲突、项目成员个性冲突和项目费用冲突。

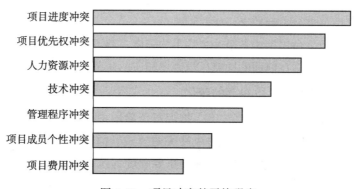

图 4-11 项目冲突的平均强度

（1）项目进度冲突强度最大。项目进度冲突常因项目经理对这些部门只有限的权力而发生。例如，当项目团队需要本公司中其他团队来完成项目中某些辅助任务时，由于项目经理不易控制其他团队，便导致项目不能如期推进。再如，当项目经理把项目的若干子项目、子任务承包给分包商来完成时，也会发生类似的情形。

（2）项目优先权的冲突排在第二位。这种冲突之所以经常发生，是因为项目组织对当前的项目实施没有经验，因此项目优先权的形式与最初的预测相比就可能发生了一定的变化，同时把关键资源和进度计划进行重新安排，也往往会遭到一些团队成员的强烈反对。

（3）人力资源是排在第三位的冲突源。项目经理们常为人力资源方面的难以协调而遗憾，在这种情况下，他们经常要经受强烈的冲突。问题很明显，当项目团队需要某方面的专业人才，而职能部门难以调配时，人力资源冲突随即产生。

（4）强度排在第四位的冲突源是技术冲突。通常支持项目的职能部门主要负责技术投入和性能标准，项目经理主要负责费用、进度计划和性能目标。因为公司的职能部门通常只对项目部分负责，所以他们可能不具备整个项目管理的全局观念。职能部门常常会把技术问题推给项目经理来定夺，而项目经理会因为费用或进度计划的限制而必须否决技术方案。

（5）管理程序冲突排在第五位。大部分管理程序的冲突几乎均衡地分布于职能部门、项目队员和项目经理等几个方面。管理部门间可能发生的冲突包括项目经理权力和职责、报告关系、管理支持、状况审查、不同项目团队间或项目团队与协作方合作上的冲突。其中，项目经理如何发挥作用、如何与公司的高级管理层接触是管理冲突最主要的部分。

（6）项目成员的个性冲突排在第六位。项目成员的个性冲突通常被项目经理认为是较低强度的冲突。虽然人际冲突的强度可能不像其他冲突源那么高，但它是最难有效解决的一种冲突。个性争端往往也会被沟通问题和技术争端所掩盖。例如一个项目队员可能坚持与项目经理不一致的技术方案，而实际上真正的争端其实是个性间的相互冲突。

（7）项目费用冲突排在最后。像进度计划一样，成本费用经常是项目管理目标是否完成的度量标准。作为一种冲突源，费用排在最低。当项目经理与其他部门磋商，让该部门完成项目的一些任务时，费用冲突时常发生。由于紧张的预算限制，项目经理希望尽量减少费用，但是实际执行者都希望在项目预算中扩大各自的那部分。另外，引起费用增加的技术问题或进度调整也会引起冲突。

一旦了解了项目生命周期中各个冲突的平均强度，就可以知道在整个项目中冲突发生的可能性，据此对那些排在前面的冲突尽早制定相应的防范措施。

2. 项目生命周期不同阶段冲突的变化

从项目的生命周期角度来考察冲突，把握每个阶段中可能出现的冲突源、冲突的性质和冲突的强度，有利于寻找更好地解决冲突的模式。国外学者泰汉和威尔曼收集了有关项目生命周期每一阶段的冲突频率与冲突重要程度的统计数据，其研究成果如图 4-12 所示。

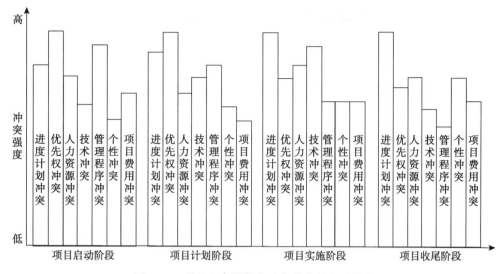

图 4-12 项目生命周期中冲突强度的相对分布

（1）项目启动阶段。这一阶段项目冲突的排序依次是：项目优先权的冲突、管理程序冲突、进度计划冲突、人力资源冲突、项目费用冲突、技术冲突、个性冲突。

在项目启动阶段，项目组织还未真正形成，使得工作活动在优先权问题上容易产生冲突，为了尽量避免由于冲突而产生的有害影响，项目经理必须对优先权引发的冲突、所带来的冲击进行仔细评价和计划。管理程序上的冲突排在第二，它涉及几个关键的问题，例如：如何设计项目组织？项目经理的权力是什么？准备采用怎样的沟通渠道？由谁来建立项目的进度计划和质量、性能要求？这些问题主要由项目经理负责。为了避免这些问题影响项目的进度，项目经理应该尽早建立清晰的程序。这一阶段项目进度冲突也是容易发生的，那些已经建立的项目团队可能不得不调整自己的运行方式，以适应新型的项目组织。这种调整可能会打破组织现有的运作方式，所以很容易引发冲突。这些职能部门可能完全被分配给了其他项目，从而针对人员和其他资源的谈判可能成为启动阶段重要的冲突源。因此，在启动计划时，针对这些问题的合理计划与协商是十分重要的。

（2）项目计划阶段。这一阶段项目冲突的排序依次是：项目优先权冲突、进度计划冲突、管理程序冲突、技术冲突、人力资源冲突、个性冲突、项目费用冲突。

项目优先权、进度计划和管理程序冲突仍然是重要的冲突，其中一些冲突表现为上一阶段的延伸。其中管理程序冲突的强度降低，这表明随着项目的推进以及各种规章制度的建立，可能出现的管理问题在数量上和频率上都会减少。但是这并不代表之前的管理冲突在以后的阶段中就完全消失了。需要注意的是，任何管理上的疏忽都可能造成很严重的后果。这一阶段，技术冲突变得显著起来，这往往是由于项目的职能部门或项目的协作方不能满足技术要求或要求增加其所负责的技术投入而导致的，这种行为会对成本和进度目标产生负面影响。

（3）项目实施阶段。这一阶段项目冲突的排序为进度计划冲突、技术冲突、人力资源冲突、项目优先权冲突、管理程序冲突、个性冲突、项目费用冲突。

由于项目处于实施阶段，主要冲突源的排序与之前两个阶段相比发生了明显的变化。对于大型的项目来说，可能需要其他团队或者分包商来协助项目的执行，各个支持者、合作方的协调配合决定着项目能否按计划如期推进。当不同的合作方介入时，由于项目内在的先后关系，某一方工作的滞后可能会影响项目的整体进度。另外，如果项目经理在项目实施过程中调整计划，也会导致强烈的冲突。技术冲突也是这一阶段的重要冲突源，主要表现在两个方面，一是在实施阶段各个子系统需要进行集成，但是由于集成过程的复杂性，时常由于子系统集成欠缺或者技术落后产生冲突；二是可能在可靠性与质量控制标准、各种设计问题和测试程序发生的冲突。人力资源在这一阶段排在第三位，实施阶段对人员的需求加大，但是如果相关参与方还在向其他项目提供人员，可能会造成人员分配上的矛盾。项目优先权冲突极易发生在项目早期，在这一阶段强度继续下降。管理程序、个性冲突，以及项目费用冲突的强度差不多，排在冲突的最后。

（4）项目收尾阶段。这一阶段项目冲突的排序依次是：进度计划冲突、个性冲突、人力资源冲突、项目优先权冲突、项目费用冲突、技术冲突、管理程序冲突。

这一阶段，项目进度仍然是最主要的冲突源。在实施阶段如果发生进度计划错位很容易传递到项目的收尾阶段，严重的话还可能导致项目的最终失败。项目成员之间的个性冲突排在第二，一是由于团队成员担心未来的工作安排；二是由于项目团队为了达到进度计划、预算、性能等目标的要求，人际关系可能受到损伤。人力资源冲突的强度上升是因为公司新项目启动时，常常会在前一个项目结束阶段进行人员争夺。同时，优先权冲突也直接或间接地与新项目的启动有关。费用冲突大多数是在前几个阶段积累起来的，在这一阶段不会成为焦点。技术和管理程序冲突排在最后，当项目进行到这个阶段时，大多数技术问题已经解决了，管理程序问题也基本如此。

三、冲突应对

项目通常处于冲突的环境之中，如果处理恰当，它能极大地促进项目工作的完成。冲突能将问题及早地暴露出来并引起团队成员的关注；冲突可以促进项目团队寻找新的解决办法，培养队员的积极性和创造性，从而实现项目创新；冲突还能引发队员的讨论，形成一种民主氛围，从而促进项目团队的建设。

冲突发生后的解决步骤：

第一步，由项目团队成员负责解决，冲突初期尽量由冲突双方自行解决；

第二步，如果冲突升级，项目经理应提供协助，这里强调私下沟通处理；

第三步，如果破坏性冲突继续存在，则可使用正式程序，包括采取惩戒措施。

虽然导致冲突的因素多种多样，而且同一因素在不同的项目环境及同一项目的不同阶段可能会呈现不同的性质，但是解决各种各样的冲突还是有一些常用的方法和基本策略的。下面介绍解决冲突的五种基本方法，如图4-13所示。

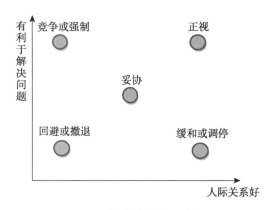

图 4-13 解决冲突的五种方法

（1）竞争或强制。这种方法的实质就是"非赢即输"。竞争含有权力因素，常常是一方通过施压，迫使另一方接受。从图 4-13 可以看出，这种方式有利于解决问题，但是不利于后续的人际关系。被迫接受的一方肯定口服心不服，这样冲突的根源并没有被彻底解决。

以下情况发生时，可以考虑采取竞争或强制的策略：

- 当迅速果断的行为极其重要时；
- 当你需要实施一项不受欢迎的重大措施时；
- 当你正确时；
- 当利害关系非常明显时；
- 当基本原则受到威胁时；
- 当你占上风时。

（2）正视。通过面对面坦诚沟通交换意见，求同存异，尽力解决争端。成功的协作可以使冲突当事人都成为赢家，最后达到"双赢"的目的。这种方法是一种积极的冲突解决途径，它既正视问题的结局，也重视团队成员之间的关系。它要求成员花更多的时间去理解和把握其他成员的观点和方案，要善于处理而不是压制自己的情绪和想法。

直接面对冲突是克服分歧、解决冲突的有效途径。这种方法能否成功，关键在于是否可以使双方都能够受益。冲突的双方可以先定义清楚问题，对各自想要达到的目标进行排序，然后找出双方都认为可行的方案。如果没有可行方案，可以共同定义可接受范围。

以下情况发生时，可以考虑采取正视的策略：

- 当你发现结果对双方都十分重要并且不能进行妥协和折中时；
- 当冲突双方都至少能够得到所需甚至得到更多时；
- 为了建立共同的权力基础或为了攻击共同的对手时；
- 当技术较为复杂时；
- 当你需要把不同人的观点整合到一起且让大家满意时。

（3）回避或撤退。回避或撤退的方法就是让卷入冲突的项目成员从这一状态中撤离，从而避免发生实质的或者潜在的争端。

回避冲突的方法并不是一种积极解决问题的途径，它可能会使冲突积累起来，并在后来逐步升级。如果遇到因情绪而引起的冲突，那么在最初采用回避策略可以使双方都冷静下来，为今后提出建设性的解决方法做准备。

当以下情况发生时，可以选择回避或撤退：
- 当问题微不足道或者还有重要的事情迫切需要处理时；
- 当你意识到不可能满足你的要求时；
- 当问题的解决得不偿失时；
- 当他人能更有效地解决冲突时；
- 当你认为问题会自行解决时；
- 当你通过拖延能够获胜时。

（4）缓和或调停。这种方法指发生冲突中的一方尽量满足对方的愿望或者屈从对方的意愿，以对方的利益为重，这样不会破坏双方的关系，但是不利于问题的解决。

如果冲突是因为情绪产生的，那么缓和能够避免冲突升级，有利于改善双方的关系。但如果冲突涉及资源规划、责任分配等实质性的问题，那么缓和不仅不能解决问题，反而会使项目在后期产生更多的问题。

当出现以下冲突时，可以选择缓和或调停：
- 当你知道自己是错的，并希望表现自己通情达理时；
- 当为了对以后的事情建立彼此信任时；
- 当别人胜过你，但造成的损失较小时；
- 当融洽和稳定至关重要时；
- 当利害关系不明显时。

（5）妥协。妥协是冲突双方的一种交易，或者说是为了寻求一种解决方案，双方都希望在现有条件下能够获益最大。所以双方都会不同程度地考虑别人的愿望，都会做出一些让步，放弃一些东西，使得各方在离开的时候都能够得到一定程度的满足。妥协的关键是让双方都感觉公平。

妥协在双方都有达成一致的愿望时会很有效，但前提是在满足双方基本期望的同时，双方要能保持灵活的态度，而且相互信任。采取妥协的策略，可能带来的最消极的影响是双方都会因为满足短期利益而牺牲了长远利益。比如，两位项目经理为各自的项目做预算，需要资金投入，但由于资金有限，两人各分得一些资金。这种方式造成的结果是，两个项目都可能会因为资金短缺而失败。

当出现以下情况时，可以采取妥协的策略：
- 当目标十分重要，但不值得采用更为自我肯定的做法而造成"过犹不及"的破坏时；
- 当双方拥有同等的权力，能够为共同的目标做出承诺时；
- 当为了对一个复杂的问题达成暂时和解时；
- 当时间非常紧迫，需要一个权宜之计时。

一般来说，之所以不能取得双赢，其原因主要在于人们采取了错误的心理假设，而妥协的结果最终总会留下后遗症。

通过对众多项目经理解决冲突方式的考察，不同解决方式的使用频率如图 4-14 所示。

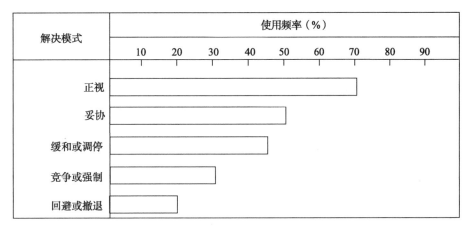

图 4-14 项目冲突的解决模式的使用频率

项目经理解决冲突的风格决定了他解决冲突的模式。从图 4-14 中可以看出，正视是项目经理最常用的解决方式，有 70%的经理喜欢这种冲突解决模式。排在第二位的是以权衡和互让为特征的妥协模式，然后是缓和或调停模式，最后是竞争或强制和回避或撤退模式。在项目经理对冲突解决模式的态度方面，除了经常使用前两种（正视和妥协）模式之外，他们也经常把其他几种方式应用于与团队队员、主管上司、职能部门的冲突上。

相对而言，正视较多地应用于解决与上级的冲突，妥协则常常应用在解决与职能部门的冲突中。正如平均冲突强度的数据指出的那样，在整个项目生命周期中，最可能给项目经理带来问题的三个领域是进度计划、项目优先权和人力资源。这些领域容易产生更高强度的冲突，其原因是项目经理对影响这些领域的其他领域，特别是职能支持部门只能进行有限的控制。为了减少有害的冲突，项目经理应当在项目实际开始之前做好深入的计划，计划能够帮助项目经理在冲突发生前预计可能存在的冲突源。

本章小结

项目的开展始于沟通，也成于沟通。沟通能力是项目经理必备的软技能之一。沟通在项目管理中具有特别重要的作用和意义。

项目沟通管理要定制化、体系化和结构化，项目沟通管理体系主要以项目沟通计划的方式呈现。项目沟通计划反映了沟通对象、沟通内容、沟通时间、沟通方式，以及沟通的负责人等信息。项目沟通强调对项目干系人的分析和管理，分析其需要，管理其参与。实践中特别要正确对待负面干系人，要将其负面影响转化为正面支持。项目沟通是解决项目冲突、促进互相信任、建立融洽的团队关系的基本手段。因此，在项目实施前编制一个全面和科学的项目沟通计划是项目成功的保证。

 **简答题**

1. 平衡不同干系人利益的原则是什么？
2. 项目干系人有哪些类型？如何管理干系人参与项目？
3. 请举例说明项目沟通的重要性。
4. 如何提高项目会议的效率和质量？
5. 虚拟团队的沟通要注意哪些问题？

 案例分析题

项目经理陷入沟通困境

 **即测即练**

自学自测　扫描此码

第五章 项目范围管理计划

学习目标

知识目标

1. 理解项目范围管理的基本概念与内容；
2. 了解制订项目范围管理计划；
3. 掌握项目范围的定义及项目范围确认；
4. 掌握项目范围说明书的内容与编制；
5. 了解项目工作分解结构（WBS）与工作包概念；
6. 掌握 WBS 分解的步骤与方法；
7. 了解项目范围变更控制的程序与方法。

能力目标

1. 学会控制项目的范围蔓延，形成准确定位项目范围的能力；
2. 学会系统地分析与系统整合方法，形成系统性思维能力；
3. 学会制订项目范围管理计划，提高统筹与协调整体的能力；
4. 通过 WBS 将项目范围层次和内容结构化，提高解决问题的能力。

引导案例

如何定义数字乡村示范项目范围？

1. 悦来镇数字乡村示范项目

2021 年 12 月以来，悦来镇以"5G+数字乡村"示范创建为契机，大力推动打造"5G+数字乡村"示范样板点，加快实现乡村数字化、网格化、精细化管理，不断提升基层治理体系和治理能力现代化。悦来镇数字乡村示范项目有两个特点：一是聚焦平台化应用。通过镇村数字乡村综合治理平台实现党务政务公开，随时更新党建动态，实现在线学习，不断提高信息发布、信息公开水平。悦来镇结合工作需要，推动安装监控探头 1132 个，其中公共探头 400 余个，分别部署在重点路口、重点山林、重点河道，打通了"雪亮工程"的"最后一公里"，有助于开展道路交通、治安管理、森林防火巡查，及时掌握镇情，实现管理靠前。二是聚焦网格化管理，将"数字乡村"与"一网治理"相结合，科学划分网络，实行多级网络管理，形成"片网格+小网格"治理模式，动员辖区村民，特别是党员、两代表一委员、入党积极分子参与网格化服务管理。悦来镇结合网格化管理需要，植入数字化元素——"云广播"。通过 5G 网络技术，悦来镇现已部署云广播 141 个，实现定期定时宣传疫情防控、森林防火方面的政策法规，有力提升了本镇的宣传和应急动员能力。

2. 遮放镇数字乡村示范项目

"数字乡村"是乡村振兴的战略方向。2022 年 6 月 8 日上午，为切实落实《德宏州打造乡村振兴示范区实施方案》，德宏州"数字乡村"建设试点在芒市遮放镇启动。遮放镇将按照"数字乡村"试点实施方案工作要求，从车辆、人员、办公地点等方面全力配合"数字乡村"工作的落实，统筹协调各工作组，保障工作顺利开展。

经各级领导研究决定在遮放镇开展试点工作，要求遮放镇政府、局内各科室站所及州数产公司，一是要提高认识，要认识到"数字乡村"建设对于乡村振兴具有十分重要的意义。二是要通过"作风革命""效能革命"列出工作任务清单，建立有效的工作机制，推动"数字乡村"建设落地。三是要强化保障，由镇长牵头，成立"数字乡村"项目办和由镇办公室人员以及企业工作人员组成的遮放镇"数字乡村"工作专班，项目所涉及的村庄由挂钩领导负责，驻村工作队全力配合，做到层层有人管、层层有人跑。四是要落实生活保障，不能在工作中增加村镇基层的经济负担，镇村各级政府要共同努力。

阅读上述两个乡镇的"数字乡村"示范项目，并回答：
1. 请比较悦来镇和遮放镇的项目范围是否一样？
2. 请综合上述资料，定义"数字乡村"项目的范围。

第一节　收集需求

项目范围管理包括确保项目做且只做成功完成项目所需全部工作的各个过程，包括收集需求、定义范围、创建工作分解结构、核实范围和控制范围等子过程。项目范围管理是其他所有管理的基础，没有这个基础，其他管理根本无从谈起。只有设定了工作内容，工期计划才有基准，成本预算才有根据，质量体系才有主体，权责分配才有目标。因此，正确地界定项目范围并对项目进行中产生的范围变更进行有效控制对于项目的成功至关重要。

一、需求和项目范围

1. 需求

需求是指发起人、客户和其他干系人的量化且记录下来的需要和期望。项目一开始，主办方就应该详细地探明、分析和记录这些需求，以便日后测量。

需求决定项目范围，为定义产品范围和项目范围奠定了基础。因此，收集主要项目干系人（包括且不限于项目发起人和其他主要用户）的需求对项目而言十分必要。

收集需求是为实现项目目标而确定、记录并管理相关方需求的过程。仔细掌握和管理项目需求与产品需求，对促进项目成功有重要作用。收集需求旨在定义和管理客户的期望。需求是工作分解结构的基础，成本、进度和质量规划都需要在需求的基础上进行。需求开发始于对项目章程和干系人登记册中相关信息的分析。

2. 项目范围

项目范围指为了交付具有特定功能或特征的产品或服务所必须完成的全部工作的总和。产品范围和项目范围构成了总体范围，只有两者紧密结合才能保证项目的工作结果，才能交付一个或一系列能满足特定要求的产品或服务。

项目范围要明确做什么、不做什么，是获得相关项目干系人（利益相关者）同意的明确预期。其核心是对工作内容的设定和取舍。

广义的项目范围是指为实现该项目目标所进行的所有工作。项目中的任何工作都不能遗漏，否则将导致项目范围"萎缩"。

狭义的项目范围是指为完成该项目目标所规定的、必要的、最少量的工作。若不进行该项工作，就无法全面完成项目。狭义的工作范围不包括那些超出项目可交付成果需要的多余的工作，否则将导致项目范围"蔓延"。PMI 提倡："不做额外的工作（no extra），不要镀金（no gold-plating）。"

3. 产品范围

产品范围是指客户对项目的最终产品或服务的期望所包含的特征和功能的总和。这里要注意项目范围和产品范围间的关系。

如图 5-1 所示，产品范围决定项目范围，因此只有项目范围实现了，产品范围才能实现。产品范围的完成情况参照客户的要求来衡量，而项目范围的完成情况则参照计划来检验。项目范围最终是以产品范围为基础确定的，而产品范围对产品要求的深度和广度则决定了项目工作范围的深度和广度。

图 5-1　范围、产品范围与项目范围

二、收集需求的方法

1. 观察法

观察法是指直接查看用户在各自的环境中如何执行工作（或任务）和实施流程。当产品使用者难以或不愿清楚地说明他们的需求时，就特别需要通过观察来了解他们的工作细节。观察，也称"工作跟随"，通常由旁站观察者观察业务专家是如何执行工作的，但也可以由"参与观察者"观察，即通过实际执行一个流程或程序，来体验该流程或程序是如何实施的，以便挖掘用户隐藏的需求。

视频 5.1

2. 访谈

访谈是通过与相关方直接交谈来获取信息的正式或非正式的方法。访谈的典型做法是向被访者提出预设和即兴的问题，并记录他们的回答。访谈通常是一个访谈者和一个被访者之间"一对一"的谈话，但一场访谈中也可以有多个访谈者或多个被访者。访谈有经验的项目参与者、发起人和其他高管，以及主题专家，有助于识别和定义所需产品可交付成果的特征和功能。访谈也可用于获取机密信息。

3. 焦点小组

焦点小组是通过召集预定的相关方和主题专家，了解他们对所讨论的产品、服务或成果的期望和态度。在焦点小组中，通常由一位受过训练的主持人引导大家进行互动式讨论。焦点小组往往比"一对一"的访谈更热烈。

4. 引导式研讨会

可以通过把引导与主题研讨会结合使用，把主要相关方召集在一起定义产品需求。研讨会可用于快速定义跨职能需求，并协调相关方的需求差异。因为具有群体互动的特点，所以能够有效引导的研讨会有助于参与者之间建立信任、改进关系、改善沟通，从而有利于相关方达成一致意见。此外，与分别召开会议相比，引导式研讨会能够更早发现并解决问题。适合采用引导式研讨会的情境包括（但不限于）：

（1）联合应用设计或开发（JAD）。JAD 会议适用于软件开发行业，这种研讨会注重把业务主题专家和开发团队集中在一起，以收集需求和改进软件开发过程。

（2）质量功能展开（QFD）。制造行业则采用 QFD 这种引导技能帮助确定新产品的关键特征。QFD 从收集客户需求（又称"客户声音"）开始，然后客观地对这些需求进行分类和排序，并为实现这些需求而设定目标。

（3）用户故事。用户故事是对所需功能的简短文字描述，经常产生于需求研讨会。用户故事用于描述哪个相关方将从功能中受益（角色）、他需要实现什么（目标），以及他期望获得什么利益（动机）。

5. 群体创新技术

（1）头脑风暴。这是一种用来产生和收集对项目需求与产品需求的多种创意的技术。

（2）名义小组技术。名义小组技术用于促进头脑风暴，通过投票排列最有用的创意，以便进一步开展头脑风暴或优先排序。

（3）德尔菲技术。德尔菲技术是一种利用函询形式进行的集体匿名思想交流过程。它有三个明显区别于其他专家预测方法的特点，即匿名性、多次反馈、小组的统计回答。德尔菲技术有助于减轻数据的偏倚,防止任何个人对结果产生不恰当的影响。

（4）亲和图。亲和图法是针对未知或未曾接触过的领域中的混乱问题,充分收集相关事实、经验、知识、设想和意见等语言、文字资料,汇总后按其内在亲和性（即相互关系）归纳整理这些资料,从复杂的现象中整理出思路、抓住实质,使问题明确起来,进而求得统一认识,以找出解决问题途径的一种方法。

6. 群体决策技术

群体决策是为达成某种期望结果而对多个未来行动方案进行评估。群体决策技术可用来开发产品需求,以及对产品需求进行归类和优先排序。其主要的机制有一致同意、大多数、相对多数、独裁。

7. 问卷调查

问卷调查是指设计一系列书面问题,向众多受访者快速地收集信息。问卷调查的方法非常适用于以下情况:受众多样化、需要快速完成调查、受访者地理位置分散,并且适合开展统计分析。

8. 标杆对照

标杆对照将实际或计划的产品、过程和实践,与其他可比组织的实践进行较,以便识别最佳实践,形成改进意见,并为绩效考核提供依据。标杆对照所采用的可比组织既可以是内部的,也可以是外部的。

9. 原型法

原型法是指在实际制造预期产品之前,先造出该产品的模型,并据此征求对需求的早期反馈。原型包括微缩产品、计算机生成的二维和三维模型、实体模型或模拟。因为原型是有形的实物,使得相关方可以体验最终产品的模型,而不是仅限于讨论抽象的需求描述。原型法支持渐进明细的理念,需要经历从模型创建、用户体验、反馈收集到原型修改的反复循环过程。在经过足够的反馈循环之后,就可以通过原型获得足够的需求信息,从而进入设计或制造阶段。

故事板是一种原型技术,通过一系列的图像或图示来展示顺序或导航路径。故事板应用于各种行业的各种项目,如电影、广告、教学设计,以及敏捷和其他软件开发项目。在软件开发中,故事板使用实体模型来展示网页、屏幕或其他用户界面的导航路径。

三、收集需求的主要成果

收集需求的输出包括:①需求文件;②需求管理计划;③需求跟踪矩阵。

1. 需求文件

需求文件描述各种单一需求将如何满足与项目相关的业务需求。一开始可能只有高层级的需求,然后随着有关需求信息的增加而逐步细化。只有明确的（可测量和可测试的）、可跟踪的、完整的、相互协调的，且主要相关方愿意认可的需求，才能作为基准。需求文件的格式多种多样，既可以是一份按相关方和优先级分类并列出全部需求的简单文件，也可以是一份包括内容提要、细节描述和附件等的详细文件。

许多组织把需求分为不同的种类，如业务解决方案和技术解决方案。前者是相关方的需求，后者是指如何实现这些需求。把需求分成不同的类别，有利于对需求进行进一步的完善和细化。需求的类别包括：

业务需求。整个组织的高层级需求，例如，解决业务问题或抓住业务机会，以及实施项目的原因。

相关方需求。相关方或相关方群体的需求。

解决方案需求。为满足业务需求和相关方需求，产品、服务或成果必须具备的特性、功能和特征。解决方案需求又进一步分为功能需求和非功能需求。

功能需求。功能需求描述产品应具备的功能，例如产品应该执行的行动、流程、数据和交互等。

非功能需求。非功能需求是对功能需求的补充，是产品正常运行所需的环境条件或质量要求，例如，可靠性、保密性、性能、安全性、服务水平、可支持性、保留或清除等。

过渡和就绪需求。这些需求描述了从"当前状态"过渡到"将来状态"所需的临时能力，如数据转换和培训需求。

项目需求。项目需要满足的行动、过程或其他条件，例如里程碑日期、合同责任、制约因素等。

质量需求。用于确认项目可交付成果的成功完成或其他项目需求的实现的任何条件或标准，例如测试、认证、确认等。

2. 需求管理计划

需求管理计划是项目管理计划的组成部分，描述将如何分析、记录和管理项目和产品需求。需求管理计划的主要内容包括（但不限于）：

- 如何规划、跟踪和报告各种需求活动；
- 配置管理活动，例如如何启动变更，如何分析其影响，如何进行追溯、跟踪和报告，以及变更审批权限，需求优先级排序过程；
- 测量指标及使用这些指标的理由；
- 反映哪些需求属性将被列入跟踪矩阵的跟踪结构。

3. 需求跟踪矩阵

需求跟踪矩阵是把产品需求从其来源连接到能满足需求的可交付成果的一种表格，如表 5-1 所示。使用需求跟踪矩阵，把每个需求与业务目标或项目目标联系起来，有助于确保每个需求都具有商业价值。需求跟踪矩阵提供了在整个项目生命周期中跟踪需求的一种方法，有助于确保需求文件中被批准的每项需求在项目结束的时候都能交付。需求跟踪矩阵还为管理产品范围变更提供了框架。

表 5-1 需求跟踪矩阵

需求编号	子系统	需求内容	状态				备注
			分析	设计	编码	测试	
1.2.1	客户管理	订单录入	06.1.10	06.1.11	06.1.15	06.1.18	已完成
1.2.2		收款登记	06.1.10	06.1.11	06.1.15	进行中	
1.2.3		余额查询	06.1.12	06.1.15	进行中		
1.2.4		订单检查	06.1.15	进行中			
1.2.5		订单分配					已取消。合并到入库模块,入库直接分配
...							
							截止日期：2020-1-21

第二节 项目范围的确定

一、定义范围

定义范围是制定项目和产品详细描述的过程。定义范围为更好地控制项目,把主要项目可交付成果分解成更小、更易管理的单元的活动。项目范围定义的意义在于：

- 提高对项目成本、项目工期和项目资源需求估算的准确性；
- 为项目的进度计划和控制以及绩效度量确定一个基准；
- 便于明确清楚地分配项目任务与责任。

定义范围依据有以下几个方面：①项目章程；②需求文件；③制约因素,即限制项目团队行动的因素；④假设前提,即为制订计划而考虑假定某些因素是真实的、符合现实和肯定的；⑤其他计划结果；⑥组织过程资产、历史资料。

通过项目范围定义,可以得到：①项目范围说明书；②(更新的)项目文件,包括(但不限于)干系人登记册、需求文件和需求跟踪矩阵。

项目范围说明书用于详细描述项目的可交付成果,以及为完成这些可交付成果而必须开展的工作。项目范围说明书也表明项目干系人之间就项目范围所达成的共识。为了达到项目干系人的期望,项目范围说明书可明确指出哪些工作不属于本项目的范围。有了项目范围说明书,项目团队就能够以此为依据开展更详细的规划,并可在执行过程中指导项目成员的工作。此外,项目范围说明书还能够为评价变更请求或额外工作是否超出项目边界提供基准。

详细的项目范围说明书应包括以下内容：

- 项目基本信息：包括项目名称、项目性质、项目负责人、编写日期等。
- 项目描述：简要描述项目所要解决的问题,重点在功能、特性。
- 项目目标(验收标准)：对项目时间期限、费用预算及质量要求等进行指标量化。
- 项目主要可交付成果：可交付成果既包括组成项目产品或服务的各项成果,也包括

- 各种辅助成果，如项目管理报告和文件等。
- 项目制约因素：列出并说明与项目范围有关且限制项目团队选择的具体项目制约因素，例如，执行组织事先确定的预算、强制性日期或强制性进度里程碑。如果项目是根据合同实施的，那么合同条款通常也是制约因素。
- 项目假设条件：指对不确定性项目约束因素的人为假定。由于此时人们无法得到完备的项目信息，所以必须对信息不完备的项目条件做出假定，包括对项目资源、条件和工作等方面的假设。人们根据项目假设条件制定项目初步范围说明书时，还需要根据假设条件制定应急措施，以便对各种假设的发展变化做出应对。列出并说明与项目范围有关的具体项目假设条件，以及万一条件不成立可能造成的后果。在项目规划过程中，项目团队应该经常识别、记录并验证假设条件。
- 项目的除外责任：通常需要识别什么是被排除在项目之外的责任。明确说明哪些内容不属于项目范围，有助于管理干系人的期望。

项目范围说明书应该得到审批，最好让主要项目干系人在范围说明书上签字。因此，编制项目范围说明书通常有三个步骤：

（1）起草一份范围说明。
（2）检查说明。
（3）获得审批。

表 5-2 是一个项目范围说明书示例。

表 5-2　某医院内部项目范围说明书

项目名称：降低医院内感染发病率	项目开始时间：2017 年 6 月
负责人：张华	结束时间：2018 年 10 月

项目目的：
寻找 HAI 病因

项目描述：
我们将设计一套完整的体系，防止病原体进入医院以及在医院内传播

预期的结果：
将被 HAI 感染的患者比例从 9%降低到 4%，治疗每例 HAI 将花费医院 10000 元

排除项：
我们将集中治理主要发病区，在病情得到控制后再决定是否继续治理其他相关区域

沟通需求：
每周向主要项目干系人汇报进展

审批条件：
6 月 13 日签署法律文件
6 月 16 日获得预算审批

局限项：
1. 预算：预计将使用 200000 元
2. 团队成员：于刚医生、顾荣、王源医生、顾问、律师、护士
3. 技术：目前有充足的分析设备

续表

批准：		
主要项目干系人	访谈日期	审批
于刚医生		
财务部		
护士长		
王源医生		
顾荣		
医院负责人		

项目范围说明书用于指导项目团队的后续规划和项目的执行。在一些非常小型的项目中，编制好的项目章程也可以作为范围说明书使用。在大多数项目中，详细的项目范围说明书应该编制工作分解结构。

二、工作分解结构

"魔鬼藏在细节中。"对细节的把握程度反映了一个组织、一个项目经理的管理水平。工作分解结构就是一种能够有效帮助人们把握项目细节的工具。

（一）工作分解结构

工作分解结构（work breakdown structure，WBS）是一种为便于管理和控制而将项目工作任务进行分解的技术，是以可交付成果为对象，由项目团队为实现项目目标并创造必要的可交付成果而执行的工作分解之后所得到的一种层次结构。工作分解结构每下降一个层次，就意味着对项目工作更详尽的定义。

项目成员的工作从识别要创建的可交付成果开始，应不断地考虑为了创造这个可交付成果，我们应该实施怎样的工作。最重要的是我们必须创造什么，其次是识别为创造这些可交付成果而要进行的工作。工作分解结构组织并定义项目的总范围，代表着现行项目范围说明书所规定的工作。值得注意的是，在"工作分解结构"这个词中，"工作"是指经过努力所取得的成果，如工作产品或可交付成果，而非"努力"本身。

为什么要使用 WBS 呢？主要原因如下：

（1）WBS 是项目交付成果的形象化展示。运用系统化的过程构建工作分解结构，有助于确保项目团队成员能够记住所有需要创造的交付成果。

（2）工作分解结构是所有重要职能进行后续计划的基础，这些职能包括进度、资源、成本、质量和风险。工作分解结构以提纲形式对这些职能进行整合。

（3）工作分解结构很容易被修改，可以用来应对项目中经常出现的变更。如果在项目实施过程中出现了问题，工作分解结构有助于帮助团队确定问题出在哪里，以及为什么会出现问题。

（4）工作分解结构有利于项目沟通的顺畅进行，因为通常许多项目干系人会参与构建工作分解结构，这样有助于项目干系人了解项目以及相互沟通。

因此，WBS是项目范围管理中必不可少的一步，图5-2展示了WBS的核心地位与作用。

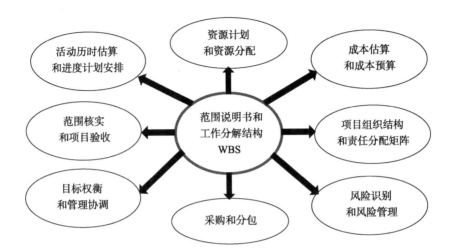

图 5-2　WBS 的核心地位与作用

（二）分解层次和工作包

1. 分解层次

项目经理要注意，WBS分解并不是分得越细越好，它与工作责任人的能力密切相关。如果工作容易被理解，需要生产的是单个可交付物，衡量可交付物的质量好坏和完成情况的标准明确，并且指定负责人的工作能力已经在过去的实践中得到证实，那么工作分解结构的层次就不需要制定得过于详细。反之，如果可交付物及其衡量难以理解并且不能确定负责人是否可以胜任，就应该制定较为详细的层次描述。WBS一般分解为3~4层，不超过20层，如表5-3所示。

表 5-3　WBS 分解层次

层次	层次的分解	描述	基 本 要 求
1	项目	项目成果名称	产品或服务包含的工作总和
2	可交付的成果	主要可交付成果	里程碑标志；阶段性意义的事件或成果
3	可交付的子成果	可交付的子成果	项目的主要具体任务，项目生命周期各个阶段性的具体任务
4	工作包	可识别的工作活动	动词描述的项目最小可控制单元；能够具体落实相关的责任、时间、费用

2. 工作包

在创建项目工作分解结构之前，项目经理首先要弄清楚工作包的概念。WBS的最低层次的项目可交付成果称为工作包（workpackage），即工作包是"位于工作分解结构的最底层，能够估计和管理其成本与持续时间的工作"，如图5-3中的黑色方块。

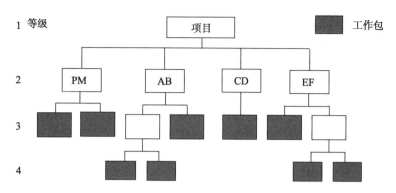

图 5-3 工作分解结构的工作包描述

工作包是所有后续计划和监控活动的基础,可以针对工作包安排进度、估算成本和实施监控。工作包具有以下特点:

(1)工作包可以分配给另一位项目经理进行计划和执行。

(2)工作包可以通过子项目的方式进一步分解为子项目的 WBS。

(3)工作包可以在制订项目进度计划时,进一步分解为活动。

当把可交付成果划分成工作包时,我们经常会提出一个问题,即工作包多大才合适?答案是依情况而定。

工作包需要足够详细,以便推动进一步的计划和控制。但是如果工作包划分得过于详细,就会给细节描述增加负担。项目经理要确保创造可交付成果的工作分配给可以胜任的人完成,这些人必须能对进度和成本进行估算,并能对实施工作承担责任。

工作包可进一步分解到具体的活动,但要注意活动与工作包的区别。

- 活动是由工作包分解而来,是实现工作包所需的具体工作。
- 工作包是 WBS 底层的可交付成果,是 WBS 的一部分,活动不是 WBS 的一部分。
- 工作包不表示时间、也不表示顺序,只表示项目范围;活动可表示时间、顺序,是资源估算、历史估算、费用估算的重要依据。

表 5-4 所示的例子是对工作包进行进一步展开的详细信息的说明。

表 5-4 工作包描述

项目:全范围产品的扩张		工作包:组装硬件测试	
描述:计划、实施、评估和报告测试结果以确保组装硬件功能适合		可交付成果:测试结果总结 输入:组装硬件模型	
活动	资源	预期持续时间(小时)	成本(美元)
准备测试计划	产品分析	8	720
实施测试	产品分析	16	1440
评估测试结果	产品分析	6	540
准备测试结果总结	产品分析	8	720
			3420

（三）WBS 分解原则与表示方法

1. WBS 分解原则

注意在对项目进行工作分解时要遵循以下原则。

- **任务分层原则**。工作分解结构应包含全部的产品和项目工作，包括项目管理工作。一个 WBS 项的工作内容是其下一级各项任务之和，一个单位工作任务在 WBS 中只能出现在一个地方。
- **逐步求精原则**。高质量的任务分解需要花费时间，而在项目前期不可能考虑到项目后期非常具体的任务，因此即将开始的任务需要非常精细的分解，未来的任务则可以分解得粗放一些，等到执行时再进行细化分解。
- **责任到人原则**。确保工作包有且只有一个负责人，即使这项工作需要多人完成。
- **全员参与原则**。每个项目组成员都必须参与对 WBS 的制定，以确保一致性和全员参与。
- **80 小时原则**。一般情况下遵循 80 小时法则，即两周法则；这条原则是为了在执行期内更好地检查和控制项目。通过这一手段，可以把项目的问题暴露在两周之内或更短的时间内。如果项目任务分解得过于粗放，就难以进行细致的跟踪。如果某一任务的工期较长，建议对任务进行细化分解，以便符合两周原则。
- **风险分解原则**。任务分解有助于更早地暴露风险，为风险的解决和缓解提供帮助。

同时要注意以下几点：

（1）WBS 的每个分支并不一定要分解到相同的层次。

（2）最底层的工作包必须充分、清晰完整，能进行对人员和其他资源的分配。

（3）WBS 都必须归档，以确保相关人员准确理解该项目包括和不包括的工作范围。

2. WBS 分解表示方法

WBS 通常有如下三种表示方式。

方法一：组织结构图格式

组织结构图格式的优点是层次清晰、非常直观、结构性很强，缺点是不容易修改。如图 5-4 所示，对于大的、复杂的项目，组织结构图很难展示项目的全景。

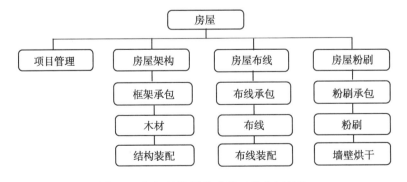

图 5-4　组织结构图格式的工作分解结构

方法二：缩进大纲格式

缩进大纲格式的优点是能够反映项目所有的工作要素，可是与组织机构图格式相比，直观性较差，如表 5-5 所示。

表 5-5 缩进大纲格式的建房项目工作分解结构

房　　屋		
1. 房屋架构	2. 房屋布线	3. 房屋粉刷
1.1 框架承包	2.1 布线承包	3.1 粉刷承包
1.2 木材	2.2 布线	3.2 粉刷
1.3 结构装配	2.3 布线装配	3.3 墙壁烘干

方法三：思维导图格式

头脑风暴时，思维导图是经常被使用的一种工具。使用思维导图的一个好处是想到什么就可以写什么，不用在乎顺序，适用于刚开始不了解所有项目目标及组成的情况。图 5-5 即为一个思维导图格式的项目工作分解结构示例。

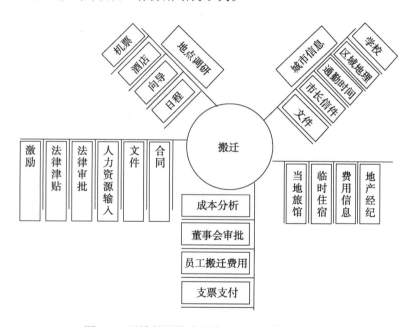

图 5-5 思维导图格式的搬迁项目工作分解结构

在实际应用中，缩进大纲格式的 WBS 应用比较普遍，特别是在项目管理软件中。

（四）创建项目工作分解结构的依据和方法

1. 创建项目工作分解结构的主要依据

（1）项目范围说明书。

（2）需求文件。

（3）项目范围管理计划。

（4）批准的变更请求。

（5）组织过程资产。

可能影响创建工作分解结构过程的组织过程资产包括（但不限于）：用于创建工作分解结构的政策、程序和模板，以往项目的项目档案以及过往项目的经验教训。

2. 创建项目工作分解结构的方法

（1）利用工作分解结构模板

历史项目的工作分解结构常被用作一个新项目工作结构分解的模板，使用这种模板，根据新项目的各种情况和条件，通过增删项目的工作就可以对新项目的范围做出定义。虽然每个项目是独一无二的，但是绝大多数同一专业应用领域中的项目都在一定程度上有相似的地方。因此，许多项目的工作分解结构经常被作为新项目的工作分解结构模板使用。在很多专业应用领域中，均有标准或半标准的项目工作分解结构可用作新项目的工作分解结构模板。例如，图5-6就是这些模板中的一个示例。

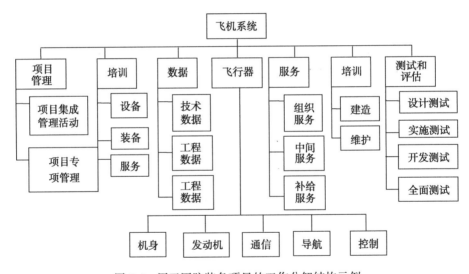

图5-6 用于国防装备项目的工作分解结构示例

使用历史案例的模板可以为团队节省许多时间，但是必须谨慎地使用。项目经理应当清楚，每个项目都是不同的。

（2）利用分解技术

当项目与先前的项目工作完全不同时，可以采用由上至下的方式构建工作分解结构。

①识别主要可交付成果。可通过项目章程、需求矩阵和范围说明书识别项目主要可交付成果。另外要注意项目文档和与顾客支持有关的附加的可交付成果，例如培训、服务或其他帮助客户有效使用项目产品的方法。分解时，首层写总项目，第二层通常有三种方法来组织：

- 根据项目阶段划分。
- 按照可交付成果划分。
- 根据工作职能划分。

以建房为例，按照以上三种方法分解结果如表 5-6 所示。

表 5-6　工作分解结构组织实例

项目阶段	可交付成果	工作职能
项目管理	项目管理	项目管理
签订合同	厨房	木工活
构筑基础	卧室	水管安装
构建房屋	洗浴室	电工活
…	…	…

②分解可交付成果。为使项目绩效度量容易进行，识别出的主要可交付成果需要进一步分解成更为细化的可交付成果或组成部分。团队成员可以使用由上至下的方法，分析每一个主要可交付成果的组成部分。另一种方法是自下而上，即通过头脑风暴法列出他们认为需要创建的中间的和最终的可交付成果。之后把这些可交付成果收集在一个很大的工作空间中，团队成员把这些小的可交付成果按照早前识别的主要可交付成果或以主要可交付成果为首的附加关联小组进行分类。

③继续分解直至可交付成果大小合适。在这一步中，工作分解结构构建完成并能进行完整性检验。在完整的构建工作分解结构之后，项目经理及团队成员应该考虑最底层的可交付成果是否应该再次划分为合适的大小。

④检验可交付成果分解的正确性。在检验可交付成果分解的正确性时，需要回答的问题有：为完成整个项目工作，分解给出各层次子项目或工作是必要和充分的吗？如果不是，则这些可交付成果必须被修改、增删或重新定义。分解得到的每项工作界定是否清楚完整？如果不是，则必须修改、增删或重新识别、分解和界定这些工作。分解得到的每项工作是否都能列入项目工期计划和预算计划？是否每项工作都有具体的责任单位？如果不是，就必须重新修订项目的工作分解结构。

工作分解结构中各个部分都应有一个单独的名字，其中如果有两个部分的名称极为相似，就会造成混乱。因此，两个相似的部分可以分别称为草拟报告和最终报告，而不要称为报告。工作分解结构实行父子分层原则，上层为父层，下层为子层。团队要为工作分解结构的每个部分设计独立的编码，如图 5-7 所示。在普通的编码系统中，每个子项目的编码是其父项目的编码加上 0~9 的整数，在首层中项目标题被编为 0。

注意：①不是任何项目都只有唯一正确的工作分解结构。例如，两个不同的项目团队可能对同一项目做出两种不同的工作分解结构；②项目工作分解详细程度和层次多少的影响因素包括：任务承担者的责任和能力，在项目实施期间管理和控制项目预算、监控和收集成本数据的要求水平。

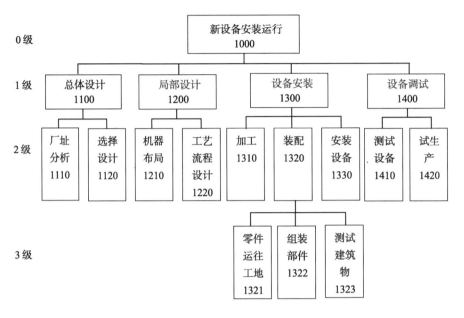

图 5-7 分解结构的编码

通常，项目责任者的能力越强，项目的工作结构分解就可以粗略一些、层次少一些；反之就需要详细一些、层次多一些。而项目成本和预算的管理控制要求水平越高，项目的工作结构分解就可以粗略一些、层次少一些；反之就需要详细一些、层次多一些。因为项目工作分解结构越详细，项目就越容易管理，要求的项目工作管理能力就会相对低一些。

（五）创建项目工作分解结构的成果

1. 工作分解结构

工作分解结构是以可交付成果为导向的工作层级分解，其分解对象是项目团队为实现项目目标、提交所需可交付成果而实施的工作。创建工作分解结构的最后步骤是为工作包建立控制账户，并根据"账户编码"分配标志号。这些标志号为以后的成本汇总、进度与资源信息建立了层级结构。另外，控制账户还是一种管理控制点，在该控制点上，把范围、成本和进度加以整合，并把它们与挣值相比较，以测量绩效。控制账户设置在工作分解结构中的特定管理节点上。每一个控制账户都可以包括一个或多个工作包，但是每一个工作包只能属于一个控制账户。

2. 工作分解结构词典

工作分解结构词典是在创建工作分解结构过程中产生并用于支持工作分解结构的文件。工作分解结构词典会对工作分解结构组成部分（包括工作包和控制账户）进行更详细的描述。工作分解结构词典的内容包括（但不限于）：账户编码标志号、工作描述、负责的组织、进度里程碑清单、相关的进度活动、所需的资源、成本估算、质量要求、验收标准、技术参考文献、合同信息。

3. 项目范围说明书（更新）

如果制作工作分解结构过程中有批准的变更请求，则将被批准的变更纳入项目范围说明书，使之更新。

4. 范围基准

范围基准是项目管理计划的一部分，由得到批准的项目范围说明书、工作分解结构和用于描述每个工作包具体内容的工作分解结构词典组成。范围基准规定和描述了项目工作的准确边界，用它与实际结果比较，以决定是否有必要进行变更、采取纠正措施或预防措施。如果变更请求影响了这个边界，则必须经过变更控制委员会的审核与批准（涉及基准的变更，项目经理个人无权做出决策）。

三、范围确认

（一）范围确认的概念

范围确认是指项目干系人（项目业主或客户、项目发起人、项目委托人等）对于已完成的项目范围与相应的可交付成果正式认可和接受的过程。在项目范围确认工作中，首先要审核项目范围定义工作的结果，以确保所有必需的项目工作均已正确而令人满意地包括在项目范围之中，而与实现项目目标无关的工作均未包括在项目范围之中。项目范围确认既可以是对一个项目整体的范围进行确认，也可以是对一个项目阶段的任务范围的确认。如果项目提前中止，就需要在项目范围确认过程中将项目完成的程度及水平以文件的形式记录下来。

（二）项目范围确认的方法

项目范围确认的方法是对所完成的可交付成果的数量和质量进行检查，检查的方法主要包括以下几种。

1. 试验

试验是指采用各种科学试验方法对完成的可交付成果进行试验检测。项目干系人可以建立试验室对可交付成果进行采样试验，或委托具有相应资质的、独立的第三方进行相关试验，并出具试验报告。

2. 专家评定

项目干系人可以按合同约定的标准、程序和方法，组织相关领域的专家和相关政府部门代表对可交付成果进行评定。

3. 第三方评定

按合同约定委托双方一致认可的、具有相应资质的、独立的第三方，运用专业方法对可交付成果进行评定。

范围确认通常包括以下三个基本步骤：

（1）测试，即借助工程计量的各种手段对已完成的工作进行测量和试验；

（2）比较和分析（即评估），就是把测试的结果与双方在合同中约定的测试标准进行对比分析，判断其是否符合合同要求；

（3）处理，即决定被检查的工作结果是否可以接收，是否可以开始下一道工序；如果不予接收，应采取何种补救措施。

（三）项目范围确认的成果

1. 验收的可交付成果

符合验收标准的可交付成果应该由客户或发起人正式签字批准。应该从客户或发起人那里获得正式文件，证明干系人对项目可交付成果的正式验收。这些文件将于项目结束时或推进过程中被提交。

2. 变更请求

对已经完成但尚未通过正式验收的可交付成果及其未通过验收的原因，应该记录在案，并提出适当的变更请求，以便补救缺陷。变更请求应该由实施整体变更控制过程审查与处理。

3. 推荐的纠正措施

纠正措施是为保证项目将来的绩效符合项目管理计划而提出并形成了文件的建议。作为成果，应是被推荐的用于针对变更的纠正措施。

项目范围的确认应当贯穿项目的始终。

第三节 项目范围变更控制

项目范围作为未来项目各阶段起始工作的决策基础和依据，它的萎缩或蔓延有时会带来非常严重的后果。项目范围失去控制是项目不能达到目标的最常见原因之一。因为项目的产品、成果或服务事先不可见，所以在项目渐近明细的过程中，范围一定会产生相应的变更。大多数时候，对变更申请的默认答案是"拒绝"，除非能够证明变更是必要的。同时，要明确规定用于评审变更的标准和程序。因此，如何对项目范围变更进行有效控制，成为项目经理需要掌握的基本硬技能之一。

一、项目范围变更的影响

项目范围计划在项目管理中具有基础性地位，项目控制的首要任务就是控制项目范围。范围管理的失控容易导致"胡子工程"项目，不仅不能按期完工，还会增加成本、加大风险。

项目范围变更会影响整个项目计划编制阶段的各种文件，因此要对诸如 WBS 和项目进度等文件重新评价和更新。被批准的基准范围计划是所有后续计划的基础，基准范围计划是一份经过批准的项目范围计划加上或减去经过批准的范围变更,以此为基础考核项目执行情况的好坏,确定实际绩效是否在可接受的偏差范围内。这个基础计划的变更对整个项目的影响是最严重的,将引起时间、成本、质量、采购供应等计划的连锁反应。因此,基准一定要经过高级管理层和主要项目干系人批准。

二、项目范围变更的原因

项目范围变更的原因可能因项目而异,但通常情况下项目范围变更的主要原因有:
(1)客户对项目、项目产品或服务的要求发生变化;
(2)项目外部环境发生变化,如政府政策的变更;
(3)项目范围计划的编制不够周密详细,有遗漏或错误;
(4)项目实施组织本身发生变化,如项目团队人事发生变化;
(5)市场上出现了或设计人员提出了新技术、新手段或新方案。

同时,项目范围变化还受项目经理素质的影响。高素质的项目经理善于在复杂多变的项目环境中应付自如,正确决策,从而使项目范围的变化不至于对项目目标造成不利影响。反之,在这样的环境中,项目经理往往难以驾驭和控制项目的进展。

三、项目范围变更控制的内容及程序

一旦发生项目范围变更,一定要走范围变更控制程序。

项目范围变更控制是指当项目范围发生变化时对其采取纠正措施的过程,以及为使项目朝着目标方向发展而对某些因素进行调整,继而引起的项目范围变化的过程。

在项目执行时,进度、费用、质量,以及各种管理要素的变化都会导致项目的变化。同时,项目范围的变化又会要求上述各方面做出相应调整,因此必须要对项目范围的变更进行严格的管理和控制,根据项目的实际情况、项目的变更要求和项目范围管理计划,运用项目范围变化控制系统和各种变更的应急计划等方法,按照集成管理的要求去控制和管理项目范围的变更。

在项目范围变更控制中,主要工作包括:
- 分析和确定影响项目范围变更的因素和环境条件;
- 管理和控制那些能够引起项目范围变更的因素和条件;
- 分析和确认各方面提出的项目变更要求的合理性和可行性;
- 分析和确认项目范围变更是否已实际发生及其风险和内容;
- 当项目范围发生变动时,对其进行管理和控制;
- 设法使这些变动朝有益的方向发展。

设定严格的计划变更控制程序是范围控制的基本方法。一方面,要守住范围的边界,尽量减少范围计划的轻易变更;另一方面,即使迫不得已必须变更范围计划,也可以做到步步为营、进退有序,避免全线崩溃。图 5-8 展示了范围变更控制程序。

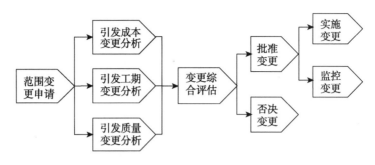

图 5-8 范围变更控制程序

值得注意的是，当项目范围发生变更时，项目经理要对其进行严格管理和控制，设法使变更朝有益的方向发展，或努力消除项目范围变更造成的不利影响。并且，项目范围变更控制必须与项目管理的其他控制很好地结合，特别是要与项目时间（工期）控制、预算（造价）控制、项目产出物质量控制等结合。

四、项目范围变更控制的方法

为了规范化项目范围变更控制，需要制定明确的变更控制流程，其主要内容是识别并管理项目内外引起超出或缩小项目范围的所有因素，其包括三个主要过程：

- 对引起工作范围变更的因素进行识别；
- 确定确实需要发生变更并施加影响，以保证变更是有益的；
- 管理那些实际发生的变更。

变更请求的形式多种多样，分析变更和提出变更可按表 5-7 进行。

表 5-7 项目范围变更申请及审批表

变更申请编号：_____ 日期：_____

项目名称：		项目编号：	
项目经理：		项目发起人：	
变更提出者：		所属部门：	
变更内容：			
变更的原因：			
若不变更的后果：			
变更对项目产生的影响：			
变更申请结果：			
接受或拒绝的理由：			
审查人签字：			
变更登记人：		登记日期：	

通常，项目范围变更控制的方法和技术主要有以下几种。

1. 项目范围变更控制系统

项目范围变更控制系统是开展项目范围控制的主要方法。这一系统包括文档化工作系统、变更跟踪监督系统，以及项目变更请求的审批授权系统。在项目实施过程中，项目经理或项目实施组织利用所建立的项目实施跟踪系统，定期收集有关项目范围实施情况的报告，然后将实际情况与计划的工作范围相比较，如果发现差异，则需要决定是否采取纠偏措施。如果决定采取纠偏措施，那么必须将纠偏措施及原因写成相应的文件，作为项目范围管理文档的一部分。同时，要将项目范围的变更情况及时通知项目所有相关利益者，在获得他们的一致认可之后，才可以采取项目范围变更的行动。

当项目范围发生变更时，项目其他方面必然也会受到影响，因此项目范围变更行动应该被集成到整个项目的变更控制系统之中。尤其是在适当的地方与项目控制的其他系统相结合，以便协调和控制项目的范围。

2. 项目实施情况的度量

项目实施情况的度量技术也是控制项目范围变更的一种有效的技术和方法。这一方法有助于评估已经发生项目范围变更的偏差大小。项目范围变更控制的一个重要内容就是识别已发生变更的原因，以及决定是否要对这种变更或差异采取纠偏行动，而这些都需要依赖项目实施情况度量技术和方法。

3. 追加计划法

几乎没有项目能够完全按照项目初始计划的要求精确地实施和运作，项目范围的变更可能要求对项目工作分解结构进行修改和更新，甚至会要求重新分析和制订替代的项目实施方案。因此，项目范围的变更会引起项目计划的变更，即项目范围的变更会要求项目组织针对变更后的情况制订新的项目计划，并将这部分计划追加到原来的项目计划中去。

五、项目范围变更控制的成果

项目范围变更管理与控制的成果有两个，一是促进了项目工作绩效的提高，二是生成了一系列项目范围变更控制文件。这些文件包括更新调整后的项目工期、项目成本、项目质量、项目资源和项目范围文件，以及各种项目变更行动方案和计划文件。

1. 项目范围变更控制文件

项目范围变更控制文件是在项目范围的全面修订和更新中所生成的各种文件总称。项目范围通常是经项目业主或客户与项目组织双方认可的，所以项目范围的变更同样需要双方认可，并要有正式文件予以记录。项目范围变更通常还要求对项目成本、工期、质量，以及其他一些项目目标进行全面的调整和更新。这些范围变更都需要在项目计划中得到及时反映，而且相关的项目技术文件也需要进行相应更新。此外，项目经理应该将项目范围变更的信息及时告知项目的相关利益者。

2. 项目变更控制中的纠偏行动

项目变更控制中的行动包括：根据批准后的项目变更要求而采取的行动和根据项目实际情况的变化所采取的纠偏行动。这两种行动都属于项目变更控制的范畴，因为它们的结果都是实际的项目范围与计划规定的项目范围保持一致，或者与更新后的项目范围相一致。

3. 从项目变更中学到的经验与教训

不管是何种原因，项目的变更都属于项目计划管理中的问题。所以在项目范围变更控制中，项目成员特别是项目经理可以发现问题，并学到经验与教训。这些经验与教训均应该形成文件，成为项目历史数据的一部分，既可用作本项目后续工作的指导，也可用于项目组织今后开展的其他项目。这相当于项目的一种跟踪和后评估的工作，这种项目经验总结或评估会议应在项目团队内部与项目业主或客户之间分别召开，其目的都是评估项目绩效、确认项目收益是否已经达到，以及总结本项目的经验和教训。

案例5-2

如何有效进行项目范围管理？

小李是国内某知名IT企业的项目经理，负责管理某企业管理信息系统建设项目。在该项目合同中，简单地列出了几条项目承建方应完成的工作，据此小李自己制定了项目的范围说明书。甲方的有关工作由其信息中心组织和领导，信息中心主任兼任该项目的甲方经理。可是在项目实施过程中，有时是甲方的财务部直接向小李提出变更要求，有时是甲方的销售部直接向小李提出变更要求，而且有时这些要求是相互矛盾的。面对这些变更要求，小李试图用范围说明书来说服甲方，甲方却动辄引用合同的相应条款作为依据，但这些条款要么太粗不够明确，要么小李跟他们有不同的理解。因此小李因对这些变更要求不能简单地接受或拒绝而左右为难，他感到很沮丧。如果不改变这种状况，项目完成看来要遥遥无期了。

案例来源：http://www.ruantiku.com/shiti/863298.html.

请问：

1. 针对上述情况，你认为问题产生的可能原因有哪些？

2. 如果你是小李，你将如何在合同谈判、计划和执行阶段分别进行范围管理并有效控制项目执行过程中出现的范围变更？

本章小结

项目范围表达了"项目要做什么，不做什么"，决定了项目的资源需求、进度、成本、风险等各方面，是项目开展的基础。根据项目发起人和其他重要干系人的需求，从项目成果目标出发，通过工作分解结构（WBS）可以定义项目范围。项目范围要经项目干系人反复确认，既不能"萎缩"，也不能"蔓延"。项目范围可以变更，但必须制定严格的项目范围变更控制的程序对其予以控制。任何项目，如果不能被有效地定义并控制项目的范围，将会带来许多严重的后果。因此，在项目实施前科学、全面地制订项目范围管理计划是项目成功的重要保证。

 **简答题**

1. 为什么说项目范围变更控制不力容易导致项目失败？
2. 观察一下你所在的单位的项目或周围的项目，总结一下导致项目范围变更的主要原因有哪些？
3. 某业主代表喜欢挑刺，总是说这里不行、那里不好，请分析在什么情况下要做范围变更管理？在什么情况下要做干系人管理？
4. 有些项目的变更是领导人根据主观意志随意提出的，没什么科学道理或合理理由。面对这种变更要求，你觉得可以采取哪些针对措施，从而降低变更对项目带来的危害？
5. 假设你先购买了一套面积为130平方米的住房，计划花两个月进行中等档次的装修，请你建立这个项目的工作分解结构。

 **案例分析题**

信管公司开发工商审批系统的案例

 **即测即练**

自学自测　　扫描此码

第六章 项目进度管理计划

学习目标

知识目标

1. 了解项目进度管理的过程及目的;
2. 掌握项目活动定义、项目排序方法;
3. 掌握项目活动工期估算的依据及其方法;
4. 掌握项目关键路径的含义与确定方法;
5. 掌握压缩项目进度计划的方法。

能力目标

1. 学会时间管理,培养和提升管理效率能力;
2. 正确认识影响项目进度的因素及其相互关系,培养唯物辩证思维能力;
3. 学会围绕项目关键路径优化项目进度,提高解决问题的能力。

引导案例

"引汉济渭"工程秦岭隧洞用技术创新加快项目进度

2022年2月22日上午,随着硬岩掘进机的刀盘破岩而出,由中铁十八局集团参建,全长98.3千米的陕西"引汉济渭"工程秦岭输水隧洞实现全线贯通。秦岭隧洞是国家重点水利工程"引汉济渭"工程的关键控制性工程,也是人类从底部横穿秦岭的首次尝试。由中铁十八局集团承担施工的秦岭输水隧洞岭北段位于整个引汉济渭工程地质最复杂、工程风险最高、施工技术难度最大的卡脖子地段。洞内温度超过40摄氏度,相对湿度超过90%,施工人员不仅要忍受高温高湿的环境,更要提防突如其来的岩爆、突涌水、软岩流沙等意外,施工条件极其艰苦,综合施工难度位居世界第一。

引汉济渭公司发挥企业技术创新主体作用,联合清华大学、山东大学等高校及科研院所,充分发挥"院士专家工作站""博士后科研工作站"等平台的作用,为解决工程难题提供了强有力的技术支撑。

秦岭输水隧洞钻爆段施工中采用水压爆破技术大幅降低粉尘、采用CBS植被砼生态恢复技术进行生态恢复、实施"天眼"环保监控工程……引汉济渭公司创新环保管理模式、完善环保管理措施,一系列高效创新举措的实施,大大降低了水利开发对生态环境的影响。

请查阅网上资料并讨论以下问题：

（1）说明影响项目工期的主要因素。

（2）"节能环保水压爆破技术"是如何加快秦岭输水隧洞钻爆项目工程的进度的？

第一节　项目进度管理概述

一、项目进度管理的概念

项目进度是项目管理的三大基本目标之一。项目实施是为了实现重要的商业目的。人们都想尽可能快地利用项目成果。因此，一个项目能否在预计时间内完成并交付使用，就成为项目投资者最关心的问题之一。项目进度管理是为确保项目最终能按时完成的一系列的管理过程，它包括活动定义、活动排序、时间估计、进度安排及控制等各项工作。因此，项目进度计划是项目进度管理（或称为项目时间管理）的一部分。事实上，项目进度管理包括两大部分的内容，即项目进度计划的制订以及项目进度计划的控制。

首先是项目进度计划的制订。在项目实施之前，需要先制订一个切实可行的、科学的进度计划，之后再按照计划逐步实施。编制进度计划前，需收集真实、可信的信息资料作为进度计划编制的依据，这样能保证项目进度计划的科学性和合理性。信息资料包括项目背景资料、项目实施条件、项目实施单位信息、项目人员数量和技术水平、项目实施各个阶段的其他规定等内容。

其次是在项目实施过程中对项目进度计划的控制。一个科学、合理的项目进度计划能够为项目进度管理提供可靠的前提和依据。但并不等于项目进度的管理就不存在其他问题。在项目实施过程中，实际进度会因为无法预料的外部环境和条件的变化而与计划进度产生偏差，如不能及时发现这些偏差并加以纠正，项目进度管理目标的实现就一定会受到影响。所以在制订项目进度计划之后，必须对项目进度计划实行控制。对项目进度计划进行控制的方法是以项目进度计划为依据。在项目实施过程中，将最新的实际进度与计划进度不断进行比较分析，找出偏差产生的原因和解决办法，确定调整措施，并对原进度计划进行修改后再予以实施。随后继续项目的检查、分析、修正；再检查、分析、修正……直至项目最终完成。

二、项目进度管理的过程

项目管理协会（PMI）把项目进度管理分成以下六个工作步骤。

（1）活动定义——确定为完成项目可交付成果所必须执行的具体活动。

（2）活动排序——确定识别和记录计划活动之间的项目逻辑关系的过程。

（3）活动资源估算——估算完成各项计划所需的资源类型和数量的过程。

（4）活动持续时间估算——估算完成单项计划活动所需工作时数的过程。

（5）项目计划编制——按照活动顺序、活动工期、资源要求和进度制约因素编制项目进度计划的过程。

（6）项目进度控制——控制项目进度变更的过程。

三、项目进度计划概念界定

（一）项目进度计划的概念

项目进度计划是指在确保合同工期和主要里程碑时间的前提下，对项目中计划实施的全部活动，包括规划、决策、准备、实施、终止等各个过程的具体活动、进行时间和逻辑上的合理安排，以达到合理利用资源、降低费用支出和减少干扰的目的。

项目进度计划的对象是活动。活动是"在项目进程中所实施的工作单元"。根据其具体内容，活动既可以是一个消耗人力、物力、财力及时间的工作过程，也可以是一个只消耗时间的等待过程，如刷漆之后等待自然通风干燥的过程等。活动应具有以下特点：

- 明确的始点和终点；
- 可证实的有形产出；
- 可理解和控制的不可再分最小单元；
- 便于估算和控制所需的资源（人员）、成本和工时；
- 每项活动都有专人负责。

（二）项目进度计划的目的

通过项目编制可行性强且完整的进度计划，可具体回答如下问题。

- 项目能够在何时完成？
- 某一项具体项目活动的最早或最晚开始时间是何时？最早或最晚完成时间是何时？
- 某一项活动必须在哪些活动完成之后才能进行？
- 如果某种原料的交付迟到一周，会对项目的最终完成时间产生影响吗？
- 一个关键工人能在 7 月份休假一周吗？这样做是否会影响项目进度？
- 若让一个工人从事同一个项目中的两项活动，他应先完成哪一个？
- 下周或者下个月，每个工人最少需要工作多少个小时？
- 哪些工人或者资源是项目进展的瓶颈，制约着项目的进度？
- 若顾客想要增加项目内容，将会对项目带来什么影响？
- 若投资人愿意额外增加投入 10000 元，项目完成的进度将会加快多长时间？
- 什么活动是应该现在完成的？

（三）项目进度计划的限制

在理解项目进度计划编制之前，需要理解限制项目快速完成的四个方面。如表 6-1 所示。

表 6-1 项目进度计划限制举例

项目进度计划的限制	举 例
活动的逻辑顺序	在铺瓷砖之前需要先将地面找平
活动工期	三个房间一个粉刷匠需要多长时间才能完成
资源可用数量	如果六个房间需要同时粉刷，而没有六个粉刷匠，进度就要推迟
强制日期	与政府签订合同的项目也许不能在会计年度之前开始

在清楚限制项目进度计划的四个方面后，我们可以开始进行对项目进度计划的编制。

四、项目进度计划发展历史

了解项目进度计划的发展历史能够帮助我们更好地学习项目进度计划。历史上许多早期项目耗时很长，比如京杭大运河，就是花了数千年才完成。很多因素都会影响项目进度，竞争迫使项目需要尽快完成，同时也促进了项目进度计划的系统理论的发展。

项目网络计划技术产生于 1957 年，当时雷明顿兰德公司（Remington Rand）的 J.E.凯利（J.E.Kelley）和杜邦公司（DuPont）的 M.R.沃克（M.R.Walker）探讨计划的编排问题时，提出了关键路径法（critical path method，CPM）。杜邦公司将该方法用于某化工厂土建工程项目建设的计划安排上，使工期缩短了两个月，效果良好。关键路径法用于确定完成项目的总工期，它可以使项目管理者能够询问像"如果项目提前三个星期完成，哪些活动需要加快，需要多花费多少？"一类的问题。这种方法在建筑行业非常实用。比如，如果天气预报说之后几天会下雨，那么位于关键路径上的室外活动就必须加快进行。

20 世纪 50 年代后期，海军上将拉伯恩（Raborn）采用了汉密尔顿公司及洛克菲勒公司提出的计划评审技术（program evaluation and review technique，PERT），用于规划建造北极星导弹核潜艇，这个系统非常庞大、复杂，为了尽可能快地实现这个项目，许多活动需要同步进行。另外，北极星计划的许多方面利用了非成熟的技术，新技术的发展会耗时多少，具有相当大的不确定性。计划评审技术不仅有助于项目管理者估计完成项目的时间，而且有助于估计基于特定时间的置信水平，这特别适用于难以精确估算活动的研发项目。据说采用此方法使制造时间缩短了三年。

PERT 和 CPM 最初均使用活动箭线表示法（arrow on arrow，AOA）来展示活动。后由于经常混淆而且难以准确地制定出 AOA 网络图，使用者开发出了一种替代方法称为节点表示法（activity on node，AON）。AON 是用节点表示工作活动，箭线连接表示正在完成的活动。目前，AON 已经得到了广泛的应用。

尽管 CPM 和 PERT 是彼此相互独立和先后发展起来的两种方法，但它们的基本原理是一致的。两种方法都建立在活动的识别、明确的逻辑关系和对每项活动估算的时间基础之上。基于活动的网络图的提出，体现了其所具有的强于其他方法的能力。

项目团队如何选择进度安排方法

A 公司是 B 集团公司控股的子公司，专门制造打印机。现在 A 公司打算开发一种新型的打印机产品，已经在公司内部选定了一个项目经理，并从其内部职能部门抽调人员组建了项目团队。该项目团队十分重视制订进度计划，打算为项目选择一种适当的进度安排方法。项目经理已根据公司领导层对该项目的期望订立了如下原则：简单；能够显示事件的工期、工作流程和事件间的相对顺序；能够指明计划流程和实际流程，即哪些活动可以同时进行，以及距离完工还有多长时间。生产部门代表偏好使用甘特图，财务代表建议使用 PERT，而助理项目经理倾向于使用 CPM。

请回答：

1. 谈谈案例中各种进度安排方法对本项目来说各有什么优缺点。
2. 如果你是项目经理，你会采用哪种方法？为什么？

第二节　项目进度计划制订

项目进度计划的制订是一项复杂的任务，它需要一系列相关的步骤。制订一个实际的进度计划其实是一个反复的过程。项目进度计划的制订过程如图 6-1 所示。

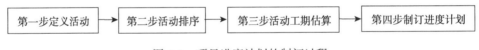

图 6-1　项目进度计划的制订过程

首先确定所有的项目活动，然后确定它们的逻辑关系。确定逻辑关系后，再分配资源到每个活动，同时估算活动工期。若某一时刻无法为活动分配合适的资源，则需对项目资源或者活动做出调整。在以上这些信息的基础上，便可以制订初始进度计划。其次，将项目进度计划中估算的活动工期与客户或业主期望完工的日期进行比较。如估算的活动工期比客户或业主期望的完工时间长，则需要对项目进度计划进行压缩以满足期望。在项目进度计划制订过程中，通常还需要考虑一些其他因素，如项目预算、资金流动、质量要求和风险因素对活动持续时间的影响等。一切都计划好后，最终的项目进度计划便制订好了。

一、定义活动

制订项目进度计划基于活动，定义所有工作活动是制订项目进度计划的第一步。

在采用工作分解结构对项目进行工作分解之后，得到了一个个工作包，即最低水平的交付。为了完成项目的各项交付，必须将工作包分解为活动。如表 6-2 所示，为一个工作分解结构的交付成果,共有四个工作包,将这些工作包进一步分解,就得到八个项目活动。

表 6-2　应用软件项目的工作包及活动交付列表

活动序号	工作包	活动
A	软件设计	功能设计
B		系统设计
C	软件定义与编码	模块定义
D		程序编码
E		接口定义
F	软件测试	内部测试
G		集成测试
H	软件安装	软件安装

定义活动时的注意事项:

1. 组织定义活动时避免遗漏任何一项

项目中存在多余的活动比存在遗漏活动要好,因为进度计划最终确定后再发现遗漏活动,会增加项目实施的时间和资金,甚至可能导致项目超出预算、项目进度计划延长。因此,在前期花费大量的时间来确保尽可能无遗漏活动是非常有必要的。

2. 尽量参考类似项目的活动定义

若正在计划的项目和已有项目类似,则可以参考已有项目的活动定义和其他计划部分。一些组织对某种类型的项目会有样板和清单,可以借鉴并以此作为定义活动的起点。值得注意的是,由于项目具有一次性特点,新的项目会包含一些独有的活动,所以组织成员需要将新项目与以往项目进行比较。

3. 在活动列表上应列出项目里程碑

项目进度计划中,里程碑(milestones)非常重要,发起人和管理者将它作为检查点。里程碑是项目中有特殊重要性或者会触发某些事先定义功能的一类事件。一般来说它们显示了项目各阶段或各部门间的衔接点。项目里程碑会出现在项目章程中,而更多的项目里程碑则在制订项目进度计划时确定。里程碑通常设立在主要可交付成果或关键活动完成或要投入大量资金之前的时点。里程碑作为项目进度计划中确定的少数几个关键点,通常要按计划进行检查,项目管理者据此判断项目是否可按照项目进度计划进行。

二、活动排序

在项目计划中,最能体现项目管理者决策水平的是活动排序。如田忌赛马,当双方拥有相当的资源和机会时,取胜的关键就在于排序。

活动排序是指识别与记载活动之间的逻辑关系。在活动排序之前应进行活动分析,活动分析的内容是通过分析产品特征描述、约束条件、假设前提来确定活动间的关系。有些活动是初始活动或紧前活动（predecessor activity），是"进度安排中应在相关活动之前完成的活动"。有些活动是后面的活动，称为紧后活动（successor activity），是"进度安排中在另一活动之后进行的活动"。在按照逻辑关系安排计划活动顺序时，可考虑适当的依赖关系，亦可加入适当的时间提前量与滞后量，只有这样才能在以后制定出符合实际且可以实现的项目进度表。

1. 逻辑关系的类型

一般情况下，相关活动间的逻辑关系一般分为三类。

硬逻辑关系，这是一种客观依存关系，是由自然规律决定的，不可改变。例如挖完沟才能布管、木制品做完了才能刷漆，等等。

软逻辑关系，这是一种主观依存关系，这种关系可以由主观意志来确定活动间的前后依存关系。例如，木制品既可以先拼装后刷漆，也可以先刷漆后拼装。到底如何做，取决于你的主观判断，看怎么样才能使其效率更高、效果更好。

间接依存关系，或称第三方依存关系。若干相关活动之间逻辑关系的建立，既不能由客观规律决定，也不能由主观判断决定，而是取决于第三方的活动结果。例如，建筑规划和建筑设计之间是否能够顺利衔接，取决于政府的规划审批。

2. 逻辑关系的表达

表 6-3 说明了前后活动间的基本逻辑依赖关系。

表 6-3 活动依赖关系说明

依 赖 关 系	说　　明
完成至开始	紧后活动的开始依赖于紧前活动的完成
完成至完成	紧后活动的完成依赖于紧前活动的完成
开始至开始	紧后活动的开始依赖于紧前活动的开始
开始至完成	紧后活动的完成依赖于紧前活动的开始

还有两种特殊的关系。
- 滞后（lag）：例如：活动 A 结束 2 天之后，活动 B 才开始。
- 提前（leading）：例如：活动 A 结束 2 天之前，活动 B 就要求开始了。

3. 网络图表达法

活动排序的常用工具是网络图，包括如下两种表达形式。

（1）单代号网络图

单代号网络图，或称 AON，是一种用方格或矩形（叫作节点）表示活动，并用表示依赖关系的箭线连接节点构成的项目进度网络图。在 AON 图中，完成至开始是最常用的逻辑关系类型。图 6-2 就是一个单代号网络图的例子，图中的节点表示活动，箭线表示活动之间的依赖关系。

（2）双代号网络图

双代号网络图，或称 AOA，是一种"箭线表示活动，节点表示依赖关系"的项目进度网络图。图 6-3 表示的就是一个双代号网络图，其节点表示依赖关系，箭线表示活动。双代号网络图 AOA 只使用完成至开始依赖关系的情况，因此有时可能要使用"虚活动"才能正确定义所有的逻辑关系。由于"虚活动"并非实际上的计划活动（无工作内容），因此其持续时间可赋予 0 值。如图 6-3 中的 D 就是"虚活动"，用虚线表示。

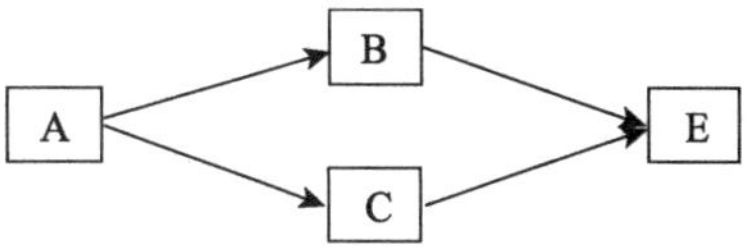

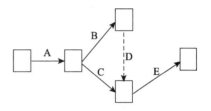

图 6-2　单代号网络图

4. 项目活动排序工作的结果

项目活动排序工作的结果是一系列有关项目活动排序的文件，主要如下。

图 6-3　双代号网络图

（1）项目网络图

项目网络图是有关项目各项活动和对它们之间的逻辑关系进行说明的示意图。项目网络图既可人工绘制，也可用计算机绘制。项目网络图既可以包括项目的所有具体活动，也可以只包括项目的主要活动。项目网络图中附带基本排序符号和活动的简要说明（命名）。

（2）更新后的项目活动清单

在项目活动界定和项目活动排序的工作过程中，通常会发现项目工作分解结构中存在各种问题，而在项目网络图的编制过程中，通常也会发现项目活动排序中存在的问题。为了正确反映项目活动间的逻辑关系，就必须对前期确定的项目活动进行重新分解、界定和排序，以改正存在的问题。当出现这种情况时，就需要更新原有的项目活动清单，从而获得更新后的项目活动清单，而且有时还需要进一步更新原有的项目工作分解结构等文件，如表 6-4 所示。

表 6-4　更新后的项目活动清单

活动名称	A	B	C	D	E	F	G	H
紧前活动			A	A、B	B	C、D	D、E	F、G
活动工期	2	4	10	4	6	3	4	2

三、项目活动工期估算

项目活动工期估算是对项目已确定的各种活动的工期（或时间）的可能长度的估算工作，这包括对每一项完全独立的项目活动工期的估算和对于整个项目的工期估算。这项工作通常应由项目团队中对项目中各种活动特点非常熟悉的人来完成，也可以由计算机进行模拟和估算，再由专家审查确认这种估算。对一项项目活动所需时间的估算，通常要考虑项目活动的作业时间和延误时间。例如，"混凝土浇筑"会因为下雨、公休而出现延误。通常，在输入各种依据参数之后，绝大多数项目计划管理软件都能够处理这类时间估算问题。

（一）估算活动工期的依据和建议

在估算活动持续时间时，可依据如下信息：

- 项目活动清单；
- 项目的约束和假设条件，如时间、空间、环境的要求等；
- 项目资源的数量要求，如所需要的资源种类、数量，资源的可获得性等；
- 项目资源的质量要求，如单位时间内可提供的资源量（资源强度）、资源的工作效率等；
- 历史信息，以往类似工作或活动时间的时间信息、工期定额等；
- 可能存在的风险。

在实际估算项目时间的过程中，还需要注意下面的时间限制。

- 计划外的会议
- 学习曲线
- 竞争优先权
- 假期
- 工作指示的误差
- 中断
- 资源/信息不及时
- 改编

（二）活动工期估算的方法

1. 专家判断法

由于影响活动持续时间的因素太多，如项目资源水平或生产率等，所以常常难以准确估算。如果项目团队的有相关历史信息，就能以历史信息为根据进行项目管理专家判断。同时，各项目团队成员也可以提供持续时间估算的相关信息，或根据以前类似的项目经验提出有关持续时间的建议。这种方法常在项目的早期阶段使用。如果无法请到这类项目管理的专家，则持续时间估算中的不确定性和风险就会增加。

2. 类比估算法

类比估算就是以以前类似计划活动的实际持续时间为依据，估算将来计划活动的持续时间。在项目的早期阶段，当有关项目的详细信息数量有限时，项目负责人就经常使用这种办法估算项目的持续时间。当以前的活动不仅是表面上类似，而且使用该估算方法的项目团队成员具备必要的专业知识时，类比估算最可靠。

3. 模拟法

模拟法是以一定的假设条件为前提进行项目活动工期估算的一种方法。常见的这类方法有蒙特卡罗模拟、三角模拟等。这种方法既可以用来确定每项项目活动工期的统计分布，也可用来确定整个项目工期的统计分布。其中，三角模拟法相对比较简单，这种方法的具体做法如下。

（1）单项活动的工期估算

对于活动工期存在高度不确定性的项目活动，需要给出活动的三个估计时间：乐观时间 t_o（非常顺利的情况下完成某项活动所需的时间）、最可能时间 t_m（正常情况下完成某活动最经常出现的时间）、悲观时间 t_p（最不利情况下完成某项活动的时间），以及这些项目活动时间所对应的发生概率。通常对于设定的这三个时间的概率都服从 β 概率分布。然后，用每项活动的三个估计时间确定每项活动的期望（平均数或折中值）工期，其计算公式如下：

$$t_e = \frac{t_o + 4t_m + t_p}{6} \tag{6-1}$$

（2）总工期期望值的计算方法

在项目的实施过程中，有些项目活动花费的时间比它们的期望工期少，有些比它们的期望工期多。对于整个项目而言，这些多于期望工期和少于期望工期的项目活动耗费的时间有很大一部分是可以相互抵消的。因此所有期望工期与实际工期之间的净总差额值同样符合正态分布。这意味着，在项目活动排序给出的项目网络图中，关键路径（工期最长的活动路径）上的所有活动的总概率分布也是一种正态分布，其均值等于各项活动的期望工期之和，方差等于各项活动的方差之和。依据这些，就可以确定项目总工期的期望值了。

（3）学习曲线

活动工期估算不得不考虑学习曲线的概念。学习曲线（the learning curve）指的是越是经常地执行一项任务，每次所需的时间越少。美国康奈尔大学（Cornell University）的莱特博士发表了关于学习曲线的文章，被美国飞机制造厂商和订货商所接受。美国一家飞机装配工厂的研究证明：生产第 4 架飞机的人工工时，比生产第 2 架所花的时间减少了 20%左右，生产第 8 架飞机只花费了生产第 4 架飞机工时的 80%，而生产第 16 架飞机是生产第 8 架飞机工时的 80%。如表 6-5 所示。此后，学习曲线理论得以被不断补充和完善，并得到广泛应用。

表 6-5 飞机构架加工制造直接人工工时表

产品生产累计数	单件直接人工工时/h	累计直接人工工时/h	累计平均直接人工工时/h	产品生产累计数	单台产品按人工工时/h	累计直接人工工时/h	累计平均直接人工工时/h
1	100000	100000	100000	32	32768	1467862	45871
2	80000	180000	90000	64	26214	2362453	37382
4	64000	314210	78553	128	20972	3874395	30269
8	51200	534591	66824	256	16777	6247318	24404
16	40960	892014	55751	512	13422	10241505	20003

将学习效果数量化绘制于坐标纸上,横轴代表练习次数(或产量),纵轴代表学习效果(单位产品所耗时间)。这样绘制出的一条曲线,就是学习曲线。如图6-4所示。

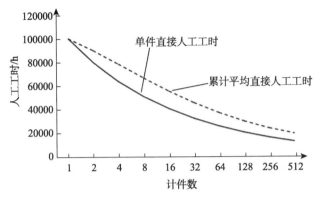

图6-4　学习曲线图

学习曲线图表明经验与效率之间的关系:一个人花费在某项活动上的时间越多,他完成项目的速度就越快、其质量就越高。因此,如果项目的某些活动已经完成过很多次了,那么项目计划人员就可以通过学习效率预测这些活动的持续时间。

学习效率受许多因素的影响,主要有:

- 操作者的动作熟练程度,这是影响学习曲线的最基本因素;
- 管理技术的改善,正确的培训、指导,充分的生产准备与周到的服务,对工资奖励及惩罚等管理政策的运用;
- 产品设计的改善;
- 生产设备与工具的质量;
- 各种材料的连续供应和质量;
- 信息反馈的及时性;
- 专业化分工程度。

(三)项目活动工期估算的工作结果

项目活动工期估算的工作结果主要包括如下几个方面的内容。

1. 估算出的项目活动工期

项目的活动工期估算是对完成一项活动所需时间及其可能性做定量计算,根据对项目各项活动的工期估算可以进一步估算出整个项目所需工期。估算出的项目活动工期应包括对项目活动工期可能变化范围的评估。例如:"项目活动需要 2 周 ± 2 天的时间",这表示项目活动的时间最少需要 8 天,最多不会超过 12 天,最可能的工期是 10 天(每周 5 天工作日)。

2. 项目工期估算的支持细节

这是有关项目工期估算的依据与支持细节的说明文件。其中，项目工期估算的依据给出了项目工期估算中所使用的各种约束条件和假设前提条件、各种参照的项目历史信息，以及项目活动清单、资源需求数量和质量等方面的依据资料和文件。项目工期估算的支持细节包括所有与项目工期估算结果有关的文件与说明。

3. 更新后的项目活动清单和项目工作分解结构

在项目活动估算的过程中，可能会发现项目工作分解结构和项目活动清单中存在的各种问题，因此需要对它们进行修订和更新。如果有这种情况发生，就需要更新原有的项目活动清单，从而获得更新后的项目活动清单和工作分解结构，并将其作为项目工期估算的工作文件与其他项目工期估算正式文件一起作为项目工期估算的工作结果输出。

四、项目进度计划编制

项目进度计划制订是"根据项目活动界定、项目活动顺序安排、各项活动工期估算和所需资源所进行的分析和项目计划的编制与安排"。制订项目进度计划要定义项目的起止日期和具体的实施方案与措施。在制订项目进度计划之前，必须同时考虑这一计划所涉及的其他方面的问题和因素，尤其是对于项目工期估算和成本预算的集成问题，必须予以考虑。

（一）编制项目进度计划的依据

在开展项目进度计划制订以前的各项项目进度管理工作中所生成的文件，以及项目其他计划管理所生成的文件都是项目进度计划编制的依据。其中最主要的有：

1. 项目网络图

项目网络图是在"活动排序"阶段所得到的项目各项活动以及它们之间逻辑关系的示意图。

2. 项目活动工期的估算文件

项目活动工期的估算文件是根据项目时间管理前期工作得到的文件，是对已确定项目活动的可能工期进行估算的文件。

3. 项目的资源要求和共享说明

项目的资源要求和共享说明包括有关项目资源质量和数量的具体要求，以及各项目活动以何种形式与项目其他活动共享何种资源的说明。

4. 项目作业制度安排

项目作业制度安排会影响项目的进度计划编制。例如，一些项目的作业制度规定既可以是只能在白班作业一个班次，也可以是以三班倒的方式进行项目作业。

5. 项目作业的各种约束条件

在制订项目进度计划时，有两类主要的项目作业约束条件必须考虑：强制的时间（项目业主/用户或其他外部因素要求的特定日期）、关键时间或主要的里程碑（项目业主/用户或其他投资人要求的项目关键时间或项目进度计划中的里程碑）。

6. 项目活动的提前和滞后要求

任何一项独立的项目活动都应该有关于其工期提前或滞后的详细说明，以便准确地制订项目的工期计划。例如，对项目定购和安装设备的活动可能会允许有一周的提前或两周的延期时间。

（二）编制项目进度计划的方法

项目进度计划是项目专项计划中最为重要的计划之一，这种计划的编制需要反复地试算和综合平衡，因为它涉及的影响因素很多，而且它的计划安排会直接影响项目集成计划和其他专项计划。目前主要采取关键路径法、模拟法、资源水平法及甘特图法等方法编制进度计划。

1. 关键路径法

在项目的进度计划编制中，目前广为使用且最重要的是关键路径法。关键路径（critical path）是"表示项目最长路径、决定最短时间的活动顺序"。由于关键路径是最长活动顺序，它决定了项目的最早可能完成时间。关键路径上任一活动时间的改变将会影响整个项目的工期。项目经理较晚启动关键路径上的任一活动，就会导致整个项目的完成时间推迟。如果关键路径上某项活动的工作量增加，同样也会导致整个项目推迟。

项目关键路径法（CPM）是一种运用特定的、有顺序的网络逻辑和估算出项目活动工期，确定项目每项活动的最早与最晚开始和完成时间，并做出项目进度计划的方法。关键路径法关注的核心是项目活动网络图中关键路径的确定和关键路径总工期计算，其目的是使项目工期能够达到最短。关键路径法通过反复调整项目活动计划安排和项目资源配置方案，使项目活动网络中的关键路径逐步优化，最终确定合理的项目进度计划。

2. 模拟法

模拟法是根据一定的假设条件和这些条件发生的概率，运用像蒙特卡罗模拟、三角模拟等方法，确定每个项目活动可能工期的统计分布和整个项目可能工期的统计分布，然后使用这些统计数据编制项目进度计划的一种方法。同样，由于三角模拟法相对比较简单，所以一般都使用这种方法模拟估算项目单项活动的工期，然后再根据各个项目可能工期的统计分布做出整个项目的工期估算，最终编制项目的工期计划。

3. 资源水平法

资源水平法，又称"基于资源的项目进度计划方法"，这种方法的基本指导思想是"将稀缺资源优先分配给关键路线上的项目活动"。与假定资源充足的进度计划编制方法相比，采用这种方法制订的项目进度计划往往工期更长，但是更加经济和实用。

4. 甘特图法

这是由美国学者甘特发明的一种使用条形图编制项目进度计划的方法，是一种比较简便的工期计划和进度安排方法。这种方法是在20世纪早期发展起来的，但是因为它的简单明了，所以直至今天仍然被人们广泛使用。甘特图把项目工期和实施进度安排两种职能组合在一起。项目活动纵向排列在图的左侧，横轴则表示活动的工期。每项活动预计的持续时间用线段的长短表示。另外，在图中也可以加入一些其他的信息使其更加一目了然，如表明每项活动由谁负责等方面的信息。简单项目的甘特图如图6-5所示。

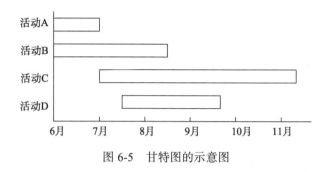

图6-5 甘特图的示意图

5. 项目管理软件法

项目管理软件是一种广泛应用于项目进度计划制订的辅助方法。特定的项目管理软件能够在考虑资源水平的基础上，运用系统分析法快速制订多个可供选择的项目进度计划方案。这对于优化项目进度计划是非常有用的。当然，尽管使用了项目管理软件，但最终决策以及选定一个满意的方案，还是需要由人来进行。

下面重点介绍如何用关键路径法制订项目进度计划。

（三）基于关键路径法的项目进度计划制订

在项目进度计划的制订过程中找出项目的关键路径和关键路径上各项项目活动的估计工期，然后就可以确定整个项目工期估算和项目进度计划。因此，制订项目进度计划的关键是找出项目关键路径。

确定关键路径的方法有两种：二段式法和枚举法。两种方法在活动排序和活动持续时间方面的数据是相同的，只是用不同的方法来处理数据。

1. 二段式法

（1）网络图中时间参数定义与计算

以单代号网络图为例，网络计划时间参数主要包括作业时间、最早开始时间、最早完成时间、最晚开始时间、最晚完成时间、工作总时差等。

①ES表示活动的最早开始时间（earliest start time）。

顺着箭线的方向来计算，第一个活动的最早开始时间可设置为0，其他活动的最早开始时间为它紧前活动的最早完成时间，即最早开始时间加上紧前活动的持续时间后的数值。但要注意当该活动有多个紧前活动时，则该活动的最早开始时间为各紧前活动最早完成时间的最大值。

$$ES = \max[\text{紧前活动 } EF] \qquad (6\text{-}2)$$

②EF 表示活动的最早完成时间（earliest finish time）。

显然，最早完成时间等于活动最早开始时间加上该活动的活动工期。

$$EF = ES + D \quad （D 为本项活动的活动工期） \tag{6-3}$$

③LF 表示活动的最晚完成时间（latest finish time）。

逆着箭线方向来计算，首先将最后一个活动的最早完成时间设置为它的最晚完成时间，然后逆向计算其紧前活动的最晚完成时间。如果一个活动后面有多个紧后活动，该活动的最晚完成时间应等于所有紧后活动的最晚开始时间的最小值。

$$LF = \min[\text{紧后活动的 LS}] \tag{6-4}$$

④LS 表示活动的最晚开始时间（latest start time）。

显然，最晚开始时间等于活动的最晚完成时间和活动的活动工期的差。

$$LS = LF - D \quad （D 为本项活动的活动工期） \tag{6-5}$$

⑤TF 表示活动的工作总时差（total float），总时差就是在不影响总工期的前提条件下，本工作可以利用的机动时间。

$$TF = LS - ES = LF - EF \tag{6-6}$$

⑥FF 表示活动的自由时差（free float），指在不影响紧后活动最早开始时间的前提下，本活动可以利用的机动时间。

$$FF = \min[\text{紧后活动的 ES}] - D - ES = \min[\text{紧后活动的 ES}] - EF \tag{6-7}$$

（2）时间参数在网络图中的表示与标注

在已经计算好网络节点各参数的情况下，将参数按照一定的规则在网络图中进行标注将有利于项目管理者和项目实施者更好地使用项目进度计划。

对于单代号网络图，一般可采用如图 6-6(a)所示的方法对节点进行标注。对于双代号网络图，一般采用图 6-6(b)的方法对其进行标注。

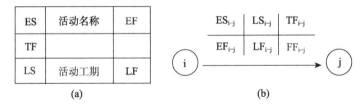

图 6-6　网络图的节点标注

项目活动的完整标注使得应用网络进行计算变得更加容易和方便，如确定关键路径、活动时差、项目历时等。在项目开发早期构建项目网络图时，只要节点的标注完整，那么就可以迅速获得所有关于活动的必要信息。

二段式法是对整个网络进行两种逻辑操作。首先是正向计算，正向计算（forward pass）是"从项目进度计划的开始时间入手，计算最早开始时间和最早完成时间"。正向计算时，项目团队从项目初期开始询问各项活动的开始时间和完成时间。其次是反向计算，反向计算（backward pass）就是"从项目进度计划的完成时间入手，计算最晚开始时间和最晚完成时间"。

例子：绘制表 6-4 所示项目活动的单代号网络图，并用二段式法计算各活动的时间参数。

解：①依据表 6-4 项目活动清单绘制的网络图，如图 6-7 所示。

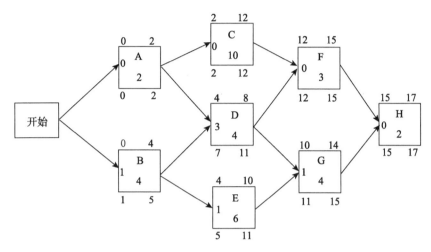

图 6-7　某单代号网络图

②二段式法计算各活动的时间参数。

在网络计划中，通常使用正向计算（forward pass）确定最早完成时间，即最早开始时间加上估算的活动持续时间。工作最早开始时间应从网络计划的起点节点开始。将起点节点的最早开始时间设为零，然后顺着箭线方向依次计算。如表 6-6 所示。

表 6-6　图 6-7 中的 ES 和 EF 计算

活动名称	最早开始时间（ES）	最早完成时间（EF）
A	$ES_A = 0$	$EF_A = 0 + 2 = 2$
B	$ES_B = 0$	$EF_B = 0 + 4 = 4$
C	$ES_C = ES_A + D_A = 0 + 2 = 2$	$EF_C = 2 + 10 = 12$
D	$ES_D = \max(ES_A + D_A, ES_B + D_B) = \max(0 + 2, 0 + 4) = 4$	$EF_D = 4 + 4 = 8$
E	$ES_E = ES_B + D_B = 0 + 4 = 4$	$EF_E = 4 + 6 = 10$
F	$ES_F = \max(ES_C + D_C, ES_D + D_D) = \max(2 + 10, 4 + 4) = 12$	$ES_F = 12 + 3 = 15$
G	$ES_G = \max(ES_D + D_D, ES_E + D_E) = \max(4 + 4, 4 + 6) = 10$	$EF_G = 10 + 4 = 14$
H	$ES_H = \max(ES_F + D_F, ES_G + D_G) = \max(12 + 3, 10 + 4) = 15$	$EF_H = 15 + 2 = 17$

网络计划的计算工期是根据时间参数计算得到的工期，等于以网络计划的终点节点为完成节点的工作最早完成时间的最大值。总工期为：

$$T_C = EF_H = 17$$

反向计算（backward pass）时，工作最晚完成时间应从网络计划的终点节点开始，以网络计划的终点节点为完成节点的工作的最晚完成时间等于网络计划的计划总工期，应逆着箭线方向依次计算。除非用强制日期，否则最后一项活动的最晚完成时间和最早完成时间相同。

在这个例子中，因为总工期为 17 天，所以我们将它作为最后一项活动的最晚完成时间。反向计算过程如表 6-7 所示。

表 6-7　图 6-7 中的 LF 和 LS 计算

活动名称	最晚完成时间（LF）	最晚开始时间（LS）
H	$LF_H = T_C = 17$	$LS_H = LF_H - D_H = 17 - 2 = 15$
G	$LF_G = \min(LS_H) = 15$	$LS_G = LF_G - D_G = 15 - 4 = 11$
F	$LF_F = \min(LS_H) = 15$	$LS_F = LF_F - D_F = 15 - 3 = 12$
E	$LF_E = \min(LS_G) = 11$	$LS_E = LF_E - D_E = 11 - 6 = 5$
D	$LF_D = \min(LS_E, LS_F) = \min(11, 12) = 11$	$LS_D = LF_D - D_D = 11 - 4 = 7$
C	$LF_C = \min(LS_F) = 12$	$LS_C = LF_C - D_C = 12 - 10 = 2$
B	$LF_B = \min(LS_D, LS_E) = \min(7, 5) = 5$	$LS_B = LF_B - D_B = 5 - 4 = 1$
A	$LF_A = \min(LS_C, LS_D) = \min(2, 7) = 2$	$LS_A = LF_A - D_A = 2 - 2 = 0$

正向计算和反向计算完成之后，每项活动的最早、最晚开始时间，以及项目总的花费时间便确定了。然而，团队需要确定关键路径，关键路径可以用时差来确定。时差可以是总时差，即"在不影响总工期的前提下，本工作可以利用的机动时间"；或者是自由时差，即"在不耽误任何后续活动最早开始时间的条件下，计划活动可以推迟的时间量"。项目经理想知道各项活动的时差，以此来确定他们的主要时间和精力应该放在哪，有较大时差的活动就可以更灵活地安排，不需要项目经理过于关心；而没有时差或者时差很少的活动就需要项目经理谨慎安排。总时差和自由时差的计算过程如表 6-8 所示。

表 6-8　图 6-7 中总时差计算

活动名称	总时差 TF	自由时差 FF
A	$TF_A = LS_A - 0 = 0 - 0 = 0$	$FF_A = \min[ES_C, ES_D] - EF_A = 2 - 2 = 0$
B	$TF_B = LS_B - ES_B = 1 - 0 = 1$	$FF_B = \min[ES_D, ES_E] - EF_B = 4 - 4 = 0$
C	$TF_C = LS_C - ES_C = 2 - 2 = 0$	$FF_C = ES_F - EF_C = 12 - 12 = 0$
D	$TF_D = LS_D - ES_D = 7 - 4 = 3$	$FF_D = \min[ES_F, ES_G] - EF_D = 10 - 8 = 2$
E	$TF_E = LS_E - ES_E = 5 - 4 = 1$	$FF_E = ES_G - EF_E = 10 - 10 = 0$
F	$TF_F = LS_F - ES_F = 12 - 12 = 0$	$FF_F = ES_H - EF_F = 15 - 15 = 0$
G	$TF_G = LS_G - ES_G = 11 - 10 = 1$	$FF_G = ES_H - EF_G = 15 - 14 = 1$
H	$TF_H = LS_H - ES_H = 15 - 15 = 0$	$FF_H = T_C - EF_H = 17 - 17 = 0$

由表 6-7 可知，项目活动 A、C、F、H 的总时差为 0，构成了关键路径。如果活动 C

延迟了，那么活动 F 和 H 的开始时间也会相应延迟。活动 B、D、E 都有时差，不在关键路径上。如果活动 B 延迟了，也会推迟活动 D、E 的开始。活动 B 有总时差，虽然活动 B 延迟 1 天不会耽误总项目工期，但会延迟活动 D、E 的开始。另外，活动 D、G 可以分别延迟 3 天、1 天，不会耽误任何其他活动。这个时差是自由时差，既不影响项目整体，也不影响任何活动的时差。

在关键路径上，项目各项工作的总时差均为零，即由工作总时差为零的工作连接成的从始点到终点的路径就是关键路径。由项目关键工作和关键路径的定义，我们可以得到这样几个要点。

- 项目的总工期是由关键路径的工作总时间决定的。
- 由于关键路径上各项工作的总时差均为零，所以其中任何工作如果不能按期完成，就会使整个计划完工期推迟相同的时间。
- 如果要缩短项目的计划完工期限，应当设法缩短某个或某些关键工作的活动工期，而缩短非关键工作的活动工期，对计划完工期没有影响。
- 某个项目网络计划中的关键路径可能不止一条。

综上所述，总时差的变化对网络图总工期的影响是很明显的。不难看出，在对项目进行时间管理时，必须把重点工作放在关键活动上，保证关键活动上的人、财、物等资源的供应。只有严格控制活动持续时间，才能有效保证项目在总工期内完成。

2. 枚举法

第二种确定关键路径的方法是枚举法。枚举法首先需要列举贯穿网络图的所有路径，优点是将项目网络图中的所有路径都列出并安排，若项目团队想要压缩进度，要同时考虑关键路径与其他近关键路径（时差很小的路径）。同时掌握关键路径和近关键路径对压缩进度计划非常重要。在图 6-7 中，识别出六条路径，并计算每条路径的工期如表 6-9 所示。在图 6-7 中，ACFH 为关键路径，时间预计是 17 天，与二段式法确定的结果一样。此外，在采用枚举法确定关键路径的

表 6-9　图 6-7 中所有路径

路径	总时间
ACFH	17
ADFH	11
ADGH	12
BDFH	13
BDGH	14
BEGH	16

同时，我们还知道 BEGH 路径预计 16 天（比关键路径少 1 天），BDGH 路径预计 14 天（比关键路径少 3 天）。

由于项目成本、项目范围等会影响对项目中活动工期等的估算，因此项目进度计划的确定在项目成本计划等其他计划制订完成后才能最终确认。项目经理只有全面地考虑问题，才能更好地对活动工期进行估算。在某些情况下，项目进度计划的制订主要依赖于活动，只有在一些特定情况下，项目进度计划的制订才会受资源的限制。具体情况如表 6-10 所示。

表 6-10　依赖于活动的进度计划与依赖于资源的进度计划特点对比

对比维度	依赖于活动	依赖于资源
确定规模后的项目时间	早	晚
活动期间的准确性	好	一般
资源学习效率	小	大规模
资源特殊性	通用的	特殊的
资源可用性	简单易用	限制
紧前活动的稳定性（顺序）	绝对	可选择
活动同时性	很少	大量

（四）其他项目进度计划表现形式

项目进度至少应该包括每项工作的计划，包括开始日期和期望完成日期。项目进度计划可以以提要的形式（称为主进度），或者以详细描述的形式表示；可以表示为表格的形式，但用图形描述更直观易懂，因此更常用的是以多种形式的图形对项目进度计划加以描述。主要的项目进度表示形式有计划评审法、里程碑计划、甘特图（又称横道图）、时标网络图等。

1. 计划评审法

PERT 和 CPM 都是用于项目进度计划制订的网络计划技术。操作上，PERT 方法与 CPM 方法非常类似，两者的主要区别在于：在活动的工期估算上，CPM 是以经验数据为基础确定各项工作的时间，而 PERT 则把各项活动的工期作为随机变量来处理。运用 PERT 项目团队可以像上面描述的那样由网络图上一系列连续活动开始项目，只不过需要在各项活动的工期估算上，计算各项活动的期望工期。所以，前者往往被称为确定型网络计划技术，而后者往往被称为非确定型网络计划技术。前者是以缩短时间、提高投资效益为目的，而后者能指出缩短时间、节约费用的关键所在。因此，将两者有机结合可以获得更显著的效果。

PERT 是为更好地理解单个活动的活动工期变化对整个项目影响而产生的，PERT 的优点是可以使每个人都认识到项目进度计划中存在不确定性。

例如，在图 6-7 中，若采用计划评审技术，就需要估算三个时间。假定图 6-7 中网络图中各活动的乐观持续时间、最可能持续时间和悲观持续时间如表 6-11 所示。则可以计算出活动的持续时间期望、总时差和方差。

表 6-11　PERT 时间估计示例

活动名称	三种时间估计			活动工期期望	关键路径上的活动工期期望 t	σ^2
	a	m	b			
A	1	2	3	2		
B	2	4	12	5	5	25/9
C	4	10	16	10		
D	3	4	11	5		
E	2	6	16	7	7	49/9

续表

活动名称	三种时间估计			活动工期期望	关键路径上的活动工期期望 t	σ^2
	a	m	b			
F	2	3	10	4		
G	2	4	12	5	5	25/9
H	1	2	9	3	3	16/9
					20	12.78

计算关键路径上各活动的方差和工程完工时间的均值、方差。计算结果见表 6-11。由表 6-11 可以计算出，关键工序上的总方差为 $\delta^2 = \frac{25}{9} + \frac{49}{9} + \frac{25}{9} + \frac{16}{9} = 12.78$，标准差为 $\delta = 3.57$。图 6-8 给出了总概率曲线与其标准差的图示。

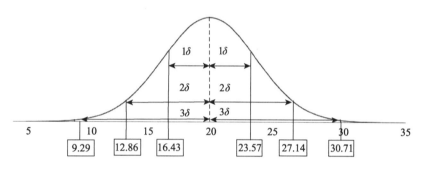

图 6-8 项目实例的正态概率分布

图 6-8 是一个正态曲线，其在 16.43 天与 23.57 天之间（即在±1δ 的范围内）包含的总面积是 68.2%；在 12.86 天和 27.14 天之间包含的总面积是 95.5%；在 9.29 天与 30.71 天之间包含了总面积的 99.7%。对于这些概率分布可以解释如下：在 9.29 天到 30.71 天之间完成项目的可能性为 99.7%（概率为 0.997）；在 12.86 天到 27.14 天之间完成项目的可能性为 95.5%（概率为 0.955）；在 16.43 天到 30.71 天之间完成项目的可能性为 68.2%（概率为 0.682）。

PERT 适用于从未经历过的科研、新产品开发等工程项目，活动工期是不确定的，故又被称为"非确定型网络计划法"。计划评审技术与关键路径法在网络的编制和时间参数的计算方法上基本相似。由于每一活动工期是估计的三个不同时间值，需要利用统计规律求出一个平均值，使一个非确定型网络转化为一个确定型网络。

2. 里程碑计划

里程碑计划是一个重要形式的目标计划，它表明为了达到特定的里程碑，需要去完成一系列活动。里程碑计划通过建立里程碑和检验各个里程碑的到达情况，来控制项目工作的进展和保证实现总目标，如表 6-12 所示。

表 6-12　里程碑计划表实例

事件	时间							
	1月	2月	3月	4月	5月	6月	7月	8月
签署分包合同			△					
技术要求说明书定稿				△				
系统审查					△			
子系统测试						△		
第一个单元支付							△	
生产计划完成								△

3. 甘特图

甘特图（Gantt chart），又称横道图、条状图（Bar chart），在现代的项目管理里被广泛应用。甘特图是一种最容易理解、最容易使用，并且最全面的项目进度计划形式。它可以预测时间、成本、数量及质量上的结果，还能帮助你考虑人力、资源、日期、项目中重复的要素和关键的部分。以甘特图的方式，如图 6-9 所示，可以直观地看到任务的进展情况、资源的利用率等。甘特图绘制步骤如下。

（1）明确项目牵涉的各项活动，内容包括项目名称（包括顺序）、开始时间、工期、任务类型（依赖/决定性）和依赖于哪一项任务。

（2）创建甘特图草图，将所有的项目按照开始时间、工期标注到甘特图上。

（3）确定项目活动依赖关系及时序进度，使用草图，按照项目的类型将项目联系起来，并安排项目进度。

（4）计算单项活动的工期。

（5）确定活动任务的执行人员及适时按需调整工时。

（6）计算整个项目工期。

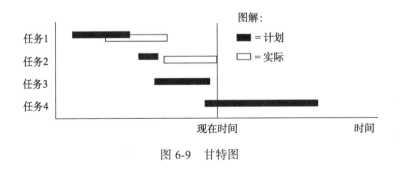

图 6-9　甘特图

第三节　项目进度计划压缩

压缩项目进度，节约项目时间对项目干系人有重要利益。在项目工期已知的情况下，项目经理可以与发起人或顾客期望的时间（合同工期）进行比较。如果计划工期比合同工期的时间长，便需要压缩关键路径上的时间，因为关键路径是最长的，决定着整个项目的工期。

在压缩关键路径工期时，可以采用如下方法。
- 缩小项目范围或质量；
- 利用完成—完成、开始—开始或开始—完成关系将部分连续活动重叠；
- 利用超前时间部分重叠连续活动；
- 增加每天的工作时间和每周的工作天数；
- 将平时连续进行的活动并行列入进度计划；
- 分配更多资源，以缩短活动工期；
- 对关键路径上赶工成本最少的活动进行赶工。

如需缩小项目范围或者降低质量，通常需要得到发起人或顾客的同意。缩小范围很常见，有时原始范围包含了一些华而不实的东西，只要发起人或顾客明白这些对进度计划的影响后便会同意放弃。降低质量的方法很少采用。另外，还有两种适用于压缩进度计划的技术：赶工和快速跟进。赶工是"通过追加资源使用最小增量成本缩短持续时间的技术"。快速跟进则是"将正常情况下按先后顺序进行的活动或阶段重叠起来，或者平行展开计划活动的一种快速压缩技术"。

区分赶工和快速跟进的简单方法是识别为加速进度计划放弃了什么。赶工几乎完全是依靠花费更多的钱（加班费）来加快进度；快速跟进则通过增加风险来加快进度。两种方法都增加了管理的难度，因为不是更多活动要求工人加班完成，就是更多活动堆积在同一时间。

一、赶工分析

当一个项目进度计划需要赶工时，某些活动会以超出正常速度的方式执行，这需要采用更多的设备或人力资源，因而需要为此支付加班费，同时会要求支付快速交付的额外费用。选择是否加速某活动需从以下两方面考虑：第一，只找关键路径上的活动赶工，因为关键路径决定了项目的总工期，只有加速在关键路径上的活动才有意义；第二，找赶工成本低的活动赶工，从经济性出发，比较关键路径上的能赶工的活动的赶工成本，选择赶工成本低的活动进行赶工。

举例：图 6-7 所示的项目需要进行赶工，请制订相应的赶工计划（注意图 6-10 中的信息，在赶工时用来记录时间和成本）。

第一个表格为路径列表以及各自的工期。我们只想对关键路径上的活动进行赶工，当缩短一项活动的工期时，就要记录其对路径的影响。

第二个信息表格列出了各项活动在正常情况下的活动工期和成本（不赶工情况下的成本和预期时间）、赶工成本（最快完成活动所需的时间、赶工增加的成本）及赶工单位值（在这个例子中为每天的成本）。关键路径上的活动被识别出来，用"▼"标记。活动 A、E、H 的赶工时间与正常时间一致，这意味着它们不可赶工，所以用删除线划掉了。利用这些信息来确定花费最少、缩短关键路径持续时间的可赶工的活动。

第三个信息列表用来记录项目持续时间，选择加快哪些活动、成本是多少、累积成本是多少。

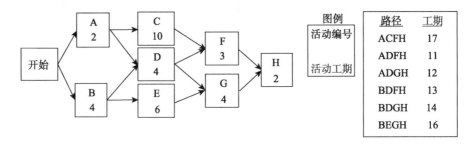

活动	正常时间/天	正常成本/元	赶工时间/天	赶工成本/元	每天的赶工成本/元
▼A	~~2~~	~~400~~	~~2~~	~~400~~	N/A
B	4	200	2	400	100
▼C	10	500	7	650	50
D	4	160	2	260	50
~~E~~	~~6~~	~~300~~	~~6~~	~~300~~	N/A
▼F	3	150	2	250	100
G	4	400	3	475	75
▼H	~~2~~	~~200~~	~~2~~	~~200~~	N/A

项目工期/天	活动赶工时间和	增加的赶工成本和/元	累积赶工成本/元
17	—	0	0

图 6-10　赶工示例

分析：项目活动 A、C、F 和 H 在关键路径上，活动 A 和 H 都不能赶工。活动 C 每天的赶工成本是 50 元，活动 F 每天的赶工成本是 100 元，活动 C 是花费最少的选择。所以首先赶工活动 C。要注意的是，只在关键路径上选择可以进行赶工并且花费少的活动。即使其他活动赶工的花费可能更少，但因为其不在关键路径上，所以不予选择。活动 C 的进度加快 1 天，相关项目结果显示在图 6-11 所示的信息表格中。

在第一个表格中，因为赶工 C，路径 A、C、F、H 减少到了 16 天；在第二个表格中，由于赶工，活动 C 显示只用 9 天；在第三个表格中，项目工期现在为 16 天。活动 C 赶工后，增加的成本为 50 元。到目前为止，由于只有 C 赶工，所以累积成本也一样。现在有两条关键路径均为 16 天。第二条关键路径活动 BEGH 用"▼"标记。

若进一步赶工，则两条关键路径都需要缩短。可以两条路径都赶工一项活动，如第一条路径的 C 或 F，第二条路径的 B 或 G，也可以赶工两条路径共有的活动。这里共有的活动是 H，因其无法通过赶工缩短持续时间，所以赶工共有活动在此项目中不可行。成本最少的选择为活动 C 和 G，只需 125 元，C 和 G 赶工后的时间显示为 8 天和 3 天。结果如图 6-12 所示。

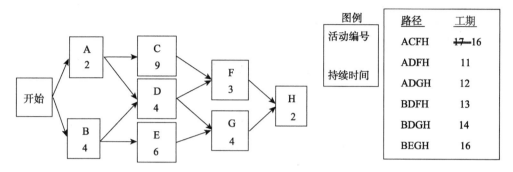

图 6-11 第一轮赶工分析

两轮过后，每条关键路径都只需要 15 天。因为 G 被赶工，所以路径 ADGH 和路径 BDGH 也同样缩短。由于 G 不能被赶工，所以划掉 G。项目赶工 2 天的累积成本为 175 元。

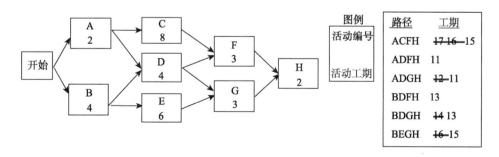

图 6-12 第二轮赶工分析

活动	正常时间/天	正常成本/元	赶工时间/天	赶工成本/元	每天的赶工成本/元
▼A	2	400	2	400	N/A
△B	4	200	2	400	100
▼C	~~10~~ ~~9~~ 8	500	7	650	50
D	4	160	2	260	50
△E	6	300	6	300	N/A
▼F	3	150	2	250	100
△G	~~4~~ 3	400	3	475	~~75~~
▼△H	2	200	2	200	N/A

项目工期/天	活动赶工时间和	增加的赶工成本和/元	累积赶工成本/元
17	—	0	0
16	C	50	50
15	C&G	50+75=125	50+125=175

图 6-12（续）

图 6-13 列出了继续赶工直到不再值得赶工为止的计划，称为"全赶工"进度计划。在此项目中，即使 D 可以被赶工，但由于 D 的赶工并不能减少关键路径的持续时间，因此 D 不值得被赶工。"全赶工"进度计划示例见图 6-13。

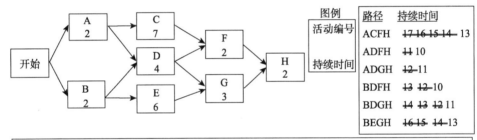

路径	持续时间
ACFH	~~17~~ ~~16~~ ~~15~~ ~~14~~ 13
ADFH	~~11~~ 10
ADGH	~~12~~ 11
BDFH	~~13~~ ~~12~~ 10
BDGH	~~14~~ ~~13~~ ~~12~~ 11
BEGH	~~16~~ ~~15~~ ~~14~~ 13

活动	正常时间/天	正常成本/元	赶工时间/天	赶工成本/元	每天的赶工成本/元
▼A	2	400	2	400	N/A
△B	~~4~~ ~~3~~ 2	200	2	400	~~100~~
▼C	~~10~~ ~~9~~ ~~8~~ 7	500	7	650	~~50~~
D	4	160	2	260	50
△E	6	300	6	300	N/A
▼F	~~3~~ 2	150	2	250	~~100~~
△G	~~4~~ 3	400	3	475	~~75~~
▼△H	2	200	2	200	N/A

项目工期/天	活动赶工时间和	增加的赶工成本和/元	累积赶工成本/元
17	—	0	0
16	C	50	50
15	C&G	50+75=125	50+125=175
14	B&C	100+50=150	175+150=325
13	B&F	100+100=200	325+200=525

图 6-13 "全赶工"示例

运用赶工方法，能回答诸如以下问题。

- 当需要缩短项目工期时，我们首先应该对什么活动进行赶工？
- 对某些活动进行赶工是否能够缩短项目工期？
- 对什么活动进行赶工能够花费最少？

二、快速跟进

快速跟进方法是指为加速项目的完成，将在正常情况下连续进行的项目活动同时执行。如在图 6-10 中，A、C 活动同时执行一定能加快项目进度，因为 A、C 均为关键路径上的活动。但在加快进度的同时，要同时考虑加快进度带来的某些风险。在快速跟进的同时控制项目风险的一个有效策略，就是调整活动间的依赖关系，利用前提和后置，来重叠一部分活动。部分活动重叠比全部活动重叠的风险更小。另一个有效策略是只将部分活动进行重叠，并加强对这些活动的管理。在现实情况中，一般会选择重叠项目关键路径上持续时间最长的活动。

本章小结

加强项目进度管理、节约时间，是项目业主、用户、项目团队等项目干系人的共同心愿，因为缩短项目时间可以节约成本、减少项目风险。因此，一般而言，按时或提前交付项目成果会给业主带来经济利益，所以通常会受到鼓励或奖励。项目进度计划是明确任务、合理调度资源的基础，是项目经理必须掌握的管理技能之一。

项目进度管理就是对项目任务时间以及任务之间的逻辑顺序关系进行一种合理安排的过程。项目进度管理是围绕活动定义、活动排序、活动资源估算、活动持续时间估算、项目计划编制、项目进度控制等主线展开的。关键链路径法、计划评审技术等是项目进度管理的常用方法，项目进度管理与优化体现了抓关键和抓主要矛盾的辩证思维。

思考题

1. 项目计划评审技术与项目关键路径法有什么区别？
2. 减少关键路径的长度是否能够减少同等数量的项目工期？
3. 在项目中可以采用哪些方法提高有效工作时间？项目时差有哪些作用？
4. 思考项目活动工期估算的影响因素。
5. 思考如何平衡时间和资源。

计算题

已知某项工程的活动清单如表 6-13 所示。请绘制网络图，并根据关键路径确定工程周期，计算活动时差。

表 6-13 某项工程的活动清单

活动名称	紧前活动	活动工期（天）	活动名称	紧前活动	活动工期（天）
A	—	4	F	C,D	9
B	—	6	G	C,D	7
C	A	6	H	E,F	4
D	B	7	I	G	8
E	B	5			

案例分析题

制定电子商务平台开发进度计划

即测即练

自学自测 扫描此码

第七章 项目资源与成本管理计划

学习目标

知识目标

1. 了解项目成本的构成要素及管理原则;
2. 掌握编制项目资源计划的方法;
3. 掌握项目成本估算的方法及需要考虑的问题;
4. 掌握确定目标成本及编制成本预算;
5. 了解项目成本分析以及项目成本控制的相关方法。

能力目标

1. 了解项目成本构成及相关信息,提高项目成本估算和预测能力;
2. 确定科学合理的成本目标,提高项目成本控制能力;
3. 理解项目进度、项目质量等与成本的关系,提高统筹与协调整体能力;
4. 培养依靠科技进步,如新技术、新材料、新方艺、新机具、新方法等降低成本的能力。

引导案例

引导案例

第一节 项目成本构成

投资者、承包商和其他重要干系人都非常关心项目成本状况。项目生命周期各阶段成本耗费差异很大。项目启动阶段主要是市场调查费、可行性研究费等,项目规划阶段主要是设计费和招投标成本,这两个阶段的成本数量较小。项目实施阶段资源及劳动力投入最集中,可能包括采购费、研制费、开发费、分包费、人工费等,占项目总成本的 80%~90%,这个阶段是成本管理的重点。项目成本管理是指为使项目实际成本不超过项目预算而进行的项目资源计划、项目成本估算、项目成本预算及控制等过程。

一、项目成本构成类型

项目启动阶段,项目团队要开始识别与项目相关的所有可能成本,并编制发起建议书

（项目章程）进行项目成本估算。一个简化的成本估算最后表现为一个概要数字，但是大部分业主或客户希望清晰地了解项目总价以及所有相关项目成本的详细列表。例如，一个建筑商可能只向潜在客户透露建筑工程项目总成本，但是客户很可能会要求其分解项目成本，以确定哪些项目成本用在哪些地方。项目成本构成的类型可依据不同标准进行划分，如表7-1所示。

表7-1 项目成本类型的划分

划分标准	项目成本
以费用计入项目成本的方式	直接成本/间接成本
发生频率	经常性成本/一次性成本
变动机会	固定成本/可变成本
进度	正常成本/加急成本

1. 直接成本/间接成本

项目成本按费用计入项目成本的方式不同，项目成本可分为直接成本和间接成本。直接成本指那些由于该项目而发生的成本，往往分为直接人工成本、直接材料成本和其他直接成本。例如，直接人工包括在项目中雇用的工人和当项目完成时解散或转入新项目的工人，但成本会计或其他项目资源等支持人员属于间接成本，不属于直接人工成本。如在制造业中，工人一般都会分配到指定的机床上，负责某些具体的操作生产过程。在这种情况下，直接人工成本就可以按照具体的工序来计算，计算直接人工总成本的公式可简化为：

$$直接人工费率 \times 总工作时间 = 直接人工总成本 \tag{7-1}$$

直接材料成本则指完成项目所必需的各种材料费用。其他直接成本包括该项目中的差旅费、咨询费、转包费等。

间接成本指那些用于保证组织正常运行的成本，但与特定项目没有关系。例如公司员工的工资、公司建筑的成本、福利、保险和文书补助等，这些成本被分摊到整个项目和能获得利益的其他工作上。

2. 经常性成本/一次性成本

成本还可以分为经常性成本和一次性成本。经常性成本指在项目中不断重复发生的成本，就像编写代码和砌砖。一次性成本指在项目中只发生过一次的成本，如制定设计方案，一旦得到批准就会用于指导项目团队。一次性成本一般用于项目的启动和收尾阶段；而经常性成本通常用于项目的实施阶段。

3. 固定成本/可变成本

成本可以划分为固定成本和可变成本。固定成本是指那些不管如何工作仍保持它原有的大小和容量的成本。例如，有个项目需要购买一台电脑，那么不管如何使用这台电脑，买电脑花的钱是不变的。可变成本是指随工作量的变化而变化的成本。例如，建一堵水泥墙，水泥的成本会随着墙体体积的变化而变化。

项目经理只有权衡固定成本和可变成本的利弊，才有可能花费最低的成本完成项目。

对许多项目来说，项目经理可以选择性地执行某些活动，这些选择反映出了项目经理在高的固定成本和低的可变成本之间的抉择。例如，一台昂贵的机器可用低固定成本的机器代替，但低价机器需要更多的工人操作，会增加直接人工成本，项目经理如何做才能最有效地降低项目成本呢？这就需要将固定成本和可变成本相结合进行考虑。

4. 正常成本/加急成本

成本也可以划分为正常成本与加急成本。正常成本是按规定工作时间和协议完成项目进度而发生的成本。加急成本是因工人加班或供应商额外付费使项目提前完成而发生的成本。这两种成本的对比表明了时间限制和资源成本估计的重要性。

二、项目成本管理原则

1. 全生命周期最低原则

项目成本管理的目的是确保项目在批准的成本预算内完成。站在项目经理的角度看，只要完成项目活动所需的成本不超出预算，就可以很好地完成项目成本计划。但若站在客户的角度，除需考虑项目完成所需的成本外，还应考虑项目完成交付后的使用成本。如果为了节约项目建设成本而降低设计标准，采用质次价廉的材料，则必然会为项目产品的运行和维护留下隐患。如我国楼房节能设计标准普遍较低，墙体隔热保温效果差，因此每年冬季取暖、夏季制冷要浪费很多电力或煤炭，建设成本低而使用成本高。

2. 全面成本管理原则

项目成本受项目范围、质量、工期、价格和管理水平等因素影响，必须从多方位进行项目成本管理。项目范围界定了完成项目的工作内容，决定了要消耗的资源数量，从根本上确定了成本发生的数额。项目设计质量标准决定了使用资源的质量、工艺水平、设备水平，以及开发的时间，进一步影响了成本。如为了提高房屋的抗震等级，把砖混结构方案改为框架结构，这就需要投入更多的钢材和水泥，导致成本将上升。降低质量标准固然能降低成本，但质量标准不能无限降低，如果为了降低成本而使质量低到不能满足正常使用，则因返工维修甚至重新建设造成的损失反而会增加项目总成本。项目工期越长，不可预见的因素越多，资源涨价的风险越大，也就越可能导致项目成本增加。项目经理可以通过对资源和成本的精细化管理，合理安排采购和库存，提高设备的利用率，减少"窝工"现象，杜绝质量和安全事故，减少成本消耗。

3. 成本责任制原则

项目总成本目标确定后，应分解落实到团队和个人，作为一项考核的指标，有利于他们重视成本控制。企业把项目总成本作为项目经理的考核指标，项目经理为了有效控制成本，将成本目标逐级分解，每个人交纳风险抵押金，对节约和超支个人进行奖惩，这便是成本责任制原则。如果成本责任不落实到个人，成员不是发自内心地积极控制和节约成本，那么即使项目经理亲自督促，成本目标也很难实现。

4. 事前控制优先原则

如果整个项目结束时发生了成本超支的情况，那么从项目效率角度来说该项目就是失败的。项目经理应尽可能提前预测成本趋势，在发现成本微小偏差后及时采取措施，以免偏差扩大，导致不良后果。在项目实施过程中，若项目经理发现近期所需材料价格持续上涨，那么为了减少物价上涨对后期材料采购的影响，应提前备货增加该材料库存量。

第二节　项目资源计划

开展项目一般都会消耗各类资源。项目资源主要包括人、材料、设备和资金等，分为可重复使用的资源和一次性使用的资源。人力资源、机械设备等在一个项目使用完毕后，可以转移到新项目重复使用，它们的成本主要取决于使用时间的长度，这类资源的管理重点是合理组织、统筹安排、充分发挥其工作效率。一次性使用的资源对项目成本的影响由其自身的价值决定，这类资源的管理重点是合理采购，最大限度减少浪费。资源种类、数量及价格决定了项目直接成本，只有详细确定项目对资源的需求，成本估算才会更准确。

每个项目都会受到资源的限制，资源缺位有时会将项目推到绝境。例如，某项目需要一台大型的设备，但供应商没有办理超限货物运输手续就安排卡车送货，在高速公路被治理超限超载的检查站拦下，送货人员与检查人员发生争执，货物被扣留多日，项目现场被迫停工。有的项目所需要的资源也是其他项目需要的，而项目经理没有意识到这一点，没有提前向公司资源管理部门申请并做出安排，当申请使用这个关键的人或者设备时，才发现已被调往其他项目。为了避免这类问题，项目团队必须及时制订项目资源计划。

编制资源计划就是确定完成项目所需的物质资源的种类（人、设备、原材料）以及每种资源的需求数量，即确定在项目执行过程中，每一项工作需要什么资源、需要多少，以及投放的时间，该项目过程与成本估算紧密相连。项目资源计划的主要输出结果是一份资源需求清单。

一、资源估算依据

1. 工作分解结构

工作分解结构（WBS）是资源计划的基础。当利用 WBS 进行项目资源计划时，工作划分得越细、越具体，所需资源种类和数量越容易估算。工作分解自上而下逐级展开，各类资源需要量可以自下而上逐级累加，以此便得到了整个项目的各类资源需要。

2. 项目进度计划

项目进度计划是其他计划（如资源、质量、成本、采购等计划）的基础。资源计划必须服务于项目进度计划，什么时候需要何种资源是围绕项目进度计划的需求而确定的。

3. 历史信息

历史信息记录了以前类似工作使用资源的需求情况，如能获得这些资料，无疑对现在的工作资源需求的确定有很大的参考作用。

4. 项目范围说明书

范围说明书描述了项目目标，确定了项目可交付成果，明确了哪些工作是属于项目该做的，而哪些工作不应包括在项目之内。对项目范围说明书的分析可进一步明确资源的需求范围及数量，因此在编制项目资源计划时应该特别考虑。

5. 资源库描述

资源库描述是对项目拥有的资源存量的说明，通过对资源库的分析可确定资源的供给方式及资源库描述。项目资源计划必须掌握资源获得的可能性。资源库详细的数量描述和资源水平说明对资源安排有特别重要的意义。

6. 组织策略

项目实施组织的组织方针体现了项目高层在资源使用方面的策略，可以影响人员招聘、物资和设备的租赁或采购，对如何使用资源有着重要作用。因此，在资源计划的过程中还必须考虑项目的组织方针，在保证资源计划科学合理的基础上，尽量满足项目组织方针的要求。

二、编制资源计划的步骤

1. 资源需求分析

首先要确定工作包中每一项活动所需资源的种类和数量，根据定额或经验数据确定人力资源、材料、设备需求量及其使用时间。复杂项目所需资源的种类成百上千，确定其种类可能会有遗漏或冗余。有房子装修经历的人都知道，如此简单的一个项目，业主却要往建材市场跑无数遍，主要原因是资源需求计划不详细，所以总会有遗漏之处。表 7-2 是一个项目活动资源需求表。

表 7-2 项目活动资源需求表

项目名称：		准备日期：		
WBS 编号	工作包名称	资源类型	数量	说明

在过程清晰的项目中建立项目资源分解结构（resource breakdown structure，RBS），可以帮助项目资源管理者快速确定资源种类。资源分解结构是按照资源类别和类型划分的资源层级结构。资源类别分为人力、原材料、工具和费用四个部分。图 7-1 是一个项目资源分解结构，人力资源包括结构设计师、建筑师、电气工程师和项目管理团队等。工具包括大型机械、动力设备和手用工具等。资源分解结构对新项目有很大益处，可以快速确定资源种类。项目经理可参考资源分解结构，根据项目差异调整某些资源的种类或数量，进而大大减少分析资源种类的工作量和差错率。

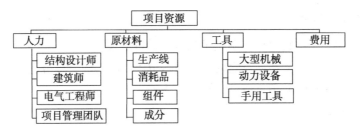

图 7-1　项目资源分解结构（RBS）示例

2. 项目资源分析

分析企业和项目组织现有资源储备情况和外部市场上相关资源的分布、价格和获取渠道。内部资源如开发部门拥有的工程师和设备数量、素质及其可用性，如果已经调往其他项目，则需分析新项目的资源可获得性，如项目经理发现内部人员不足，就必须清楚从哪些渠道可以解决人员问题，如人才市场招募，并与其他项目经理协商调剂，或者将这些工作分包出去。

3. 资源成本比较与资源组合

完成同样的工作可以使用不同的资源，不同资源的价格是不同的，到底使用哪一种资源呢？一是比较资源使用成本的大小，选择成本低的资源；二是看完工时间，完成该项任务的时间必须满足工期要求，在工期紧张的情况下，只能采用效率高的资源。如燃气管道铺设要开挖道路，挖掘机效率高而人工开挖速度慢，如果工期紧张就首选挖掘机方式。

项目中的许多资源不是单独使用的，要与其他资源配合或集成才能使用。如钢筋和混凝土、水泥和沙子、挖掘机与司机、搅拌机与原料等，资源之间要保持一定的比例才能使每一种资源都得到有效利用。适当配置资源组合中的廉价资源，充分发挥昂贵资源的使用率可以节约资源成本。例如，工程项目中租赁的挖掘机价格较高，司机人工成本相对较低，因此为了充分利用挖掘机，应多配备司机，轮流操作可以节约租赁成本。

4. 资源计划编制

将项目所需的各种资源的数量、使用时间和获得方式等信息汇总起来就形成了资源计划，资源计划可以以表格的方式进行描述。见表 7-3。

表 7-3　项目资源计划表

项目名称：						执行组织：					
WBS 编号：						任务名称：					
任务描述 1. 开发数据收集模板；2. 组织收集系统所需数据；3. 进行数据汇总与甄别											
时间（各阶段的工作时间）											
类别	1月	2月	3月	4月	5月	6月	7月	8月	9月	10月	11月	12月
资源描述												
人员技能要求												
计划准备人：						项目经理签字：					

第三节　项目成本估算

项目成本估算（cost estimating）是根据项目资源计划所确定的资源需求及市场上各种资源的价格信息对成本进行估算。成本估算是项目成本预算及项目成本控制的前提，是项目成本计划的核心内容。在项目初期，项目经理需要制定成本估算以确保他们的项目章程得到批准。由于项目的细节很难确定，因此估算结果只能是近似值。随着项目范围、进度计划、资源计划的明确，成本估算也越来越准确。

一、项目成本估算的依据

项目成本估算的依据有项目范围说明书、工作分解结构、项目进度计划、资源需求、资源市场价格信息、工序工期估计、项目风险登记册、历史信息、项目档案（参加项目的一个或多个组织保存的以前项目结果的记录）、商业成本估计数据库、项目队伍的知识，以及账目表（用来报告财政信息的编码结构）等。

二、成本估算的精确性和时间的选择

项目经理需要知道项目各阶段成本估算的精确性要求以及如何使用。在项目启动阶段，项目经理掌握的信息较少，项目成本很难准确估算。随着项目的进行，项目成本估算会越来越准确，直至项目实施完毕，项目成本才能被完全确定。很多组织对他们的估算都有特别的名字和指导，并且变化性很大。通常情况下，应对其估计值及可信程度进行描述。图 7-2 给出了三种有关项目成本估算的不同形式。

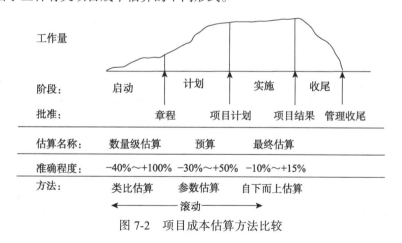

图 7-2　项目成本估算方法比较

1. 数量级估算

数量级估算，也被称作"近似的""概念的""原始的""初水平的"估算，主要用于项目启动阶段的章程审批。这时项目团队只掌握了较少的项目信息，因此数量级估算精确度不高，在–40%～100%。数量级成本估算可用来决定是否批准该项目的章程，并开始投入时

间和资金制定详细的规划。

2. 预算和最终估算

在项目规划阶段，一般都可以制定一个更准确的成本估算，同时也能制订更详细的项目进度、资源估计、风险状况、质量计划和沟通计划。根据项目复杂的程度，项目规模和组织规范，项目团队若要进行高水准的成本估算，在制定足够准确的成本估算前可能需要仔细观察一个或更多项目活动及资源需求的细节。在项目计划结束时，成本估算只允许有一个很小的允许出错的空间，用于制定项目预算，显示现金流通的需求，并用作控制项目的基础。此时精度在 ±(10%～15%) 或更高水平，如不超过 ±5%。在一些复杂的项目上，例如研究和开发新的产品时，项目经理需要使用滚动计划进行项目成本估算。

三、项目成本估算方法

成本估算仅仅是一种近似值的估算，更多的是基于历史信息对项目当前或将来的成本支出的预计。成本估算的准备条件包括工作分解结构、资源需求、资源单价、工序分期估计、历史信息以及账目表。成本估算有粗略的经验型方法，也有较精确的定量方法，对于成本要求精度高的项目，成本估算人员必须采取适当的方法给出可靠的估算结果。常用的方法有以下几种。

1. 专家意见法

专家意见法是当信息不全面、无法进行详细的成本估算时采用的经验型的方法，一般用于项目概念阶段或定义不明确的项目，如在创新性强而没有类似项目经验可供借鉴时，可以邀请专家进行粗略估算。此处的专家是指具有专门知识或经过培训的团体或个人，如相关技术人员、采购人员和管理人员等。如某市要搞一个绿化广场，政府需要知道大体投资数额，那么此时可以由项目专家粗略地估算一个成本。

2. 类比估算法

类比估算法也称自上而下估算法，是"根据相似项目的历史数据，估算未来项目、活动的时间或者成本的方法"。这种方法简便易行，是经常使用的进行粗略估算的方法之一，但不足之处是该方法取决于被估算的项目与以前项目的相似程度、相似时间和地点的远近，需要有较为详细的同类项目的历史信息。

对于建设项目，项目交付成果的差异可能是建筑结构上的差异、建筑装饰材料的差异和建筑规模的差异。这类差异对于估算成本的影响可以通过估算差异部分的成本进行修正。

类似项目和当前项目的时间、地点不同，会导致所需相同资源的价格由于时间、地点的不同而有所不同。这种价格的不同对估算成本的影响可利用价格调整系数进行修正。

例题：某公司在某城市有甲、乙两块地，现拟在甲地建设一座办公楼。已知该公司一年前曾在乙地建成了相似的一座办公楼，乙地办公楼实际造价为 48000 万元。两座办公楼除室内地面装饰地砖不同外，建筑结构、面积和建筑材料均相同。甲地拟建办公楼的建筑面积为 8000 平方米，地面全部铺 500 mm × 500 mm 豪华型防滑瓷砖，每平方米 260 元。乙地办公室室内铺的是印度红大理石地面砖，每平方米 380 元。另外，三年来人工平均工资上涨了 10%，其他资源的价格和成本不变。用类比估算法估算甲地拟建办公楼的成本。

解：甲地拟建办公楼的成本为：

C = 类似项目实际成本 + 价格调整修正值 + 交付成果差异修正值
  = 48000000 + 48000000 × 10% + 8000 × (260 − 380)
  = 51840000（元）
  = 5184（万元）

3. 参数模型法

参数估算（modular estimating）是通过利用历史项目数据建立定量模型来估算新项目的成本。历史项目的关键指标可以是物理特征如面积、体积、重量或容量，也可以是性能特征如速度、产出率、强度等。可以利用统计软件建立成本与参数之间的多元回归模型，如果方程经过检验是成立的，就可以进行对新项目成本的预测。

例题：某汽车企业二期扩建项目。根据经验得知，该类项目的成本参数模型：

$$C = E(1 + ab + cd) + I \qquad (7\text{-}2)$$

公式中：C——项目成本估算；E——设备采购成本；b——项目建设施工成本占设备费的比例；d——项目设备安装成本占设备费的比例；I——项目其他成本估算值（包括管理费、不可预见费等）；a——项目建设施工费的总调整系数；c——项目设备安装费的综合调整系数。

经市场调研，已知该项目的设备采购成本为 2000 万元，建筑施工成本占设备成本的 20%，设备安装成本占设备费的 15%，建设施工与设备安装费的综合调整系数为 1.1，该项目的其他成本估计为 100 万元。利用上述参数模型估计扩建项目的估算成本。

解：该扩建项目的估算成本为：

$$C = 2000 \times (1 + 1.1 \times 20\% + 1.1 \times 15\%) + 100 = 2870 （万元）$$

4. 自下而上估算法

自下而上估算法也称"基于工作包估算法"，是"通过汇总工作分解结构底层部分的估算值估算项目时间或者成本的方法"。这种方法是首先估算 WBS 底层各工作包的成本，然后逐层汇总，最后得到项目总成本估算值的方法。在估算各工作包的成本时，要先估算各项目活动的资源消耗量，再用各项目活动的资源消耗量乘以相应的资源单位成本（或价格），得到各种资源消耗成本，然后再汇总到工作包的总成本，最后再按照 WBS 将工作包的成本逐层汇总到项目的总成本估算值。

自下而上估算是最详细、最耗时、最精确的一种估算方法，许多项目最终都用这种方法作为估算目标成本和控制项目成本的基础。项目经理在使用这种方法时，需要保证项目工作的每项内容都被包括在内，没有包括在内的工作内容的成本不会被估算，这会对项目成本的估算产生直接影响。自下而上估算方法是一种参与式管理方法，一线项目人员对资源的需求状况有着更为准确的了解，他们参与估算工作不仅可以使估算结果更可靠，也有助于成本预算被业主接受,有利于提高工作效率。一线人员估算成本的最大缺陷是出于自我保护倾向而增加估算的水分,他们担心项目经理会削减他们的预算,不希望自己因实际成本超过预算成本而受惩罚,而是希望因节约预算而获得奖励。

实际操作时可以采用成本估算表,如表 7-4 所示。在工作分解结构的基础上,对每一个工作包的人工、物资、设备、差旅费等直接成本进行估算,根据公司规定确定分摊的间接成本,考虑风险因素,确定一个合理的管理储备数量,将这些结果加总得出该工作包的成本估算值,再将所有工作包成本估算合计即得到项目总成本估算。

表 7-4　自下而上工作法的成本估算工作表

项目名称:						准备日期:			
任务名称	时间/天	人工单价/元/天	人工成本/元	物资 市场价/元	设备 市场价/元	差旅 根据报价/元	间接成本 根据公司规定/元	管理储备 近似值/元	成本估算 合计/元
...									
合计									

不同的项目估算方法在使用时所需要的信息量和时间不同,项目成本估算的准确性也不一样。项目经理应根据项目所属行业、公司预算管理的要求、项目管理历史经验、过去完成的类似项目、项目成本管理人员的能力、对待项目成本的容错程度、要求给出估算结果的时间等来确定选择哪种估算方法。有的企业认为项目成本估算差不多就行,详细估算成本太浪费时间;有的项目因是企业内部进行的或者规模很小,所以一般不用为估算精度而花费大的精力;政府主导的工程项目进度优先,往往不太考虑成本估算的精度问题。表 7-5 总结了不同项目成本估算方法在需要的信息量、时间及获得准确性等方面的不同。

表 7-5　成本估算方法比较

	专家意见法	类比估计法	参数估算法	自下而上估算法
需要的信息量	较少	较少	中等	较多
需要的时间	较少	较少	中等	较多
获得的准确性	较低	较低	中等	较高

四、储备分析

在整个估算过程中,都应该在估算结果中加入不可预见费,用于弥补估算错误、遗漏和不确定性发生的需要。一般来说,情况越不明确或复杂,意外费用就越多。不可预见费用的规模和数量取决于项目的新颖度、时间和成本估算精度、技术复杂性、范围变动大小,以及未预见问题等。不可预见费用可具体计入某活动或工作包或者整个项目成本中。

通过储备分析,可以计算出所需的应急储备与管理储备(资金或者时间)。应急储备是为未规划但可能发生的变更提供的补贴,这些变更由风险登记册中所列的已知风险引起。管理储备则是为未规划的范围变更与成本变更而预留的预算。项目经理在使用或支出管理储备前,可能需要获得批准。管理储备不是项目成本基准的一部分,是否包含在项目总预算中由管理层决定。值得注意的是，管理储备通常不纳入挣值计算。

另外，还要考虑质量成本。为达到质量要求而增加的投入，包括一致性成本和非一致性成本。一致性成本是指为避免失败所花费的成本，包括预防成本和评估成本；非一致性成本是指由于失败而花费的成本，包括内部失败成本和外部失败成本。

五、项目成本估算中的几个问题

不管用什么方法来估算项目成本，有七个问题需要被考虑。

1. 支持性细节

对成本估算提供支持性的细节是非常重要的，支持性细节包括基本规则、估算所用的假设和制约因素、用作估算基础的项目描述（包括范围说明书、工作分解结构等）、详细的成本估算工具和技术。支持性细节使估算更新变得简单易行。当知道越来越多的细节时，项目经理就可以在审查时排除已经证明是错误的假设。例如，在对直接劳动力成本进行估计时，可能出现的假设如下：

- 支付工人的普通工资是每小时 14 元；
- 工人已经熟悉了项目中所使用的技术；
- 无论工作量是否足够，每周都需支付工人 40 小时的工资；
- 超时工作不会被批准；
- 只有项目进度延迟才会选择支付加班费。

外部制约因素也非常重要，因为它们往往会决定执行项目工作的方法，例如：

- 只有室内工作人员将被录用；
- 不提供额外的空间；
- 不允许超出预算。

2. 变化的原因

项目成本会有很多变化的原因。从项目启动开始至项目完工的过程中，变化随时都有可能发生。越是简单或者由机器完成的过程，发生变化的可能性越小；创新性越强、人为参与越多的过程，发生变化的可能性越大。正常的变化在工作过程中是一定存在的。例如，程序员编写代码时就受到每天电话、即时信息、其他人打扰的影响。特殊的变化原因是不常出现的。例如，雷击可以导致功率大幅度增加，能够摧毁电脑的保护装置。统计人员把这些变化的原因按照正常和特殊的原因分类如图 7-3 所示。

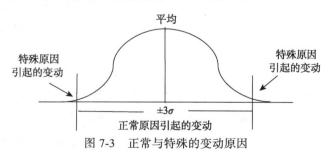

图 7-3　正常与特殊的变动原因

当然，大部分变化原因都是正常原因，改进工作方法能够帮助减少变化的类型。然而，由特殊原因引起的变化将需要作为风险加以处理，这在之后的章节中会对此有所涉及。这两种变化的类型增加了我们对项目成本和需要的考虑。

3. 供应商的报价分析

项目成本受采购资源的价格影响，因此在项目成本估算中，要注意分析供应商的报价。针对供应商的报价，可以采用以下几种方法进行分析：从其他的供应商那里获得竞争性建议、与公共价格进行比较、与历史价格进行比较，以及通过内部成本来对价格进行估算。这些方法相对来说比较固定而且成本低，当使用有工业标准的材料和部件时，这些方法很有效。对于一些特殊的服务和产品，通常需要和卖主进行协商。

另外，报价分析时要建立"全生命周期成本"的观念。供应商的报价对项目成本影响较大，但并不是价格越低越好，因为价格与售后服务息息相关。在进行报价分析时，要分析价格背后隐含的因素，即把采购报价视为一座冰山，不仅要分析水面上的冰山，还要分析水面下的冰山的部分。

4. 价值工程

价值工程（value engineering）是一门显著降低成本、提高效率、提升价值的资源节约型管理技术。价值工程从技术和经济相结合的角度，以独有的多学科团队工作方式，注重功能分析和评价，通过持续创新活动优化方案，降低项目、产品或服务的全寿命期费用，提升各利益相关方的价值。提高价值的五种主要途径主要为：

（1）成本不变，功能提高；

（2）功能不变，成本下降；

（3）成本略有增加，功能大幅度提高；

（4）功能略有下降，成本大幅度下降；

（5）成本降低，功能提高。

价值工程作为提升项目价值的系统方法，最终目标是在功能、成本、工期和质量因素中找出最优化的选择，达到最优化的配置，从而实现对项目的这三个重要因素的整体管理。

5. 作业成本法

作业成本法（activities-based cost method，ABC 成本法）又称活动成本分析法、作业成本计算法、作业成本核算法。作业成本法的主要指导思想是："成本对象消耗作业，作业消耗资源。"作业成本法把直接成本和间接成本（包括期间费用）作为产品（服务）消耗作业的成本同等地对待，拓宽了成本的计算范围，使计算出来的产品（服务）成本更加准确真实。

作业是成本计算的核心和基本对象，产品成本或服务成本是全部作业的成本总和。作业成本计算法不仅是一种成本计算方法，更是成本计算与成本管理的有机结合。作业成本计算法基于资源耗用的因果关系进行成本分配：首先，根据作业活动耗用资源的情况，将资源耗费分配给作业；其次，依照成本对象消耗作业的情况；最后，把作业成本分配给成本对象。

因此，在项目成本管理中可以通过作业基础管理的方式达到改进成本的目的：①作业消除，即消除无附加价值的作业。②作业选择，即从多个可选作业中选择效率最优的作业。③作业降低，即通过降低作业消耗资源的方式，改善必要性作业或暂时无法消除的无附加值作业。④作业分享，即利用规模效益提高必要作业的效率。

6. 生命周期成本

在进行项目成本管理的过程中，往往需要考虑项目全生命周期成本。例如，一个建设项目从计划立项到建设投产，要经过决策阶段、规划设计阶段、招投标阶段、施工阶段、使用维护阶段。项目管理者要通过在项目有效的生命周期内创造和使用的总成本来管理项目成本。全生命成本管理的根本出发点是要求人们从项目全生命周期出发考虑造价和成本问题，最关键的是要实现项目整个生命周期总造价的最小化。例如，现在越来越多的项目需考虑环境问题，因此在计算生命周期总成本时，项目经理也应该考虑到有效生命周期结束后的环保费用。

7. 货币时间价值和国际货币流通

在考虑未来成本时，项目经理需要知道该如何计算资金的时间价值。当前 1 元钱的价值会超过一年后 1 元钱的价值。未来收入价值折现和成本流出将会指导项目做出更好的决策。项目经理需要通过适当的因素进行折现。公司财务部门应告知折现率，成本或利润的计算要依据通货膨胀率和成本资金。在国际的项目中，利率的计算还要参照国际货币的波动幅度。

第四节　项目成本预算

项目成本预算是成本控制的基础。成本预算是"将整个成本估算分配到单个项目或工作任务中，其目的是建立一个衡量项目执行情况的成本基准"。项目成本预算将作为项目实际执行时的成本基准。项目成本预算主要有两个特性：一是权威性。与成本估算相比，项目成本预算是各项目小组得到项目领导批准的资源，并以正式的文件形式下达。从严格意义上说，只有项目成本预算做完了，项目才能真正开始。二是约束性或控制性。项目成本预算是一种控制机制，预算可以作为一种度量资源实际用量和计划用量之间的差异的基线标准。

编制项目成本预算的依据是活动成本估算、工作分解结构、项目进度计划、资源日历、项目风险管理计划、合同等。项目成本估算是确定各项活动与工作预算的主要依据，工作分解结构可以帮助确定预算的分配，项目进度计划是预算按时间分解的依据，资源计划确定了各阶段的资源成本。

一、目标成本设定

在项目成本管理过程中采用目标成本管理的方法设置目标成本，并以此作为成本预算。

确定目标成本是成本计划的核心，是成本管理所要达到的目的。设定目标成本的常用方法有目标利润法、技术进步法、按实计算法等。

1. 目标利润法

目标利润法是根据项目产品的销售价格扣除目标利润后得到目标成本的方法。在承包商获得承包合同后，公司从中标价中减去预期利润、税金、应上缴的管理费用等，剩下的就是在施工过程中所能支出的最大限额，即基本的总目标成本。承包商在投标前进行成本估算，确定投标报价的基础，并结合竞争情况、自身优势与项目难度等因素确定最后报价数字。如某烟草公司 ERP 系统招标时，南天软件公司成本估算的结果为 800 万元，但综合考虑烟草公司支付能力强、实施环境良好、竞争非常激烈等因素后，南天公司采取了低价策略，将投标价格定为 780 万元并且中标。南天公司在扣除了合同价格总额 10%后，其余 702 万元即为项目目标成本，即项目经理可以支配的项目成本预算总额。在项目实施过程中，若项目实施顺利并节约了资本，则南天公司可以获得更大的利润；若因某些因素导致成本超支，则会侵蚀公司原有的利润空间甚至导致亏损。

2. 技术进步法

技术进步法是指以项目计划采取的技术组织措施和节约措施所能取得的经济效果作为项目成本降低额，计算项目的目标成本的方法。

$$项目目标成本 = 项目成本估算值 - 技术节约措施计划节约额 \qquad (7-3)$$

例如，会议室装修项目，按照施工计划工程量，以类比估算法估算成本为 11 万元，项目团队采取新技术、新工艺可以节约 1 万元，则项目的目标成本为 10 万元。采取技术进步法能够为企业节约成本或创造更多的项目利润，因此为了提高项目团队采取新技术的积极性，可以提取部分成本节约额作为奖励。

3. 按实计算法

按实计算法以项目的实际资源消耗为基础，根据资源的价格详细计算各项活动的目标成本。人工费、材料费及机械使用费的目标成本可分别由劳资人员、材料人员、机管人员进行计算，其他直接费用的目标成本可由生产和材料人员共同计算。间接费用的目标成本由财务人员根据项目部职工平均人数、按历史成本的间接费用、压缩费用的措施和人均支出数进行测算。确定目标成本的步骤如下。

（1）根据已有的投标、预算资料，确定中标合同价与施工图计划的总价格差。

（2）根据技术组织措施预测项目节约数。

（3）对施工计划未包括的有关活动和管理费用，参照定额加以估算。

（4）对实际成本可能明显超出或低于定额的主要子项，按实际支出水平估算其与定额水平之差。

（5）考虑不可预见因素、工期制约、风险、价格波动等因素的影响，得出综合影响系数。

（6）计算项目目标成本。目标成本一旦确定，就要对其进行分解，并落实到个人或各职能组。

二、编制成本预算

项目成本预算总额确定后,通常可以按成本构成要素、项目构成的层次、项目进度计划或上述标准的组合进行分解。基本分解方法是自上而下、由粗到细,将项目成本依次分解、归类,形成相互联系的分解结构。

具有丰富项目经验的项目团队通常采用自上而下分解法,因为他们能正确地估算项目风险。他们估算出项目总成本和主要工作包的成本后,会按照层级分解到下一级职能组,这些小组能够收集更具体的信息,继续分解到每个工作包或任务,使项目成员能够清楚每个活动的具体成本。按成本要素分解是指将总预算分解为直接费、间接费,然后进一步分解为人工费、材料费、机械费、管理费等内容。按项目组成分解是指将总预算分解到子项目、主要交付物、最低级交付物、工作包或工作单元上。按进度计划分解是指将项目预算分解到年、季、月、周或日,以便将资金的应用和筹集配合起来,减少资金占用和利息支出。这几种预算分解方式既可以独立使用,也可以综合使用。

例如装修一间会议室,其面积为 180 平方米,根据装修质量、功能、设备等要求,公司确定该项目的目标成本为 10 万元。项目交付物分为方案设计、采购、施工、检测四部分,项目经理根据工作量和资源消耗程度,分别安排了 12000 元、65000 元、20000 元、3000 元,这一层分解是按照项目组成进行的。如图 7-4 所示。四个主要交付物组长进行了二次预算分配,如采购组长安排材料采购 35000 元,家具、电器采购 30000 元。

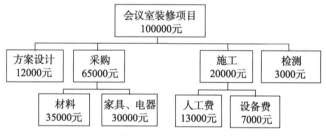

图 7-4　自上而下的成本预算分解

总成本按照工作分解结构逐级向下分配时,一线项目人员可能会认为成本不足、难以完成相应任务。此时需要与管理人员进行有效沟通,任何阻碍团队成员间有效沟通的行为都有可能导致整个项目进度变慢甚至失败。同时也可能会在组织内部产生摩擦,高层经理与基层管理者或者部门之间可能会为了争夺预算而产生不满和冲突。

项目成本预算应覆盖整个项目周期,在总成本分解到交付物、活动或任务后,必须根据进度计划继续分解,做出与时间对应的项目预算表。在图 7-4 这个例子中,假定装修会议室项目要求总工期为 15 天,其中设计 3 天、采购 4 天、施工 11 天、调试 3 天。按照进度计划,将各项预算分解到每一天,如表 7-6 所示。

表中的"合计"是当日各项活动预算之和,"累计"是从第 1 日起的预算的累加。到第 15 天项目结束时,累计额就是项目的总预算。按照时间分解后,既界定了每个交付物的成本,又确定了每天的成本,方便对成本的筹集与使用控制。

表 7-6　项目预算表　　　　　　　　　　单位：千元

活动	预算	日期														
		1	2	3	4	5	6	7	8	9	10	11	12	13	14	15
设计	12	3	5	4												
采购	65				10	10	20				25					
施工	20				2	2	2	2	2	2	2	2	2	1	1	
调试	3													1	1	1
合计		3	5	4	12	12	22	2	2	2	27	2	2	2	2	1
累计		3	8	12	24	36	58	60	62	64	91	93	95	97	99	100

项目预算表是一种简单的成本预算表现形式，将人员成本、分包商和顾问成本、专用设备和工具成本、原材料成本等信息在一张表中综合展示出来，明确每个资源使用的起止时间、数量及预算成本，便于管理者进行对资源和成本的分配以及跟踪控制。

将按进度计划编制的项目成本预算绘制成时间–成本累计曲线，直观地将成本预算展示出来。成本累计曲线编制步骤是：首先建立直角坐标系，横轴表示项目工期，纵轴表示项目成本（预算累计额）。其次，按照一定的时间间隔累加各时间段内的支出，在坐标中确定各时间点对应的预算累计额，用一条平滑的曲线依次连接各点，即可得到成本累计曲线。利用 Excel 或项目管理软件可以轻松完成这个工作。根据表 7-6 的数据绘制成本预算累计曲线见图 7-5。

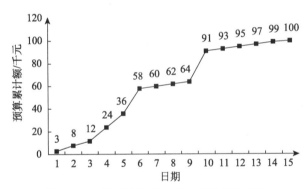

图 7-5　会议室装修项目成本预算累计曲线

项目网络中非关键路径的活动有时差，按照每项活动最早开始时间（ES）或最晚开始时间（LS），可以作两条累计成本曲线，呈香蕉形状，故称香蕉曲线，如图 7-6 所示。如果活动按最早开始时间进行，则相应的成本发生时间也会提前，项目经理应安排资金提前到位；反之，按最晚开始时间进行，则支出资金的时间后移，可以减轻当前资金压力。对于在关键路径上的活动，拖延时间意味着工期的延迟，后期可能需要赶工才能加快进度计划，对于非关键路径上的活动，适当将活动拖延至最晚开始的时间之前，有利于获得资金的时间价值。对于不确定或风险较大的活动，有意减少时差必然导致进度压力陡增，应按照最早开始的时间工作，以时差抵消有可能出现的延误。此外，是否拖延活动还取决于客户支付费用的时间，如果客户按照完工阶段支付费用，则与完工有重要关系的活动就不能拖延。

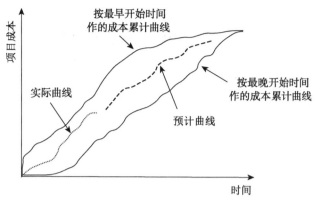

图 7-6　累积成本香蕉曲线

项目经理需要保持一个正向的现金流，在项目收入与支出现金之间的差异应当较小，保持来自客户的收入与人工、分包商、材料和设备费之间的平衡。成本预算计划是项目经理预算现金需求的重要依据。预算中所示的成本反映的是材料需要时的成本，而不是实际支付时的成本，实际费用发生的时间一般不对应预算中的时间，而是稍晚一些。比如材料采购资金的需求，可能在材料到达现场就绪时支付货款，也可能部分货款在下订单时支付，其余部分在交货时支付。

按进度计划编制的成本预算通常可利用项目网络图进一步扩充得到。即在建立网络图时，一方面确定完成各项活动所需的时间，另一方面确定完成这一活动的预算。项目成本预算制定完毕后，为了保证预算准确可靠，以应对不准确之处进行调查，如价格信息失真或资源数量有水分，应在取得新数据后对预算进行调整。如果发生了较大的项目环境变化，影响了整个成本预算的准确性，如材料大幅涨价或国家税法调整，应对预算做出综合调整（见表 7-7）。综合调整更多依赖高层人员对外部环境的敏感，凭借的是直觉与经验。财务、技术人员编制预算方案，在提交审议时可能受到质疑和反对，应根据具体情况进行再次调整，直到取得项目经理、团队、主管单位和客户的肯定。

表 7-7　项目成本预算调整表

项目名称		日期				制表	
任务	负责人	时间		预算成本数额				实际数
		开始	完成	设备	材料	人工	小计	
一、预算								
1								
2								
3								
…								
总和								
二、初步调整								
1								
2								
3								
…								
三、综合调整		调整一定百分比						
备注								

第五节　项目成本分析

为了及时进行项目成本分析，必须不断掌握实际成本的支出情况，即及时进行成本核算。项目成本核算过程（以工程项目为例）分为四个步骤。

（1）记录资源使用数量。包括各分项工程中消耗的人工、材料、机械台班及费用的数量，这是成本控制的基础工作，有时还要对已领用但未用完的材料进行估算。

（2）度量本期内工程完成状况。对已完成工程的度量比较简单，而对跨期的分项工程进行度量较为困难。度量的准确性直接关系到成本核算、成本分析和预测剩余成本的准确性，应尽量减少人为因素影响，避免项目成本大起大落。

（3）项目管理费及公司管理费的汇总、核算和分摊。

（4）各分项工程及总工程的各个费用科目的核算及盈亏核算，编制工程成本核算报表。

在上面的各项核算中，许多开支是分摊至分项工程或工程总成本的，分摊是选择一定的经济指标按比例核算的。例如，企业管理费是按企业同期所有工程总成本（或人工费）分摊进各个工程，工地管理费按各分项工程直接成本分摊，有时周转材料和设备费也必须采用分摊的方法进行核算。由于分摊是平均计算，所以往往不能完全反映实际情况。

一、综合成本分析

项目成本分析就是利用本期成本数据与预算成本数据进行比较，对成本预算执行情况做出评价，分析成本差异或成本变动的原因。通过成本分析考核与奖惩制度挂钩的做法，可以提高员工节约成本费用的积极性，也可以与其他项目的成本数据比较，以判断本项目成本管理的水平。

成本分析的重点是分析影响项目成本变动的主要因素。一是外部市场因素，包括项目规模和技术装备水平、项目专业化和协作的水平等，这些因素短期内难以改变，也超出了项目经理的控制范围。二是项目管理因素，如员工技术水平和操作熟练程度、直接材料的消耗水平、能源和设备利用率、质量水平高低、劳动生产率、人工费用水平等因素。

项目成本分析常用综合成本分析方法。综合成本是指涉及多种生产要素并受多种因素影响的成本费用，如分部、分项工程成本，月度成本，年度成本等，这些成本是随着项目进展而逐步形成的。

1. 分部、分项工程成本分析

比较预算成本、目标成本和实际成本，分析偏差产生的原因，寻求成本节约途径。工程项目的预算成本来自施工图预算，计划成本来自施工预算，实际成本来自施工任务单的实际工程量、实耗人工和限额领料单的实耗材料。主要分部、分项工程从开工到竣工都必须进行系统的成本分析。

2. 月度成本分析

月度成本分析是项目定期的经常性的成本分析，可以及时发现问题，以便按照成本目标进行监督和控制。对于时间长的工程项目,还要依据月成本报表进行年度成本分析。在月度成本分析中,成本费用的分类要与成本预算一致,以便分析对比。表 7-8 为一个月度成本分析表示例。

表 7-8 月度成本分析表示例　　　　　　　　　　　　单位:元

2017 年 7 月 1 日			
项目名称	紫金山集团 ERP 项目		
本月计划量	297800	实际完成量	287300
项目成本	月计划成本	实际成本	成本偏差
人工费	120000(10 名工程师 + 2 名顾问 + 项目经理)	120000	0
设备费	150000(12 台商用电脑 + 1 台服务器)	142000	8000
材料费	5000(搭建局域网耗材)	3800	1200
通信费	3000(手机、电话费)	3500	−500
住宿费	7800(合作方招待费)	6000	1800
本月合计	12000(房租)	12000	0
本月合计	297800	287300	10500

在大型项目中,成本管理较为复杂,为及时掌握项目成本的使用情况并及时发现存在的各种问题,往往需要每日或者每周填写成本报表。成本日(周)报表一般是针对重要项目和进度快的项目,通常只记人工费、机械费和产品数量。

成本累计曲线法广泛应用于成本分析,计划成本累计曲线作为比较基准,收集实际支出数据,在同一坐标中作出实际成本曲线。在成本执行情况理想状态下,两条曲线应重合,如果存在偏差就说明成本计划执行有异常。此时,应分析偏差的原因,判定是否正常,然后决定是否采取措施处理。图 7-6 的香蕉曲线也是控制方法之一,有松弛时差的项目活动可根据实际情况选择最早开始、最晚开始或者在时差中某个时间开始,成本发生的时间会随之变化,这样,实际成本曲线与计划曲线不重合,而是徘徊在两条计划曲线之间。如果超出了两条计划曲线的范围,则是出现了异常,管理者应加以警觉,分析可能的原因,并采取改进措施。

成本累计曲线法或香蕉曲线法有很明显的局限性。一方面,这种方法仅从累计成本的角度判断成本是否超支,并没有与进度信息相结合进行考虑。在实际工作中,若活动提前完成,则相应的成本也会提前发生,这在成本累计曲线图上会表现为成本超支,但实际成本并未超支;若活动延迟完成,则成本累计图上将表现为实际成本低于计划成本,但实际成本并未节约。另一方面,实际成本包含了关键路径与非关键路径活动消耗的成本,从实际成本数据无法得出进度提前还是落后的结论。

在月度分析表的基础上编制项目成本分析报告,以工程项目为例,成本分析报告主要包括以下方面。

(1) 主要消耗材料的用量分析、月度技术措施对成本的影响分析。依据工程部提交的材料需求计划,追踪其实际的执行状况。

（2）分析本月进度计划完成情况、月度工程统计分析数据，特别是就未完成情况分析原因、采取措施、落实整改。

（3）对施工产值完成情况、工程分包进行统计分析，目的在于核定项目收入。

（4）辅助材料、租赁周转材料、自有周转材料、现场和库存材料状况、租赁机械用量分析。

（5）人工及劳务分包数据分析。

（6）现场经费分析、临时设施费摊销分析和项目总盈亏分析。

（7）成本超支的原因分析。

经过对比分析，如发现某一清单细目或作业已经出现成本超支，或预计最终将会出现成本超支的情况，则需要进行重点分析。例如，某公路建设项目成本超支的原因有以下几方面：一是原成本计划数据不准确，估价错误，预算太低，分包队伍报价超出预期的最高价。二是国家相关政策的变化、上级和业主干扰、通货膨胀带来的物价上涨、阴雨气候和自然灾害等。三是实施管理中的问题，如不适当地控制程序造成预算外开支过大；成本责任人没有尽到成本控制的责任，缺乏成本管理方面的知识和经验，激励措施不到位；劳动效率低，工人频繁调动，施工组织管理混乱；采购了劣质材料，材料消耗增加—浪费严重—发生事故—返工—周转资金占用量大、财务成本高；因合同不能有效履行而产生赔偿。四是工程范围增加、设计变更、功能和建设标准提高、工作量较计划大幅增加等。

3. 竣工成本综合分析

如果施工项目只有一个成本核算对象，就以该成本核算对象的竣工成本资料作为成本分析的依据。有多个单位工程而且是单独进行成本核算的项目，应以各单位工程竣工成本分析资料为基础，再加上项目经理部的经营效益（如资金调度、对外分包等所产生的效益）进行综合分析。单位工程竣工成本分析应包括：竣工成本分析、主要资源节约或超支对比分析、主要技术节约措施及经济效果分析。通过以上分析，可以了解单位工程的成本构成和降低成本的来源，对成本管理有参考价值。

二、目标成本差异分析

目标成本差异是指实际成本脱离计划成本的差额，分析的目的是找出产生差额的原因，从而尽可能地降低成本。

1. 人工费分析

人工费包括直接人工费和间接人工费。直接人员是指在项目中承担了具体工作包任务的人员，如相关技术人员、采购人员和管理人员；间接人员是指不对项目产出物有直接贡献的人员，如公司内部员工。人工费指直接人员和间接人员工作所支付的费用。应分析项目中是否存在冗员，避免因人浮于事而产生的人工成本。合理控制加班现象，降低因加班引起的支出。在实行劳务外包的项目中，项目经理部与施工队签订劳务承包合同，明确工程量、承包金额和双方的权利、义务，这些人员不存在加班费。但项目经理应控制项目范围变更，防止因工作量的调整引起人工费增加。如某公路翻修项目，劳务公司派来的工人每天工作 9 小时，每周工作 7 日。项目进行中业主要求提前完工，工人每天工作时间延长为 10 小时，由于合同价格是按照工程量计算的，项目部不必为工人加班而支付加班费，工人也愿意加班，因为休息会减少收入。

2. 材料费分析

材料费分析是对主要材料、结构件和周转材料使用费，以及材料储备进行分析。主要材料和结构件费用受价格和消耗数量影响，材料价格受采购价格、运输费用、途中损耗等因素影响，材料消耗数量受操作损耗、管理损耗和返工损失等影响，可在价格变动较大和数量异常时再作深入分析。由于项目中很多周转材料和设备是租赁的，所以周转利用率和损耗率决定了费用，周转慢就意味着租赁费支出增加，损耗超过规定的比例要赔偿。周转利用率和损耗率计算公式如下：

$$周转利用率 = 实际使用数 \times 租用期内的周转次数 / （进场数 \times 租用期） \times 100\%$$
$$损耗率 = 退场数 / 进场数 \times 100\% \tag{7-4}$$

例如：某图书馆大楼施工项目需要搭建脚手架，于是租赁了 5000 根钢管，月租金为 10 元/根。后期由于施工进度加快，周转利用率从原定的 85% 增加到 90%，周转利用率提高所带来的成本节约量为（90% − 85%）× 5000 × 10 = 2500（元）。

材料采购保管费属于材料的采购成本，包括采购保管人员的工资、办公费、差旅费，以及采购保管过程中发生的固定资产使用费、工具使用费、检验试验费、材料整理及零星运费和材料物资的盘亏及毁损等。材料采购保管费一般应与材料采购数量同步，即材料采购多，采购保管费也会相应增加。应根据每月实际采购的材料数量和实际发生的材料采购保管费，计算材料采购保管费支用率，作为前后期材料采购保管费的对比分析之用。

材料储备资金分析。材料的储备资金是根据日平均用量、材料单价和储备天数（即从采购到进场所需要的时间）计算的，对材料储备资金的分析可以应用因素分析法。采购材料时应选择运距短的供应单位，尽可能减少材料采购的中转环节，缩短储备天数。

3. 设备使用费分析

设备的租用有两种情况：一种是按产量承包并计算费用，如土方工程，项目经理部只要按实际挖掘的土方工程量结算费用即可，不必过问挖土机械的完好程度和利用程度。另一种是按使用时间结算，如果设备完好率差或调度不当会影响利用率，因而延长使用时间，增加使用费用。对项目经理而言，有时在工序搭接上会出现某些施工间隙，影响机械的连续作业。此时，按照产量承包计算费用要优于按使用时间结算；有时因为要加快施工进度，机械日夜不停地运转，导致机械利用率高低不均，此时按照时间结算费用要优于按照产量承包计算费用。

此外，还有其他直接费用分析，如二次搬运费、水电费、临时设施摊销费、生产工具使用费、检验实验费、场地清理费等。

案例7-1

SofTech公司采用学习曲线进行编码成本估算

SofTech公司是一家财务分析软件的销售商。SofTech的开发人员最近将其正在使用的开发语言T.Base改为另一新语言Z.Base，这种语言将提高开发速度并且会带来一定的项目收益。由于去年的编程成本已经涨至每小时65元，相比之前上升了10%，且预计未来几年还会继续增长。因此，重新估算程序员掌握该种新语言所需的学习时间和学习成本就变得非常重要。为了分析的需要，SofTech用500行程序码作为一个单位产出，估计Z.Base的学习比率将为80%，且500行Z.Base新编码的初始时间为100小时。

请问：

如何运用学习曲线法确定使用Z-base开发应用程序前4000行所需的时间和相关成本。

第六节 项目成本控制

成本控制是将项目的实际成本控制在项目预算之内的管理过程。经批准的项目预算是必须严格执行的计划文件，项目经理必须加强成本管理和控制措施。项目成本控制涉及对各种能够引起项目成本变化的因素的控制（事前控制）、项目实施过程的成本控制（事中控制）和项目实际成本变动的控制（事后控制）三个方面。成本控制的主要内容如下：

- 对可能产生成本变化的因素施加影响，使成本变化控制在干系人认同的范围之内；
- 确认成本计划是否已经发生变化；
- 当实际发生成本计划变化时，采取措施对其实施控制。

进行成本控制时，里程碑是一个典型的测量点。项目经理通过使用现金流量预测需要有多少资金才能达到他们所期望的每个里程碑，这可以用于确定项目取得的进展。干系人和项目经理希望通过里程碑对项目进展进行跟踪，他们经常共同确定需要多少个里程碑，但过多的里程碑也会增加成本管理负担。

一、成本控制的依据

1. 项目成本基准

项目成本基准又称费用线，是按时间分段的项目成本预算，是度量和监控项目实施过程中项目成本的最基本依据。

2. 项目执行报告

项目执行报告提供项目范围、进度、成本、质量等信息，是实施项目成本分析和控制必不可少的依据。

3. 项目变更申请

很少有项目能够准确地按照期望的成本预算计划执行，当在项目实施的过程中出现不可预见的各种情况时，要求重新对项目的费用做出新的估算和修改，形成项目变更请求。只有当这些变更请求经各类变更控制程序的妥善处理，或增加项目预算，或减少项目预算，项目成本才能更加科学、合理，符合项目实际，使项目成本真正处于控制之中。

二、成本控制的方法

从成本控制的内容可见，项目成本控制是一个系统工程，因此研究成本控制的方法非常重要。项目管理实践证明，以下一些成本控制方法可以使成本控制简便而有效。

1. 项目成本分析表法

项目成本分析表法是利用项目中的各种表格进行成本分析和成本控制的一种方法。应用成本分析表法可以很清晰地进行成本比较研究，常见的成本分析有月成本分析法、成本日报或周报表、月成本计算及最终预测报告表。

2. 成本累积曲线法

成本累积曲线又叫时间-累计成本图，是反映整个项目或项目中某个阶段独立部分开支状况的图示。成本累计曲线图上的实际支出与理想情况的任何一点偏差都是一种警告信号。但这并不是说工作中一定发生了问题，图上的偏差只反映了现实与理想情况的差别，发现偏差时要查明原因，判定是否为正常偏差，若为否，则应采取措施处理。

虽然成本累积曲线可以为项目成本控制提供重要的信息，但前提是我们要假定所有工序时间都是固定的。但在项目进度计划中，非关键工序会受因项目资源等因素的影响而重新调整其开始与结束时间。利用其中工序的最早开始时间和最晚开始时间制作的成本累积曲线被称为成本香蕉曲线。香蕉曲线表明项目成本变化的安全区间，只要实际发生的成本变化不超出两条曲线限定的范围，就属于正常变化，可以通过调整开始和完成时间使成本控制在计划的范围内；如果实际项目成本超出这一范围，就要引起项目相关方的高度重视，要查清情况并分析原因。如果有必要，应迅速采取纠正措施。

3. 挣值法

挣值法实际上是一种综合的绩效度量技术，既可用于评估项目成本变化的大小、程度和原因，又可用于对项目范围、进度进行控制，将项目范围、费用、进度整合在一起，帮助项目管理团队评估项目绩效。该方法在项目成本控制中的运用，可确定偏差产生的原因、偏差的量级和决定是否需要采取行动纠正偏差。该项目成本控制的方法将在之后的章节中介绍。

项目范围、时间、成本和质量等被称为项目管理四要素。项目成本一直是项目业主、

承包商，以及项目管理团队关注的重点之一。项目成本的构成是多元的，成本的影响因素也是多元的。项目成本一方面决定于资源消耗，资源消耗决定于作业任务，作业任务则来源于项目范围；另一方面，项目成本还受项目进度和质量的影响。另外，项目成本还受组织事业环境因素、组织管理水平的影响。项目成本管理要从项目活动任务出发，通过项目成本的构成要素分析，编制项目资源计划，对项目成本进行估算，再进一步编制成本预算，形成项目成本管理计划，并以此计划为基准进行项目成本控制。

简答题

1. 简述价值工程的概念及提高价值的途径。
2. 项目资源计划与工作分解结构以及项目进度计划是什么关系？
3. 请简述项目成本管理的目标和意义。
4. 项目成本管理与企业成本管理有什么区别和联系？
5. 假设你先购买一套面积为130平方米的住房，计划花两个月进行中等程度的装修，请你先对这个项目进行工作分解，然后估算项目人工成本、材料成本及其他形式的成本，并结合进度安排制订一份成本预算计划。

 案例分析题

国内 B 银行信贷业务系统的开发项目的成本估算

自学自测　扫描此码

第八章 项目风险管理计划

学习目标

知识目标

1. 掌握项目风险相关概念,学会编制项目风险管理计划;
2. 掌握对项目风险的识别及风险登记册的编制;
3. 掌握定性和定量的项目风险分析;
4. 掌握各种项目风险评估技术及其适用性;
5. 掌握项目风险应对的策略与监控的方法。

能力目标

1. 学会项目风险识别方法,培养识别与预测项目风险能力;
2. 学会项目风险评估方法,形成系统分析和评估项目风险能力;
3. 学会制定项目风险应对策略和技术手段,提高化解项目风险的能力;
4. 通过项目风险管理案例学习、反思和总结,提升项目风险管理素养。

新冠疫情下的 2021 年东京奥运会

因新冠疫情而延期一年举行的 2020 年东京奥运会于 2021 年 7 月 23 日正式开幕,吸引了全世界的目光,疫情之下的东京奥运会注定不同寻常。

日本政府本想办一届史上最节俭的奥运会,预算 7000 亿日元,但由于延期,实际费用却高达 1.6 万亿日元,约合 154 亿美元,是原预算的 2 倍多,甚至超过伦敦奥运会 149.6 亿美元的最高纪录。东京奥运会成为史上最贵的夏季奥运会。

奥运会第一大收入来源是门票收入。但由于疫情,东京奥运会 97% 的赛事以空场形式举办。为了营造气氛,组织者只好播放往年奥运会比赛现场的录音。空场比赛导致高达 900 亿日元的门票收入降至数十亿日元。奥运延期后,部分赞助商已经取消或者缩减了奥运相关赞助,比如包括丰田汽车、佳能、东京海运、味之素等在内的十多家公司纷纷退出奥运会赞助。空场举行奥运会还直接对日本的航空业、餐饮、酒店、旅游、消费等行业造成了严重的经济损失,给奥运周边产品的销售更是带来了严重影响。疫情的影响也体现在奥运用工、设备和材料的采购、物资运输、人员隔离等各个方面,从而导致了各类项目风险。

请查阅网上资料,了解东京奥运会项目相关信息,并回答:

(1) 2021 年东京奥运会遭遇哪些风险因素?如何识别项目风险?

（2）新冠疫情是什么性质的风险？对新冠疫情风险的特征做出说明。

第一节　项目风险概述

项目的未来充满不确定性，所有项目都存在风险，而且项目越独特，其风险就越多。风险的发生往往会导致项目失败。因此，为了项目的成功，项目组织必须在整个项目期间都积极持续地进行风险管理。

一、对项目成功的理解

项目的成功是指达成了主要项目干系人的预期目标，这也是项目风险管理的基本目标。因此，项目经理想要管理项目风险，带领项目走向成功，就必须首先理解项目目标。项目的成功可从以下几个角度进行测度：

- 合同要求角度：满足技术性指标、没有超出预算、按时完成等；
- 实现客户的价值角度：满足客户需求、创建客户使用性能、增加客户满意度等；
- 实现执行组织的价值角度：增加市场份额、开拓新市场、获得商业成功。这里的执行组织是指"直接参与了某项目工作的企业"。
- 项目团队成功角度：团队成员得到发展和满意。

实践中，常常以项目合同的成功履行和后续合同的获得为成功标志。根据项目管理专家哈罗德·科兹纳的观点，如果项目达到了产品说明书要求的86%以上，而且被客户所接受，并且还获得了后续合同，则该项目可被认为是成功的。如表8-1所示。

表 8-1　项目成功的定义

主　要　的	次　要　的
• 在时间范围内 • 在费用范围内 • 在质量范围内 • 被客户接受	• 获得后续合同 • 在文献中可以使用客户的名称作为证明 • 将产品商业化 • 使范围变化最小化或者达成一致 • 不妨碍主要工作流程 • 不改变企业文化 • 不违反安全要求 • 高效运作 • 满足职业安全与卫生条例 • 维护道德行为 • 提供战略联盟 • 保持良好的合作声誉 • 保持代理关系

资料来源：[美]哈罗德·科兹纳. 项目管理——计划、进度和控制的系统方法（第11版）[M]. 北京：电子工业出版社，2015.

项目失败是指没有达到上述成功标准。事实上，许多项目在一些方面是成功的，但在另一些方面却不成功。有时部分指标落空或部分指标没有达到成功指标的要求，也会导致项目严重失败。理想的项目管理目标是使项目在各个方面达到高标准的成功。

二、项目风险的定义与分类

1. 风险定义

从广义上讲，风险是由于不确定性事件带来的影响。这种不确定性包括发生与否的不确定、发生时间的不确定和导致结果的不确定性。风险的发生既可能给项目带来不利影响，称为"风险"；也可能带来有利影响，称为"机会"。

项目风险是一种不确定的事件或条件，一旦发生就会对一个或多个项目目标造成积极或消极的影响，如范围、进度、成本和质量。

风险性是项目固有的特征，它源于项目面临的各种不确定性。无论项目经理和团队成员多么努力工作、拥有多么丰富的知识，都不可能在项目结束之前完全消除这些不确定性。项目经理必须认识项目风险的来源，了解项目风险的类别，这样有助于及时采取有针对性的预防和管理手段。

项目的风险在项目过程中是不断发展变化的。从图 8-1 可以看出，项目各阶段都存在一定的风险性，只是在最初的项目定义与决策阶段风险最高，因为此时有关项目的信息多数是假设性和预测性的，所以存在一定的信息缺口。随着项目过程的不断推进和展开，人们对于项目信息的了解逐步变成实际的，信息缺口不断缩小，使得项目确定性不断上升，而项目的风险性不断下降。认识到项目风险这种发展规律和特性后，我们应该在项目的初期阶段就投入更多的努力去做好对项目的风险管理。

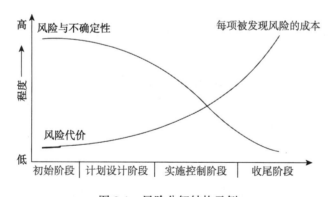

图 8-1 风险分解结构示例

2. 风险分类

项目风险类别可以按不同标准划分如下。

- 按损失的原因分类：自然风险、社会风险、经济风险、技术风险、政治法律风险。
- 按风险损害的对象分类：财产风险、人身风险、责任风险、信用风险。

- 按风险的性质分类：纯粹风险、投机风险、收益风险。
- 根据风险影响分类：基本风险、特定风险。
- 按照投资组合中的风险分类：系统性风险、非系统性风险，又可称为可控风险。
- 按认知程度：已知风险（如酒驾，已知其概率、后果）和未知风险（如2003年"非典"）。

特别地，系统性风险、非系统性风险是指从内外两个角度划分的项目风险。

- 系统风险：因项目所处的外部环境产生的风险，是项目团队无法回避也无法控制的风险，只能被动应付，力求减少风险损失。
- 非系统风险：因项目内部原因产生的风险，是项目团队可以在一定程度上加以防范和控制的风险，这取决于团队的风险管理水平。

例如，世界金融危机是系统风险，而企业财务危机是非系统风险；"非典"疫情导致异地交流项目中止是系统风险，组织防疫措施不力导致病毒扩散是非系统风险。一般情况下，系统风险对项目的危害性要大于非系统风险，但项目经理对非系统风险的责任大于系统风险，因为系统风险是无法人为控制的，而非系统风险可以通过项目风险管理进行有效预防。

三、项目风险管理及其目标

项目风险管理是在项目进行的全过程中，对影响项目的进程、效率、效益、目标等一系列不确定因素的管理，既包括对外部环境因素与内部因素的管理，也包括对主观因素与客观因素、理性因素与感性因素的管理。项目风险管理是一个具有全过程性、全员性和全要素性的综合管理。

项目风险管理包括规划风险管理、风险识别、风险分析、风险应对规划和风险监控五个过程。项目风险管理的目标在于提高项目积极事件的概率和影响，降低项目消极事件的概率和影响。项目风险管理的理想目标是规避所有系统风险，消灭所有非系统风险。但由于各种主客观原因，这样的目标很难实现。

另外，不同组织对风险态度（risk attitude）和风险承受能力（risk tolerance）是不同的。关于风险态度，有三种类型：风险厌恶型（risk avoiding）、风险偏好型（risk seeking）和风险中性（risk neutral）。风险偏好型敢于冒险，更容易接受风险，而风险厌恶型倾向回避风险损失，选择回避或转移风险。风险态度取决于人们的经验、知识背景、财务能力、技术能力、管理能力、整体经济环境以及政策环境等。风险态度会发生变化，不是一成不变的。

有的组织应对项目风险的能力比较强，而且喜欢承担一定的项目风险，去获得相应的项目风险收益，这种组织的项目风险目标就会制定得相对积极和要求高一些。但是有的组织应对项目风险的承受能力比较差，而且不喜欢承担任何项目风险，只希望能够规避项目风险带来的可能的损失，这种组织的项目风险目标就会制定得相对消极和要求低一些。

因此，项目风险管理的目标可定位为：把整体项目风险降低到项目发起人和其他干系人可接受的水平。

四、项目风险管理的主要过程

1. 规划风险管理

规划风险管理是定义如何实施项目风险管理活动的过程。规划风险管理的成果是形成一个项目风险管理计划文档。

风险管理计划是项目管理计划的组成部分,用于描述将如何安排与实施风险管理活动。风险管理计划包括以下内容。

（1）方法论。确定实施项目风险管理可使用的方法、工具及数据来源。

（2）角色与职责。确定风险管理计划中每项活动的领导、支援与风险管理团队的成员组成,为这些角色分配人员并澄清其职责。

（3）预算。分配资源并估算风险管理所需费用,纳入项目成本基线。

（4）制定时间表。确定在项目整个生命周期中实施风险管理过程的次数和频率,并确定应纳入项目进度计划的风险管理活动。

（5）风险分类。在风险识别过程之前,先在风险管理规划过程中对风险类别进行审查。

（6）风险概率和影响的定义。为确保风险定性分析过程的质量和可信度,要求界定不同层次的风险概率和影响。

（7）概率和影响矩阵。根据风险可能对实现项目目标产生的潜在影响,进行风险优先排序。风险优先排序的典型方法是借用对照表或概率和影响矩阵形式。

（8）修改的利害关系者承受度。可在风险管理规划过程中对利害关系者的承受水平进行修订,以适用于具体项目。

（9）汇报格式。阐述风险登记单的内容和格式以及所需的任何其他风险报告,界定该如何对风险管理过程的成果进行记录、分析和沟通。

（10）跟踪。说明如何记录风险活动的各个方面,以便供当前项目使用,或满足未来需求以及经验教训总结过程的需要,说明是否对风险管理过程进行审计、如何审计。

制订项目风险管理计划是项目经理应该熟练掌握的基本硬技能之一。项目经理要鼓励项目干系人广泛参与风险管理活动,越是不同的观点、越全面的观点,越容易尽早发现风险。另外,亲身参与相关计划与决策活动可以让不同项目干系人将他们所关注的问题包含在计划中,有利于激发他们的工作热情,还可以消除潜在的不满情绪。项目经理还要指定每项风险管理活动的负责人,一般由项目经理或核心团队成员负责。但是对于大型项目,为使风险管理计划更加详尽合理,很多时候需要相关方面的专家介入。

其他几个风险管理过程分别为风险识别、风险分析、风险应对和风险监控。

2. 风险识别

包括收集信息,识别风险的来源,分析风险特征和产生条件,并加以记录。

3. 风险分析

对风险影响进行评估,包括定性风险分析和定量风险分析,并加以排序。

4. 风险应对

基于风险识别和风险分析的结果，量身定制应对策略，以达到项目风险管理的目标。

5. 风险监控

一是监视项目风险的变化情况；二是监测项目风险的对策是否有效；三是不断识别新的项目风险并制定相应对策。

第二节 项目风险识别

风险识别既是风险管理的第一步，也是风险管理的基础。只有在正确识别出项目所面临的风险后，才能够主动选择适当有效的方法进行处理。

一、项目风险识别

（一）什么是项目风险识别

项目风险识别是指项目承担单位在收集资料和调查研究的基础上，运用各种方法对尚未发生的潜在风险以及客观存在的各种风险进行系统归类和全面识别。这是一个"确定可能对项目产生影响的风险并记录其特征的过程"。后续的风险管理过程事实上都是围绕被识别出的风险开展和进行的。大多数进行了风险管理活动的项目，仍然可能会由于出现较大的意外而导致项目失败，其根源就在于并没有真正识别出那些会对项目产生危机的风险。经验丰富的项目管理者往往能够提早发现项目中各种潜在的风险并进行相应处理。

（二）项目风险识别特点

1. 广泛性

（1）参与人员的广泛性。参与风险识别的关键人员包括项目经理、项目团队成员及风险管理的相关领域专家、项目的最终用户、项目产品的顾客、其他项目经理、利害关系者等等。除上述人员外，还应鼓励所有项目人员广泛参与风险识别，因为每个项目组织成员的工作性质不同，所面临的风险也会有所不同，他们都有自己独特的项目经历和项目风险管理经验，可以为识别项目的风险提供更多的途径。

（2）风险识别涉及广泛的知识领域。为了最大可能地识别所有项目风险，不仅仅是参与风险识别的人员具有广泛性。另外，风险识别将涉及财务、技术、管理等多个不同的知识领域。与此同时，项目风险信息分析技术和风险识别方法也会涉及不同知识领域。

2. 全生命周期性

项目风险存在于项目生命周期的各个阶段中，不同阶段会出现影响程度不同的风险。表 8-2 列出了项目各阶段遇到的常见风险。因此，风险识别应贯穿项目生命周期的全过程。

表 8-2　项目管理各阶段遇到的常见风险

项目管理阶段	常 见 风 险
启动阶段	目标不明确、项目范围不清、工作表述不全面、技术条件不够……
计划阶段	计划难以实现、资源分配不合理、成本预算不合理、计划不够具体……
实施阶段	领导犹豫不决、没有高层管理者的支持、团队成员没有合作精神、通信设备阻碍工作、资源短缺、重要成员变动……
收尾阶段	项目中断、未达到预期目标、资金超出预算……

3. 信息依赖性

风险识别的基础工作之一是收集有关的项目信息，然后识别不确定因素及其对项目产生的影响。信息的全面性、及时性、准确性和动态性决定了项目风险识别工作的质量，进而影响了识别结果的可靠性和精确性，因此项目风险识别具有信息依赖性。

（三）项目风险识别原则

风险识别在整个风险管理过程中都占有重要位置，只有正确认识风险，才能正确分析风险，进而合理应对和控制风险带来的影响。然而项目风险在大多数情况下是潜在的，随着项目生命期的发展，新风险可能随时出现。因此，在项目风险识别过程中，最重要的就是不能遗漏风险因素，特别是会对项目整体目标有重大影响的因素。为了更好地进行风险识别，应该遵循如下的主要原则。

（1）全面周详的原则。为了对风险进行识别，应该全面系统地考察、了解各种风险事件存在和可能发生的概率、发生之后造成损失的严重程度及因风险的出现而导致的其他问题。损失发生的概率及其后果的严重程度，直接影响人们对损失危害的衡量，最终决定风险政策措施的选择和管理效果的优劣。因此，必须全面了解各种风险的存在和发生及其将引起的损失后果的详细情况，以便及时而清楚地为决策者提供比较完备的决策信息。

（2）综合考察的原则。风险是一个复杂的系统，其中包括不同类型、不同性质、不同损失程度的各种风险。由于复杂风险系统的存在，使得某一种独立的分析方法难以对全部风险奏效，因此必须综合使用多种分析方法，根据风险清单列举可知，风险损失一般分为三类。

一是直接损失。识别直接财产损失的方法很多，例如，询问经验丰富的生产经营人员和资金借贷经营人员，查看财务报表等。

二是间接损失。指企业受损之后，在修复前因无法进行生产而影响增值和获取利润所造成的经济损失，或是指资金借贷与经营者受损之后，在追加投资前因无法继续经营和借贷而影响金融资产增值和获取收益所带来的经济损失。间接损失有时候在量上要大于直接损失。间接损失可以用投入产出、分解分析等方法进行识别。

三是责任损失。责任损失是因受害方对过失方的胜诉而产生的。只有既具备了熟练的业务知识，又具备了充分的法律知识，才能识别和衡量责任损失。另外，由于企业或单位各部门关键人员的意外伤亡或伤残所造成的损失，一般是由特殊的检测方法来进行识别的。

（3）量力而行的原则。风险识别的目的在于为风险管理提供前提和决策依据，以保证企业、单位和个人以最小的支出来获得最大的安全保障，减少风险损失。因此，在经费限制的条件下，企业必须根据实际情况和自身的财务承受能力来选择效果最佳、经费最省的识别方法。企业或单位在风险识别和衡量的同时，应将该项活动所引起的成本列入财务报表作综合的考察分析，以保证用较小的支出换取较大的收益。

（4）科学计算的原则。对风险进行识别的过程，同时也是对企业生产经营状况及其所处环境进行量化核算的具体过程。风险的识别和衡量要以严格的数学理论作为分析工具，在普遍估计的基础上进行统计和计算，以得出比较科学合理的分析结果。

（5）系统化、制度化、经常化的原则。风险的识别是风险管理的前提和基础，识别的准确与否在很大程度上决定了风险管理效果的好坏。为了保证最初分析的准确程度，就应该进行全面系统的调查分析，将风险进行综合归类，揭示其性质、类型及后果。如果没有科学系统的方法来识别和衡量，就不可能对风险有一个总体的综合认识，就难以确定哪种风险是可能发生的，也不可能较合理地选择控制和应对的方法。这就是风险的系统化原则。此外，由于风险随时存在于组织的生产经营（包括资金的借贷与经营）活动之中，所以风险的识别和衡量也必须是一个连续不断的、制度化的过程。这就是风险识别的制度化、经常化原则。

（四）项目风险识别的内容

项目风险识别是项目风险管理中的首要工作，其主要工作内容包括三个方面。

1. 识别并确定项目有哪些潜在的风险

项目风险识别首先要识别和确定项目可能会遇到哪些风险，在这个基础上才能够进一步分析这些风险的性质和后果。所以，在项目风险识别中首先要全面分析项目发展变化的可能性，进而识别出项目的各种风险并汇总成项目风险清单（项目风险注册表）。

2. 识别引起项目风险的主要影响因素

要识别出引起各项目风险的主要影响因素，在这个基础上才能把握项目风险的发展变化规律，才有可能对项目风险进行应对和控制。所以，在项目风险识别中要全面分析各项目风险的主要影响因素及其对项目风险的影响方式、影响方向、影响力度等。

3. 识别项目风险可能引起的后果

项目风险识别的第三项工作是识别出项目风险可能带来的后果及其严重程度，全面地认识项目风险。项目风险识别的根本目的是找到项目风险以及减少项目风险导致的不利后果的方法，所以识别项目风险可能引起的后果就是项目风险识别的主要内容。

二、项目风险识别的方法

从理论上讲，任何有助于风险信息发现的方法都可以作为风险识别的工具，其中最常用的有以下五种。

（一）核对表（风险清单）法

利用以往类似项目的风险清单（风险登记册）作为风险识别的工具。风险清单或风险登记册是重要的组织过程资产，它是组织以往项目管理的经验和教训的总结。在实际使用中，项目团队要基于以往类似项目的风险清单，并根据项目实际需要和特点重新梳理相关风险因素，删除可能不存在的风险要素，添加新的风险因素，适当"裁剪"以呈现项目的风险清单。

（二）文件审核法

文件审核法是从项目整体和详尽范围两个方面对项目计划与假设、文件及其他资料进行结构性审核，从而对潜在的风险进行识别，具体如表 8-3 所示。

表 8-3　项目风险评审

评审类型	问　　题
项目章程	各部分是否清晰且容易理解
干系人清单	最让他们头疼的事情是什么
沟通计划	沟通不善会导致什么环节出现问题
假设	能否确保每个假设条件都可以实现
制约因素	各制约因素如何增加项目难度
工作分解结构	通过工作分解结构的细化能发现哪些风险
进度计划	项目里程碑或其他合并点可能出现哪些问题
资源需求	哪些环节部分员工超负荷工作
交接点	工作在项目员工之间交接会出现哪些问题
文献	刊登的同类项目出现过何种问题或机遇
过去的项目	你所亲历的同类项目面临哪些挑战和机遇
同行评审	你的同行能否识别出更多风险
高层管理	高层管理者能否识别出更多风险

（三）调查与访谈法

1. 头脑风暴法

头脑风暴法是在进行风险识别时最常用的方法。就风险识别而言，头脑风暴法是通过会议的形式充分发挥与会者的创造性思维、发散性思维和专家经验来识别项目的风险。其最终目的是获得一份全面的风险列表，以备在将来的风险分析过程中进一步明确。

2. 德尔菲法

德尔菲法是一种专家们就某一主题达成一致意见的方法。对风险识别而言，就是项目风险专家对项目风险进行识别，并达成一致性意见。这种方法有助于减少数据方面的偏见，同时保证了结果的客观性。

3. 访谈法

访谈法是指与不同的项目相关人员进行有关风险的访谈，其结果将有助于发现那些在常规计划中未被识别的风险。

4. SWOT 分析

SWOT 分析是一种广为应用的战略选择方法，自然也可以用于识别项目风险。SWOT 是英文的缩写形式，其中 SW 是指项目本身的优势与劣势（strengths and weaknesses），OT 是指项目外部的机会和威胁（opportunities and threats）。SWOT 分析在用于项目风险识别时，就是对项目本身的优劣势和项目外部环境的机会与威胁进行综合分析，从而对项目做出系统的评价，最终达到识别项目风险的目的。

（四）图示技术

图示技术对项目风险识别来说是一种非常有用的结构化方法，可以帮助人们分析和识别项目风险所处的具体环节、项目各环节存在的风险，以及项目风险的起因和影响。常见的图示技术有以下几种。

- 因果分析图。用于确定风险的起因。
- 系统和过程流程图。反映某一系统内部各要素之间是如何互相联系的，并反映发生因果关系的机制。
- 影响图。反映了变量和结果之间因果关系的相互作用、事件的时间顺序及其他关系。
- 风险分解结构 RBS（risk breakdown structure）。风险分解结构列出了一个典型项目中可能发生的风险分类和风险子分类。不同的 RBS 适用于不同类型的项目和组织。这种方法的好处是可以提醒风险识别人员风险产生的原因是多种多样的。图 8-2 是一个风险分解结构示例。

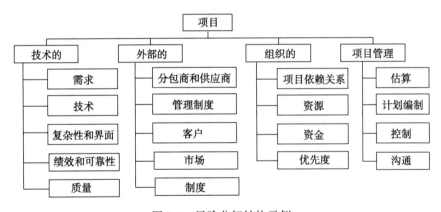

图 8-2 风险分解结构示例

（五）其他方法

1. 现场视察法

在风险识别阶段，风险经理对现场进行勘察非常重要。特别是工程项目，风险经理应通过直接观察现场的各种设施及各种操作，以便能够更多、更细致地识别项目的潜在损失。

2. 相关部门配合法

项目的风险经理应与其他相关部门（如合同管理部门、采购部门、财务部门等）密切配合，一同识别项目风险。

3. 索赔统计记录法

项目经理在进行风险识别时，应大量查阅已完工的类似工程的有关索赔记录，也许这种方法发现风险的绝对量要比别的方法少一些，但它可能能识别出其他方法一般不能发现的某些风险。

4. 环境分析法

企业或项目的环境一般包括四个部分：顾客（业主）、原材料供应商、竞争者、政府管理者。分析环境风险时，应重点考虑它们相互联系的特征和稳定性，通过分析环境的组成，可能会发现许多风险因素。

三、风险登记册

风险识别的主要输出成果是风险登记册。风险登记册是"记录风险分析结果与风险应对计划的文档"，包括风险描述、风险发生的概率、后果，以及对应策略与措施，其他条目将在风险计划的其他阶段进行编制。表8-4、表8-5分别是单个与汇总的风险登记册模板。

表8-4 单个的风险登记册

风险编号		风险名称		
风险描述				
受影响的工作范围				
发生的概率		发生的后果（对项目范围、时间、成本、质量的影响）		风险级别
应对策略与措施				
责任人		风险追踪时间及其他要求		

表8-5 汇总的风险登记册

编号	名称	发生概率	风险影响	风险级别	应对策略	预防措施	应急措施	责任人	追踪要求
1									
2									
3									
…									

风险登记册是一个动态的文档，需要根据实际情况设置其更新频率，可以是一周、两周，或者每次会议之后。识别一项风险后，就添加进去；发现有关风险的更多信息后，也可以加进去。已经处理的风险可以直接从风险登记册中移除，因为他们不再需要关注。在小型项目中，风险登记册只要一个表单即可，但在大型复杂项目中，有些组织可能需要使用数据库。

第三节　项目风险分析

风险识别后要对风险进行评估、分析和排序。确定哪些是需要谨慎管理的重要风险，哪些是可以轻松应对的次要风险。项目团队需要确定他们对每个风险的了解程度以及是否掌握了可靠的必要信息。最后，团队必须将重要风险上报给决策者。

一、定性的风险分析

定性的风险分析是通过考虑风险发生的可能性、风险发生后对项目目标的影响，以及其他因素（费用、进度、范围和质量风险承受水平等）对已识别风险的优先级进行排序，以便下一步进行深入分析和采取应对策略。其主要方法有以下两种。

1. 风险等级划分矩阵

在风险定性分析中，项目团队面对的主要问题是风险发生的可能性大小，如果发生，造成的影响程度有多大。这些在图 8-3 中进行了说明，图中将所有风险因素按其出现的可能性从小到大的顺序分为"极小""较小""中等""较大""极大"五个等级；将风险一旦出现对项目造成的影响按照从小到大的顺序分为"极小""较小""中等""较大""极大"五个等级。由此可以确定各种风险因素的风险等级。

影响程度 \ 可能性	可能性极小	可能性较小	可能性中等	可能性较大	可能性极大
影响极大	风险需要关注	风险较大	风险严重	风险严峻	风险严峻
影响较大	风险较小	风险需要关注	风险较大	风险严重	风险严峻
影响中等	风险很小	风险较小	风险需要关注	风险较大	风险严重
影响较小	风险极小	风险很小	风险较小	风险需要关注	风险较大
影响极小	风险极小	风险极小	风险很小	风险较小	风险需要关注

图 8-3　项目风险等级的划分矩阵

风险定性分析将产生各种风险因素的风险等级，即风险发生的可能性与影响程度的综合评价，可以分为"风险严峻""风险严重""风险较大""风险需要关注""风险较小""风险很小""风险极小"等不同级别。项目经理需要根据不同的风险评级制度制定不同的应对策略以及管理规定，以便为其分配不同的管理责任人员以及其他资源。图 8-3 中的黑线将主要风险和次要风险划分开来，以防项目团队由于忽略主要风险而导致项目出现问题；或者由于对次要风险制定应急计划而浪费时间，分散了团队对真正严重风险的注意力。不同的风险等级的应对策略如下。

- 风险严峻：必须专门安排负责人每日进行监控，随时召开由项目经理、相关职能部门经理、项目组相关人员等构成的风险分析会议，必要时邀请相关项目干系人参加。采取的措施以规避风险为主。
- 风险严重：必须专门安排负责人每日进行监控，每周召开一次项目风险分析会议。
- 风险较大：必须安排专人负责，实行里程碑风险分析会议制度。
- 风险需要关注：必须安排专人负责对风险进行监控，在项目例会上提出风险分析报告。
- 风险较小：项目成员需要关注风险，必要时在项目例会上予以说明。
- 风险很小：必要时予以关注。
- 风险极小：暂时不予考虑。

项目团队还要调查风险可能发生在项目的哪个阶段，在项目前期可能发生的风险通常需要列为高等级风险。有时团队也需要调查发现并解释触发条件的难易程度，如果触发条件难以发现或解释，通常被列为高等级风险。

2. 因果分析图

因果分析图是进行定性风险分析的另一种有用的工具，通常用于识别风险事件发生的潜在原因，如图 8-4 所示。

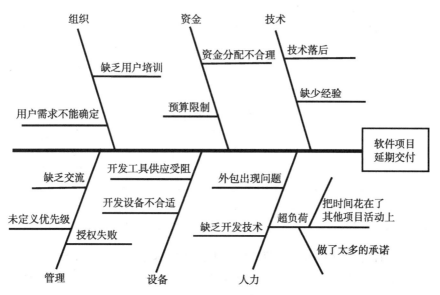

图 8-4 软件项目延期交付的因果分析图

由于因果分析图中线段排列出的形状看上去像鱼的骨架，所以因果分析图又叫鱼骨图。编织因果分析图时，项目团队首先要把风险事件作为结果写在鱼头部的方框中，此例中的结果是软件项目延期交付。风险描述得越详细，越有利于团队找到风险的真正原因。下一步是为鱼的骨架命名，此例中，六个主干分别命名为技术、资金、组织、人力、设备、管理。在编制因果分析图的过程中，骨架的主干数量不限，而且只要命名有意义均可。随后鼓励每个团队成员不断询问"为什么"。例如，为什么人力是一个原因？因为他们缺乏开发技术、超负荷或者是外包出现问题等。通常，团队会提出很多可能的原因，然后进行逐级分解，即不断地问为什么，直到没有可问的问题为止。实际项目中的因果分析图要比这个简单的例子复杂得多，通常包含几十种潜在的原因。团队成员想不出可能的原因之后，就要确定其中哪些是真正原因，可以通过筛选出可能性较大的原因，然后对其进行检验来完成。

二、定量的风险分析

定量风险分析的目的就是从数值上分析每项风险的概率及其对项目目标的影响程度。进行定量的风险分析主要针对以下情况：识别的风险要求给出准确的概率；量化数据很容易得到；需要有准确概率的大规模项目以及进行定性风险分析判断风险很大的项目。以下是几种常见的定量分析方法。

1. 决策树分析

决策树分析法是指在分析每个决策或事件（即自然状态）时，都引出两个或多个事件和不同的结果，并把这种决策或事件的分支画成图形，这种图形很像一棵树的枝干，故称决策树分析法。通过决策树分析，在分析成本、收益的情况下算出期望值，选取获得最大期望收益值的策略，从而获得最优风险型决策方案。

例子：某一项目既可以选择采用一项新技术，也可以继续采用过去的成熟技术。采用新技术会显著缩短项目进度，同时会增加失败的概率。考虑各种可能性和每一种选择的收益（或损失），如表8-6所示。

表8-6 期望货币值计算示例

判断分枝		可能性	收益/万元	EMV
采纳新技术	成功	60%	500	$500 \times 60\% + (-200) \times 40\% = 220$
	失败	40%	-200	
采纳原有技术	成功	90%	200	$200 \times 90\% + (-100) \times 10\% = 170$
	失败	10%	-100	

通过上面的计算可以看出，即使考虑失败的风险因素，选择"采纳新技术"也会带来相对较好的收益。当然，此例子也可以采用决策树的方法进行分析，得到的结果是一样的。

2. 敏感性分析

敏感性分析是一种有助于项目相关成员确定哪些风险对项目的潜在影响程度最大的定量风险分析和建模技术。通过从众多不确定性因素中找出对项目经济效益指标有重要影响的敏感性因素，并分析、测算其对项目经济效益指标的影响程度和敏感性程度，进而判断项目承受风险能力的大小。

三、更新风险登记册

团队成员要将每项风险发生的概率及影响添加到风险登记册中，并列出每一项风险的等级，有些组织通过编制排在前十位的高等级的风险登记册，以引起团队成员对严重风险的特殊关注，有些组织高度重视那些可能最早发生的风险，也有些组织更加关注那些难以识别的风险，即触发条件较模糊的风险。这些对风险进行排序的依据也可以记入风险登记册中。如果项目团队进行定量的风险分析，其结果也要记入风险登记册。从风险管理计划启动之时起，项目经理就要根据实际情况设置风险登记册的更新频率。

第四节　项目风险应对

风险识别与风险分析完成后，项目团队就要决定如何应对风险。此时应该针对识别出的每一个风险"量身定制"风险应对计划，对于未知风险则要建立风险储备金制度。编制风险应对计划是指在确定了项目中存在的风险，并分析出风险概率及其风险影响程度的基础上，根据风险性质和项目干系人对风险的承受能力制定的回避、转移、减小或者接受风险等相应的防范计划。如果识别的风险真的发生，就可以启动风险应对计划进行处理。对于项目团队来说，这是一个创造性的时刻，因为团队成员要决定如何应对每个主要风险。有时由于不确定某个策略能否达到项目干系人的期望，团队成员会对一个风险制定多种应对策略。有时团队成员可能认为，付出这么多努力来消除某个威胁并不值得。这时，可以把目标定为：把威胁减小到项目发起人和其他干系人可接受的范围。但是团队必须彻底了解关键干系人对项目的成本、进度、范围和质量的优先级，才能确定项目风险的应对策略。

一、风险应对策略

对于不同的风险可以采用不同的应对策略，常见风险对策分类如表 8-7 所示。

1. 回避风险

对于项目经理来说，有时回避风险可能是最佳策略。但对于某些风险，团队也可以通过调整项目计划或更改项目范围来消除风险或风险发生条件，使风险不再发生，从而最终保证项目的目标不受影响。项目经理要注意的是，任何风险应对的相关决策都可能影响项目的其他部分。另一个风险回避策略是加强沟通，建立多种有效的沟通渠道，确保信息传递顺畅、准确，尤其对于高风险的问题。最后，项目团队也可以通过终止项目来回避风险。

当项目所面临的风险非常严峻而无法接受时,终止项目是明智的选择,但要在正常考虑其他所有应对策略后,才能做出这种决策。

表 8-7 常见项目风险应对策略

策略	风险类别	举例
回避	威胁	1. 更改项目计划或范围 2. 增强项目沟通 3. 决定撤销项目
转移	威胁	1. 保险 2. 固定价格合同 3. 雇用专家
减小	威胁	1. 降低风险概率或发生后的影响 2. 建立备用措施 3. 使用更可靠的方法
接受	威胁和机会	1. 当风险发生时进行处理 2. 设立触发条件并及时更新 3. 预留时间和应急准备金
研究	威胁和机会	1. 获得更多高质信息 2. 证实假设条件 3. 试用雏形
利用	机会	1. 为项目分配更多有能力的资源 2. 对项目更加重视
分享	机会	1. 给第三方分配部分所有权 2. 形成合营
提高	机会	1. 增加发生可能性与正面影响 2. 识别关键驱动并使其最大化 3. 增加更多资源

2. 转移风险

转移风险就是把风险迁移给第三方,从而降低风险对项目的影响。需要指出的是,转移风险并不是简单地"推卸或转嫁风险",接受风险转移的第三方必须具备专业的管理风险的能力,这种转移才有意义,否则风险并没有被真正地消除。如果第三方不能对该风险进行控制和根除,风险发生后仍然会对项目造成危害。因此对于项目经理和项目团队来说,在选择转移风险策略时,需要同时确认这个风险对第三方来说根本就不是"风险"。

保险是进行风险转移的常用手段,一般转移的风险越多(考虑较低的扣除条款),需要支付保险费的额度越高。另外,还可以使用合同进行风险转移,项目经理可以根据实际情况选择不同的合同方式。第三种风险转移策略是聘请专家对存在风险的领域进行运作并负责。风险转移策略并不能消除风险,只是把风险转移给第三方承担。

3. 减小风险

减小风险是指想方设法地降低风险,通常理解为减小风险事件发生的概率或者减小风险发生所造成的损失。风险减小策略包含提前预防风险以及将影响或者结果降低到可接受等级的行动或工作。在项目生命周期中，尽可能早地采取措施，减小风险发生的概率或者风险对项目的影响，比在风险发生之后竭力弥补其对项目的不良影响更为有效。

4. 接受风险

接受风险是指项目团队可以在风险发生时再对其进行处理，一般是在风险程度很小的情况下采取这种应对方式。如果风险的确很小，那么一般情况下就不会发生，即使发生通常也不会造成重大损失。但是又不能完全忽略这种风险，以防其对项目造成不利的影响，所以项目团队通常为每个决定接受的风险设立触发条件，它表示开始应对风险的时间分界点，使团队成员了解应该在何时开始应对风险而不用时刻关注风险是否发生。

另一种风险接受策略是在项目计划中预留应对突发风险所需要的时间和资金，建立风险储备金制度。一般，对于"已知-已知"风险造成的损失列入直接成本；对于"已知-未知"风险采用应急储备应对；对于"未知-未知"风险采用管理储备应对。

5. 研究风险

有时应对风险最好的方法就是加深对它的了解。所以第一种研究策略是获取更多的可靠信息，使团队成员了解他们将要处理的是什么样的问题。项目通常处于快速变化的环境中，所以需要在不精确、不完全信息条件下迅速做出决策。通常收集并核实全部需要的信息难以实现，但是有时提高信息的可靠性是有必要的。第二种研究策略是证明假设的前提条件是否成立，如果假设不成立，就意味着存在风险，这便需要制定相应的应急措施。第三种研究策略是先在小范围内运行项目查看状况，包括在一个部门建立模型、测试新产品市场行情或者运行新的软件等。团队成员往往会在模拟中尝试他们的想法，从而积累很多经验。以上研究策略对减少项目威胁、把握机会有很大作用。

6. 利用机会

利用机会是一个专门针对机会的策略。项目经理负责识别触发条件，一旦到达触发条件，项目经理就可以向项目发起人申请，从而把项目推向一个优势地位。如果组织想要利用机会，那么可以给项目分配更多、更好的资源，扫除障碍或者在管理评估时给予组织更高的可见度。

7. 分享机会

另一个利用策略是处理项目结果。项目团队可能会开发出革命性的新产品或服务，以致母公司不能完全利用。在这种情况下，母公司会分拆一个敏捷的附属机构，与其他公司形成合营或者将产品的专利出售。

8. 增加机会

一般人们希望增加产生正面影响的风险机会。项目经理要识别出这些正面影响的关键驱动因素，并编制相应策略。一般增加更多、更好的资源是增加机会的一种方式。

二、更新风险登记册

项目经理要根据应对计划结果及时更新风险登记册，并设置更新频率。这个过程包括记录每项风险的应对策略，给每项风险分派唯一的"负责人"，负责识别该风险的触发条件并实施应对策略，最后对项目进度、预算、资源分配，以及沟通计划的变更进行更新。

预先做好风险防范措施

某公司以融资租赁方式向客户提供重型卡车 30 台，用于大型水电站施工。车辆总价值 820 万元，融资租赁期限为 12 个月，客户每月应向公司缴纳 75 万元，为保证资产安全，客户提供了足额的抵押物。在合同执行到第 6 个月时，客户出现了支付困难，抵押物的变现需时太长，不能及时收回资金。公司及时启动了预先部署的风险防范措施，与一家信托投资公司合作，由信托公司全款买断 30 台车，客户与公司终止合同，与信托公司重新签订 24 个月的融资租赁合同。此措施缓解了客户每月的付款压力，使其有能力继续经营，信托公司向客户收取了一定比例的资金回报，公司也收回了全部资金，及时解除了风险。

案例来源：http://www.doc88.com/p-393367790005.html。

请问：
1. 项目中导致客户不能按时支付租金的主要原因有哪些？
2. 针对可能面对的风险，本案例中的公司采取了怎样的风险监控措施？

第五节　项目风险监控

项目风险监控是在整个项目生命周期内跟踪已经识别的风险、监视残余风险、识别新的风险、实施风险应对计划并评估其有效性的过程。它伴随着整个项目的实施过程，包括风险监视和风险控制两层含义。项目风险监控是建立在项目风险的阶段性、渐进性和可控性基础之上的一种项目管理工作。当风险事件发生时，实施风险管理计划中预定的规避措施；当项目的情况发生变化时，重新进行风险分析，并制定新的规避措施。一个好的分析监控系统可以在风险发生之前就为决策者提供有用的信息，并使之做出有效的决策。项目风险监控包括在整个项目过程中根据项目风险管理计划和项目实际发生的风险与变化，所开展的项目风险控制活动。

一、风险监控的目标

风险监控活动的主要目的是持续不断地评价项目所处的风险状况并制订相应的控制计划。它主要包括以下几点。

（1）跟踪已知风险。项目风险监控的首要目标是通过开展持续的风险识别和度量工作，及早发现项目所存在的各种风险，更新已经识别的风险特征值的变化情况，根据实际情况调整风险优先级，同时检测风险是否发生。

（2）评价项目环境。监控项目环境和假设条件是否发生变化，检测是否出现了以前没有被识别的风险。

（3）监督风险应对措施的执行。当识别的风险发生时，监督风险应对措施是否已经按照计划得到了执行，风险应对措施的效果是否达到期望，是否需要制定新的应对方案。

（4）积极消除风险事件的消极影响。并不是所有的项目风险都可以避免，有许多项目风险由于各种原因，最终还是发生了。对于这种情况，项目风险监控的目标是要积极采取行动，努力消除这些风险事件的消极影响。

二、风险监控的依据

项目风险监控的依据主要有：

（1）项目风险管理计划。这是项目风险监控最根本的依据。通常项目风险监控活动都是依据这一计划开展的，只有新发现或识别的项目风险例外。但是，在识别出项目新的风险以后，需要立即更新项目风险管理计划，所有的项目风险监控工作都是依据项目风险计划开展的。

（2）实际项目风险发展变化情况。一些项目风险事件是必然发生的（风险概率达到了1），而其他的一定不会发生（风险概率为0），这些发生的项目风险的发展变化情况也是项目风险控制工作的依据之一。

（3）潜在风险识别和分析。随着项目的进展，在对项目风险进行评估时，可能会发现以前未曾识别的潜在风险事件。项目经理应对这些风险同样执行风险识别、分析并制订应对计划。

三、风险监控的步骤

风险监控可以采取以下步骤。

（1）建立项目风险监控体系。建立项目风险监控体系就是要根据项目风险识别和评估报告所给出的项目风险信息，制定整个项目的风险监控的方针、项目风险监控的程序和项目风险监控的管理体系。体系包括项目风险责任制度、项目风险信息报告制度、项目风险监控决策制度、项目风险监控的沟通程序等。

（2）确定要监控的具体项目风险。这一步是根据项目风险识别与评估报告所列出的各种具体项目风险，确定对哪些项目风险要进行控制，而对哪些风险可以容忍并放弃对它们的控制。通常这要按照项目具体风险后果严重性的大小和风险的发生概率，以及项目组织的风险控制资源情况确定。

（3）确定项目风险的监控责任。这是分配和落实实现项目具体风险监控责任的工作。所有需要监控的项目风险都必须落实负责监控的具体人员，同时要规定他们所负责的具体责任。

（4）确定项目风险监控的行动时间。这是指对项目风险的监控要制订相应的时间计划和安排，不仅包括进行监测的时间点和监测持续时间，还应包括计划和规定解决风险问题的时间表与时间限制。

（5）制订各个具体项目风险的控制方案。这一步是由负责具体项目风险监控的人员，根据风险的特性和时间计划，制订各个具体项目风险的控制方案。要找出能够控制项目风险的各种备选方案，然后对方案做必要的可行性分析，以验证各个风险控制备选方案的效果，最终选定要采用的风险控制方案。

（6）实施具体项目风险控制方案。这一步要按照确定的具体风险控制方案，开展项目风险控制活动。在具体实施时，必须根据项目风险的发展与变化，不断修订项目风险控制方案与办法。

（7）跟踪具体项目风险的控制结果。这一步的目的是收集风险事件控制工作的信息并给出反馈。即利用跟踪去确认所采取的风险控制活动是否有效，项目风险的发展是否有新的变化等，以便不断提供反馈信息，从而指导项目风险控制方案的具体实施。

（8）判断项目风险是否已经消除。若认定某个项目风险已经解除，则该风险的监控作业已完成。若判定该风险仍未解除，就要重新进行风险识别，重新开展下一步的风险监控作业。风险监控的程序如图 8-5 所示。

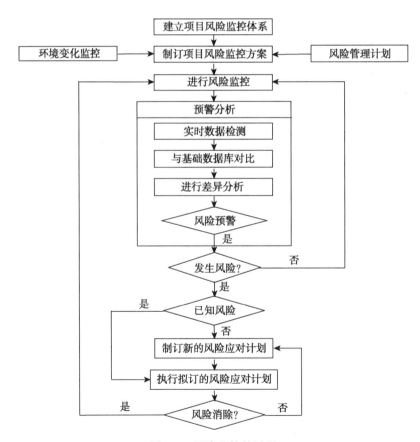

图 8-5　风险监控的过程

四、填写风险追踪报告并更新风险登记册

项目经理要根据每次监控的结果对风险登记册进行更新,项目团队成员也要参与监控的过程。在项目进行的不同阶段,针对不同的重点进行风险监控,并填写风险追踪报告,应至少每月一次。追踪报告如表8-8、表8-9所示。

表8-8 项目风险追踪报告

风险编号		风险名称	
风险描述			
已有的风险评估和已制定的风险对策			
已采取的应对策略			
目前存在的问题			
准备采取的应对策略			
责任人		报告时间	

表8-9 月度风险追踪汇总报告

本月排序	风险名称	潜在后果	进展与问题	上月排序	上榜月数
1					
2					
3					
4					
5					
6					
7					
8					
9					
10					
责任人			报告时期		

针对风险登记册,要用新的眼光去评估它,补充任何出现的新风险。新风险可能来自项目内部或外部的情况变化,应该考虑自上次评估以来所发生的所有变化。通过审查刚开始或即将开始的工作,也可能发现新风险。要注意识别那些之前隐藏着但现在已暴露的风险。评估所有新风险的影响和可能性,重新评估所有已识别的风险。在重新评估之后,删去那些已经不复存在的威胁或已经发生的风险,根据最新的风险评估结果,更新风险登记册,并对风险进行重新排序。对于新的重大风险,尽可能为其制定并实施缓解和规避策略。对于所有无法规避的重大风险,应该确定责任人、触发因素并制订应急计划。在每次评审之后,都要传达评审结果,把风险登记册放在易取易用的地方。与那些主要风险的监测人员一起,定期评审应急计划,确保其中的风险应对措施仍然是最佳的选择。定期评审也有助于让项目团队对风险及其后果保持清醒的认识。

本章小结

为了项目的成功，风险必须得到管理。风险是各种不确定性事件或条件带来的影响，这种影响既有可能带来机会，也可能带来损失。通过包括规划风险管理、风险识别、风险分析、风险应对和风险监控等过程，项目风险管理可以达到提高项目积极事件的概率和影响，降低项目消极事件的概率和影响的效果，从而把整体项目风险减小到项目发起人和其他干系人可接受的水平。项目管理者应以全过程管理、全员管理和全要素管理为原则，通过项目风险管理计划的编制、项目风险的识别及风险登记册的编制，运用项目风险评估技术定性和定量分析项目风险的大小及影响，提出应对各种项目风险的策略，监控风险管理计划的实施，并不断通过上述风险管理过程实现风险管理目标。

 简答题

1. 项目风险管理要达到什么样的管理目标？
2. 你怎么看待项目风险与项目机会的关系？
3. 项目风险管理有哪些步骤？
4. 项目风险识别方法有哪些？
5. 请分析一下你所在的组织正在进行的一个项目的主要风险有哪些？

 案例分析题

谁该承担风险？

自学自测　　扫描此码

第九章 项目质量管理计划

学习目标

知识目标

1. 掌握现代质量管理理论与项目质量管理的核心概念;
2. 掌握项目质量规划的内容及工具;
3. 了解项目质量保证体系的构建;
4. 掌握项目质量控制工具与技术的使用。

能力目标

1. 掌握质量规划相关理论,具有一定质量管理策划能力;
2. 熟知质量保证体系构建的过程与方法,提高合理配置资源的组织能力;
3. 提高全面质量意识,提高沟通和协调能力;
4. 掌握质量控制工具与技术,提高分析问题和解决问题的能力;
5. 把控质量全局、整合资源,形成系统思维能力。

引导案例

"极致安全 协同创新"质量管理模式

中国核电工程有限公司华龙一号研发设计创新团队"极致安全 协同创新"质量管理模式实现核行业的突破,获得 2021 年第四届中国质量奖。

团队在质量水平、创新能力、品牌影响力,以及效益等方面均取得突出成绩并达到国际领先水平:一次成功研发了我国首个拥有完全自主知识产权的三代核电站,连续 5 年获国际质量管理小组大会金奖;构建了完整的核电产业链生态体系;实现全球三代首堆建设工期最短、造价最低,堆芯融化概率优于国际最高安全标准一个量级;助力华龙一号成为走向世界的"国家名片"。

视频 9.1

20 多年来,中核工程已经形成了"追求极致安全就是我们的质量特性"的理念,其质量管理精髓渗透全领域各环节,以满足最高安全标准、自主可控为目标,建立全过程、全要素联动的研发设计管理体系,以"互联网+"异地协同平台,联动 5500 余家合作单位,实现"小核心、大协作"的全产业链协同、"一处修改,处处响应"的高效变更管理、设计与施工调试的高度耦合,自主研发 80 余个设计软件、建立 2300 余项标准,依靠质量创造优势,不断增强企业的核心竞争力。

案例来源：https://www.cnnc.com.cn/cnnc/xwzx65/zhyw0/1115784/index.html。

在网上查阅"华龙一号"研发设计创新团队相关资料，试回答以下问题：

1. 描述"极致安全 协同创新"质量管理模式，与其他质量管理模式相比，其最大的特点是什么？

2. 项目质量管理和企业质量管理有什么区别？

第一节　项目质量管理概述

质量是项目使用价值的集中表现，只有符合质量要求的项目才能交付使用，在进度、质量和成本三大目标中，质量目标是项目的根本利益所在。项目质量对项目的成功至关重要，高质量意味着供方的成功和客户的满意。

一、质量和项目质量

1. 质量

很多组织认为给质量下一个精确的定义很难，因为质量应由用户定义。

ISO9000：2015 定义质量是指产品或服务能满足规定或潜在需求的特性与特征的集合。PMI 定义质量是对一种产品或服务能满足对其明确或隐含需求的程度产生影响的该产品或服务特征和性质的全部。美国质量管理学家朱兰（J.M.Juran）认为："质量就是产品的适用性，即产品在使用时能够满足用户需要的程度。"日本质量管理学家石川馨认为："质量是评价产品或服务能否满足顾客使用要求的一种尺度。"真正的质量特性是满足顾客的要求，而国家标准或技术指标只是质量的代用特性。

以上定义虽然在表述上有些差异，但描述的产品质量涉及的内容有：功能、特征、可靠性、一致性、耐久性、美感、感知质量、售后服务等。对于服务，客户的质量期望一般包括时间、及时性、完整性、礼貌、殷勤、周到、公平性、可得性与便利性、准确性、职责等。

质量水平与质量等级是容易混淆的概念。质量水平是一系列内在特性满足要求的程度，而等级是对用途相同但技术特性不同的产品或服务的级别分类。质量水平未达到要求是严重的问题，而低等级不一定是个问题。比如，检测合格的经济型汽车空间狭小，电子设备与安全设施很少、乘坐不舒适，这是达到质量水平的低等级产品。一辆由于技术问题被召回的豪华汽车，虽然乘坐舒适、功能众多，但属于质量水平低的产品。项目团队必须努力使项目产品达到所要求的质量水平与等级。

质量要满足或超越客户期望并符合系统设计和规范，因此，质量具有相对性和时效性。随着产品质量不断提高，人们对质量的认识也发生了或正在发生巨大的变化，如表 9-1 所示。

表 9-1 质量观念变迁

过　去	现　在
• 保证质量是蓝领工人的责任 • 质量缺陷应对用户保密 • 质量问题导致相互责备和推诿 • 用最少的文档总结质量改进问题 • 提高质量将增加成本 • 质量只有内部重视 • 只有严格监督才能提高生产质量 • 项目质量是在项目执行期间产生的	• 保证质量是所有人的责任 • 缺陷应拿出来解决 • 问题可以合作解决 • 文档可以保证不再犯重样的错误 • 节约金钱并增加商业机会 • 用户非常重视质量 • 人们有提高质量的积极性 • 质量产生于项目的初始阶段并在整个项目内实现

2. 项目质量

项目质量是一个永恒的话题，现实中有两种不良的倾向。一是为了节约成本忽视项目质量，项目功能满足不了使用需求，"豆腐渣工程"随处可见，带来安全隐患的同时造成了巨大的浪费。二是只注重项目成果质量而忽视项目活动过程质量。

项目质量是项目所固有的特性满足客户要求的程度。项目质量既重视项目所交付成果的质量，也重视项目活动过程质量。项目作为一次性的活动，项目质量体现在由工作分解结构反映的项目范围内所有的阶段、子项目、项目工作单元的质量所构成，即项目的工作质量。从项目作为一项最终产品来看，项目质量体现在其性能或者使用价值上，即项目的产品质量。

3. 质量管理的三个阶段

最早的项目质量管理方法出现在古巴比伦《汉谟拉比法典》中。该法典规定，如果一幢建筑物倒塌了，设计师和施工人员都要被处以死刑。现在我们更注重防止质量问题的产生，而不是在出现问题时进行相应的惩罚。质量管理的方法经过了质量检验阶段、统计质量管理阶段和全面质量管理阶段。

（1）质量检验阶段。在 20 世纪 30 年代之前，人们采用各种检测设备和仪器，对产品进行全部检测以剔除不合格品，这是事后被动检验的做法，要产生大量的成本。

（2）统计质量管理。1924 年，美国贝尔实验室休哈特提出统计过程控制理论，首创了过程控制的工具——控制图，为质量控制理论奠定了基础。他的同事道奇提出了抽样检验理论，构成了质量检验理论的重要内容。控制图和抽样检验将质量控制从事后的检验提前到制造阶段，向主动控制迈出了一步。直到 20 世纪 50 年代，这个阶段的主要特点是应用统计理论和工具，称为统计质量管理阶段。

（3）全面质量管理。1961 年，通用电气公司（GE）费根堡姆在《全面质量管理》一书中提出，全面质量管理（TQM）是为了能够在最经济的水平上并考虑到充分满足用户要求的条件下，进行市场研究、设计、生产和服务，把企业各部门的研制质量、维持质量和提高质量的活动融为一体的有效体系。全面质量控制（TQC）的核心是全员参与、全过程和全方位的管理。20 世纪 80 年代末，全面质量管理在全世界盛行，渐渐取代了通过检验发现质量问题的方法。

二、现代质量管理理论与方法

现代质量管理理论与方法的发展始于 20 世纪 50 年代到 20 世纪 80 年代的质量管理专家们对其研究成果的推广，也包括近年来盛行的各种框架。

（一）质量管理专家

1. 戴明的渊博知识体系

扩展阅读 9.1

W.爱德华兹·戴明被视为最有影响力的质量管理思想的先驱者。他曾经完善和推广了由沃尔特·安·休哈特教授提出的 PDCA 循环（即戴明环），提出了质量管理 14 条原则，并在晚年总结提出了渊博知识体系，如表 9-2 所示。戴明渊博知识体系由彼此相互关联四个部分组成，是戴明的质量管理思想的理论总结。

表 9-2 戴明的渊博知识体系

对系统的体认	公司是由互相依赖的各部分组成的系统，通过共同运作以达到其目标
对偏差的理解	经理要善于区分偏差的常见原因和特殊原因，并懂得如何消除它们
知识	经理需要从过去及因果关系获得经验，以预测未来
心理学	领导者要熟知对每个员工的有效激励方式及个人或小组所面对的困难

2. 朱兰的质量三部曲

美国著名管理学家约瑟夫·朱兰从质量管理过程的角度，认为质量对于产品提供者来说是一堆规范和规格的集合；而对于用户来说，质量是产品的适应性，即产品在使用过程中能够满足用户各种需要的程度。朱兰的质量三部曲如表 9-3 所示。

表 9-3 朱兰的质量三部曲

质量计划	识别客户及其需求，基于客户需求制定质量要求，并据此选择方法达到要求
质量控制	确定控制内容，建立测度系统，设立每项标准，将实施情况与标准进行对比找出偏差并更正
质量改进	支持质量改进，说明改进原因和策略，并对改进过程进行一定控制

朱兰博士提出，质量是在市场调查、开发、设计、采购、生产、控制、检验、销售、服务、反馈等全过程中形成的，同时又在这个全过程的不断循环中螺旋式提高。

3. 其他质量管理专家

其他许多质量先驱对质量概念及质量工具的主体进行了扩充，其中最有影响力的专家及其成就如表 9-4 所示。

上述质量专家们的思想和成就被延伸归纳为三个框架：全面质量管理（TQM）、国际标准化组织（ISO）质量管理体系，以及六西格玛。这些框架目前在质量管理中得到了广泛应用。

表 9-4　其他质量管理专家

质量管理专家	对质量管理的主要贡献
克里夫顿	质量组织鼓励团队成员发挥才能
克劳斯比	质量是满足要求而不是超出要求 质量应该由直接工作人员负责 当工作在第一时间准确地完成时，其质量成本最低 改进质量采取预防偏差的方式远比矫正偏差好得多
哈林顿	系统的方法可以改进商业过程
石川馨	质量输出始于了解客户需求 识别及消除质量问题的根源，而不仅仅是消除问题 质量改进需要企业全体人员共同努力 使用简单的工具可以消除大部分质量问题
圣吉	团队的经验是提高质量的必要条件
司马正次	互联网促进质量改进 企业不但需要渐进式质量改进，突破式质量改进也是必需的
田口玄一	减少偏差等于节省资金 改进方法可以提高可交付物的质量
泽丝曼尔	在提高产品质量时，服务和产品面临着不同的挑战

（二）全面质量管理

在美国，费根堡姆以马尔科姆·鲍德里奇国家质量奖的核心价值为基础形成了全面质量管理的理论体系。全面质量管理，即 TQM（total quality management）就是指一个组织以质量为中心、以全员参与为基础，目的在于通过顾客满意和本组织所有成员及社会受益而达到长期成功的管理途径。在全面质量管理中，质量这个概念和全部管理目标的实现有关。全面质量管理让每个企业认识到质量的控制必须依靠每个人的努力。全面质量管理具有如下一些特点。

- 全面性：是指全面质量管理的对象，是企业生产经营的全过程。
- 全员性：是指全面质量管理要依靠全体职工。
- 预防性：是指全面质量管理应具有高度的预防性。
- 服务性：主要表现在企业以自己的产品或劳务满足用户的需要，为用户服务。
- 科学性：质量管理必须自觉地利用现代科学技术和先进的科学管理方法。

全面质量管理的主要思想如表 9-5 所示。

表 9-5　全面质量管理的主要思想

提出者或概念	主要思想
石川馨	先控制质量再求利润，通过培训激发员工潜能；提供积极的反馈和责任下放机制；进行长期的客户定向；充分利用方法和数据，并在全公司范围内进行交流讨论；开发一套员工理解并承担产品质量后果的全面质量控制系统
马尔科姆·鲍德里奇	组织及成员学习；员工及合作伙伴的价值；敏捷、关注未来；面向创新的管理；基于事实的管理；社会责任；注重结果和正在创造的价值；系统观点
现代全面质量管理	单元式制造、大规模定制、制造业产品更个性化 客户满意度是检验和衡量质量优劣的基本尺度，预防重于检查 要做到全员、全过程、全方位管理

（三）ISO9000：2000 质量管理体系

国际标准化组织（International Organization for Standardization，ISO）是世界上最大的国际标准化组织，成立于 1947 年。ISO 通过它的 2856 个技术机构开展技术活动，现已制定出国际标准共 10300 多个，主要涉及各行各业各种产品（包括服务产品、知识产品等）的技术规范。自从 1987 年 ISO9000 系列标准问世以来，为了加强品质管理、适应品质竞争的需要，企业家们纷纷采用 ISO9000 系列标准在企业内部建立品质管理体系，申请品质体系认证，很快形成了一个世界性的潮流。目前，全世界已有近 100 个国家和地区正在积极推行 ISO9000 国际标准，约有 40 个品质体系认可机构，认可了约 300 家品质体系认证机构，有 20 多万家企业拿到了 ISO9000 品质体系认证证书。

如表 9-6 所示，可以看到国际标准化组织质量管理八项原则所包含的思想与马尔科姆·鲍德里奇国家质量奖的价值体系有很多共同之处。

表 9-6　国际标准化组织质量管理八项原则

准　则	阐　述
客户为中心	了解现在及将来的客户需求；满足需求；努力超越这些需求；把组织目标和客户需求联系起来
领导作用	领导者制定一致的组织目标和方向，营造良好的内部环境
全员参与	激励、分配工作，并使各层员工正视自身问题、评价自己的实施效果且信息共享
过程管理	通过对活动及相关资源进行过程管理，可以达到期望结果并增加机会
系统的管理	统一过程；以关键过程为重点；项目开始前理解相互关联性、能力及限定条件
持续改进	使用组织上宽度一致的方法进行渐进式改进，包括有效的培训、目标导向，以及追踪的测度
基于事实决策	控制数据和信息的精确性、真实性、可获取性；基于事实分析进行决策并采取措施；对决策和看法大胆质疑
营造双赢的合作关系	识别并选择关键合作伙伴，与伙伴共同发展和提高，与合作伙伴进行公开的交流

（四）6σ 管理法

6σ 管理法是一种统计评估法，核心是追求零缺陷生产，防范产品责任风险，降低成本，提高生产率和市场占有率，提高顾客满意度和忠诚度。6σ 管理既着眼于产品、服务质量，又关注对过程的改进。"σ"是希腊文的一个字母，在统计学上用来表示标准偏差值，用以描述总体中的个体离均值的偏离程度，测量出的 σ 表征着诸如单位缺陷、百万缺陷或错误的概率，σ 值越大，缺陷或错误就越少。6σ 是一个质量目标，达到 6σ 这个质量水平意味着所有的过程和结果中 99.99966%是无缺陷的。也就是说，做 100 万件事情，其中只有 3.4 件是有缺陷的，这几乎趋近人类能够达到的最为完美的境界。6σ 管理关注过程，特别是企业为市场和顾客提供价值的核心过程。因为过程能力用 σ 来度量后，σ 越大，过程的波动越小，过程以最低的成本损失、最短的时间周期、满足顾客要求的能力就越强。6σ 理论认为，大多数企业在 $3\sigma\sim 4\sigma$ 运转，也就是说每百万次操作失误在 $6210\sim 66800$ 次，这些缺陷要求经营者以销售额在 15%～30% 的资金进行事后的弥补或修正。而如果做到 6σ，事后弥补的资金将降低到约为销售额的 5%。

扩展阅读 9.2

为了将 6σ 管理理念变为实际行动，将目标变为现实，通常使用 DMAIC 这个结构化模型对现有流程的进行改进。如图 9-1 所示，DMAIC 是指定义（define）、测量（measure）、分析（analyze）、改进（improve）、控制（control）五个阶段构成的过程改进方法。对现有流程的数据分析包括输入数据和输出数据的分析，查找问题出现的基本原因。6σ 管理的启动成本较高，但能极大地提高流程效率和产品质量。

DMAIC 方法的特点主要有：①强调以客户为中心；②事实导向的管理；③过程的管理和改进；④目标设立；⑤项目管理的角色；⑥DMAIC 过程。

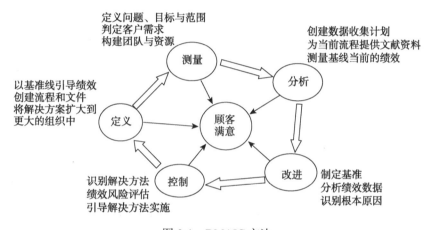

图 9-1　DMAIC 方法

三、项目质量管理

（一）项目质量管理的概念和特点

项目质量管理是为了保障项目的产出物，使项目满足其预定的需求，所开展的对于项目产出物的质量和项目工作质量的全面管理工作，包括执行组织确定的质量政策、目标与职责的各过程和活动，通过适当的政策和程序，采用持续的过程改进活动来实施质量管理体系。

项目质量管理具有与一般质量管理不同的特点。一是复杂性，项目经历的环节多，涉及主体多、影响因素多，使得质量管理很复杂。二是动态性，项目生命周期的各个阶段影响质量的因素不同，质量管理方法和重点要随项目进展而不同。三是系统性，项目质量管理受项目其他管理结果的影响，如进度决策、成本控制等可能会影响质量结果，质量目标要与其他目标共同实现才能让客户满意。四是不可逆性，项目的一次性特点使项目质量不能在重复生产过程中改进，这对项目质量管理方法和措施提出了更高的要求。

（二）项目质量管理的原则

1. 干系人满意

项目干系人是指直接或间接受组织绩效影响的个人或团体。干系人满意度包括干系人识别、使用结构化过程确定相关质量标准，以及了解干系人的最终质量目标。

干系人一般都会积极地参与质量标准的制定过程，他们会从自己的角度对质量管理过程进行判断，其评判的范围既包括工作过程的质量，也包括可交付成果的质量。项目经理在进行权衡取舍时起促进作用，实际上要由干系人做出决策，此时应提醒干系人考虑成本、进度、范围和质量的相对重要性，这些对确定合理的标准很有价值。

2. 过程控制与改进

过程是为完成既定的产品、成果或服务所实施的一系列相关联的活动。为进行有效的过程管理，项目经理需要在对其理解的基础上进行过程控制以及过程改进。项目团队进行过程改进，既可以用持续渐进的方式，也可以用突破式的方式。控制项目过程的可用性和灵活性，控制项目过程使其按照一定的轨道运行，DMAIC 方法和 PDCA 循环是常用的质量改进方法。

（1）周而复始是 PDCA 循环的基本原理。PDCA 循环的四个过程不是运行一次就完结，而是周而复始地进行，解决了一部分问题，可能还有问题没有解决，或者又出现了新的问题，再进行下一个 PDCA 环，依此类推，如图 9-2(a)所示。

（2）大环套小环。如图 9-2(b)所示，类似行星轮系，一个公司或组织的整体运行体系与其内部各子体系的关系，是大环带动小环的有机逻辑结构。

（3）阶梯式上升。如图 9-2(c)所示，PDCA 循环将阶梯式上升，即通过一次次的循环，便能将质量管理活动推向一个新的高度，使项目管理的质量不断得到改进和提高。

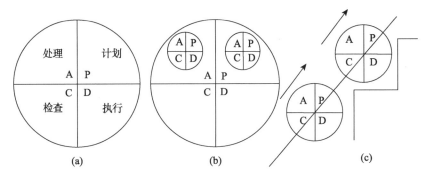

图 9-2　PDCA 循环

在过程中控制质量，要远远优于检测时再发现问题。检测时再发现问题可能造成的后果包括成本严重浪费、加剧工期压力、劣质品流入客户手中以致严重影响口碑。

3. 基于事实的管理

基于事实进行决策是项目经理所面临的一个挑战。基于事实进行决策看似理所当然，实际却很难做到。原因是：①个人观点的影响；②难以判断信息收集的范围；③项目运作过程中时间紧迫，项目经理必须迅速做出决策。

基于事实的管理包括四个基本观点。

（1）理解偏差产生的原因

项目决策者要明确两种偏差的区别。常见原因：系统内固有的并且可以预见的偏差的原因，在控制图中表现为随机过程偏差的一部分，被认为是正常或非异常的。特殊原因：一种并非系统固有、无法预见并断续发生的偏差来源，可以引咎为由某种缺陷引起。在控制图中，控制界限之外的点及控制界限内非随机分布的图形都是特殊原因的表现。如果偏差是常见原因，而结果仍然达不到验收标准，那么就需要对整个系统进行变更。如果偏差是由特殊原因引起的，那么改进只需针对特殊原因进行变更，而非整个系统。

（2）确定测度的范围

选择部分关键且容易的部分进行测度。确定测度的范围要避免两个极端，一个是由于时间紧迫无暇对项目所有方面进行测度，另一个极端是对确定性事件也进行测度。项目经理人与发起人应该就测度的范围、测度的时间，以及测度的外部环境达成一致。

（3）正确地使用数据

仔细收集数据并分析变成有用的信息。数据是在测度过程中收集的对事实的简要表述。数据收集者应尽力准确无误且能及时地完成数据收集工作。当该工作不止一人参与时，要控制目标的一致性。数据收集完成后要对其进行分析，获取其状态的趋势。

（4）适当地运用已知的信息

对上面的数据信息需要结合项目环境进行理解。要鼓励员工使用事实信息对观点和决策提出质疑。如果质疑不是基于事实而是源于个人观点，则会对项目造成不利影响。

"5why"提问法找到问题的真正原因

有一次，丰田汽车公司前副社长大野耐一发现生产线上的机器总是停止转动，虽然修过多次，但没有解决问题。于是，大野耐一与工人进行了如下对话。

大野问："为什么机器停了？"工人答："因为超过了负荷，保险丝就断了。"

大野问："为什么超负荷呢？"工人答："因为轴承的润滑不够。"

大野问："为什么润滑不够？"工人答："因为润滑泵吸不上油来。"

大野问："为什么吸不上油来？"工人答："因为油泵轴磨损、松动了。"

大野问："为什么磨损了呢？"工人答："因为没有安装过滤器，混进了铁屑等杂质。"

请问：

上网查询5why提问法操作关键点。5why提问法一定是提5个问题吗？如何把握提问的正确方向？

第九章 项目质量管理计划

4. 有效的执行

有效的执行取决于在公司内各层级、各职位能力强且工作积极的员工。项目经理应允许并鼓励员工承担一定的风险，并且把风险事件视为学习的机会而非惩罚的预兆；对员工进行培训和辅导，使他们愿意承担风险；项目经理应放弃部分决策权而允许组织中低层成员进行决策。同时，培养专家以帮助组织内其他成员，比如组织培训六西格玛黑带指导项目改进过程。尽可能使每个人做自己喜欢的工作，尽可能做到用人之长，广泛地分享知识、经验和其他信息，确保每个人都能明确并接受自己的责任。

5. 管理层的责任

全面质量管理要求项目全体成员的参与，调动全体员工的积极性，履行各自的质量责任，管理层必须为项目提供所需资源，指导编制可行的项目质量计划，设定富有挑战性的质量目标，激励员工为质量管理做出贡献，营造适合项目特点的质量文化，以保证最终给客户交付满意的产品。

6. 全员参与

项目成员的素质和努力程度对项目产品或服务的质量有极大影响，必须对全体员工进行质量管理的培训，激发员工的积极性和责任感，赋予他们应有的质量管理权限，为员工创造提升能力和经验的机会，提倡知识和经验共享，确保项目最终达到质量要求。在委托承包商完成的项目中，承包商和供应商是实施质量技术绩效的主体，他们应建立质量保证体系。监理机构根据质量监控体系的要求，对承包商和供应商的项目工作和产出物的质量进行监控。

7. 与供应商保持互利关系

供应商提供的材料和设备的质量及价格会直接影响项目质量和成本。项目组织应通过严格招标过程选择重要的供应商，本着"双赢"理念建立良好合作关系，与供应商建立良好的信息渠道，共享专门的信息和资源。有些企业强调低价中标原则，在货款支付时不严格履行合同，一锤子买卖的现象使供应商难以与采购方建立信任关系，供应商也不参与采购方的决策，从长远来看，这不利于企业降低采购成本与提高采购质量。

8. 通过授权提高绩效

在项目成员的任务和职责范围内，给予持续改善日常工作绩效的授权，自主决策会提高员工的信心。员工个人更加关注自己承担的任务价值，促进员工学习行为，扩大了员工在工作中的影响力。授权是一种内在的激励。质量组织要尊重所有人，每个人无论职位高低，都应不断地得到授权，这样才会增强组织的有效性。

9. 预防胜于检查

质量是规划、设计和建造出来的而不是检查出来的，这是现代质量管理的基本信条之一。通常预防错误发生的成本小于检查与纠正成本，项目质量是通过工作和管理形成的结果。在质量保证方面，事前管理非常重要。

四、不同阶段项目质量管理活动

项目质量管理贯穿于项目管理全过程。图 9-3 说明了不同阶段的项目质量管理活动，项目质量管理主要由九个关键控制点构成。

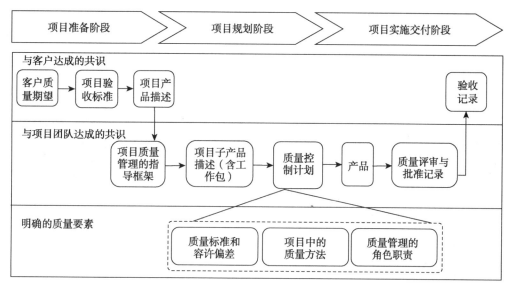

图 9-3　不同阶段的项目质量管理活动

（一）项目启动阶段的质量活动

1. 获取客户的质量期望

在项目启动阶段要获取客户的质量期望，这是项目质量管理的起点或第一个关键控制点。这里的客户不仅指项目的外部客户和最终客户，还包括所有会用到项目产品的利益相关方，如生产部门、运营部门、质量部门、客服部门、销售部门和运营部门。在这个阶段需要管理好客户的期望值，要把客户的期望值控制在一个合理的范围内，至少是项目团队可以实现的范围内，这样才可能兑现对客户的承诺。

获得客户期望的过程通常被称为项目需求分析。项目需求分析有几种方式，包括访谈、问卷调查、头脑风暴和思维导图等，在开展需求分析的过程中，可以将这几种常用的方式结合使用，以达到最佳效果。

客户的质量期望或项目需求通常会有很多，而且不同的客户或利益相关方的需求各不相同，有时还会存在分歧和矛盾。因此，在收集和整理客户的质量期望或需求时，需要对其进行优先排序。

2. 明确项目的验收标准

明确项目的验收标准是项目质量管理的第二个关键控制点。客户的质量期望很多时候是描绘性的，不同的人会产生不同的理解，因此在验收时容易产生分歧。因此，最好在一开始就与客户对可测量的项目验收标准达成明确的共识。通常，偏技术类的项目的验收标准相对明确一些，而管理类的项目或客户体验类的项目质量期望较为抽象，导致不同人的理解不一样。因此，必须明确可测量的验收标准，否则很难确定项目是否达到了预期目标。

3. 进行项目产品描述

第三个关键控制点就是项目产品描述。当我们明确了客户的质量期望和项目的验收标准之后，必须把客户的期望和验收标准及其他客户达成共识的目标性要求，写在一个正式的文档上，并再次要求客户确认。大多数时候，项目团队的理解与客户质量期望存在差异，因此项目需求分析是一个经常会出现问题的环节。为了避免这类问题，我们要先把这个过程正式化，当这个过程被正式化了之后，双方才会非常认真地对待这个事情，减少出错的概率。因此，我们需要用白纸黑字的形式把双方就项目质量期望达成的共识记录下来，形成正式的文档，这样一方面有助于大家通过文字的形式更准确地确认需求，另一方面可以对双方产生约束力，有利于项目后期的变更控制。

（二）项目规划阶段的质量活动

1. 构建项目质量管理指导框架

第四个关键控制点是项目质量管理的指导框架。这时候，项目团队已经和客户就项目产品描述达成共识，项目的目标已经清晰，接下来要关注的是如何让项目过程受控。要让过程受控，项目团队就必须根据企业的质量管理战略规划、各类相关的质量管理标准、管理体系要求，结合项目自身的特点和客户的质量期望进行科学剪裁，设计符合自己项目的质量管理指导框架，明确管辖的范围、依据的标准和要求、关键的控制点、采用的质量工具、技术和方法，以及质量角色和职责，这样就为项目经理和项目团队在整个项目生命周期过程中开展质量管理工作搭建了一个科学的平台，所有相关的人在开展项目质量活动时也就有了明确可行的依据，项目的质量管理工作才有可能真正落地。

2. 进行项目子产品的描述

第五个关键质量控制点是项目的子产品描述。项目子产品描述是项目经理给承担子产品交付任务的小组经理分配工作时的重要文档，也是避免项目经理和小组经理对项目子产品的质量标准产生误解和分歧的管理工具，因此必须严格加以控制。在项目的子产品描述中，要特别注意明确阐述三个关键的质量要素：质量标准、允许偏差、项目中的质量方法和质量管理的角色职责。

3. 制订项目质量控制计划

第六个关键控制点是项目质量控制计划。对于交付过程的质量控制，要从制订项目质量控制计划开始。这个计划汇总了所有必须开展的质量活动，包括开展质量活动的目的、内容、时间和责任人。

仅仅有质量控制计划是不够的，还要提前准备项目质量活动的记录表单，也叫质量登记单，用来记录和追溯各类质量活动，不论是质量检查还是评审的结果。开展质量管理活动时要特别注重两类文档：一是标准，即用来判断观察到的结果是否符合质量要求的依据；二是记录，用来追溯质量过程。记录从本质上来说是开展工作的痕迹。由于质量缺陷具有传递性，会沿着产品被实现的路径从上游到下游进行传递，很多时候质量缺陷被发现的地方并不一定是造成质量缺陷的地方，这时候就必须能沿着产品实现的路径进行反向追溯，才有可能找到造成质量缺陷的根源。如果缺少了开展工作的记录，那么就无据可查，很难找到问题的根源。

（三）项目实施交付阶段的质量活动

1. 产出产品

第七个关键控制点是产品。质量控制的工作，不能仅仅集中于会议评审和文件管理，还要确保项目团队确实产出了与计划相符的产品。

2. 进行质量评审与批准记录

第八个关键控制点是项目质量评审与批准记录。项目产品在经过测试和评审之后的结果是否可以接受，一定要先经过项目团队内部授权的人批准。为了确保这个环节不失控，一定要保存评审和批准的记录，包括测试的结果、评审的意见、评审的时间、参与评审的成员的姓名和职务、批准的时间、批准人的姓名和职位等。

3. 进行产品验收记录

第九个关键控制点是项目产品验收记录。项目最终产品的验收工作由客户或者由客户授权的人来完成。验收的过程一定要保留记录，证实项目团队与客户在什么时候就项目产品的验收达成了什么样的共识，以备将来有需要时查询。如果项目产品的验收记录上没有客户或者客户代表的签字，或没有验收记录，那么项目的收尾就缺少依据。

项目质量管理的关键路径主要由这九个关键控制点构成。当然，质量管理的其他要素还有很多，根据企业自身的特点或客户的要求，项目经理和项目团队应当对自己的项目增加相应的关键控制点。这九个质量关键控制点是项目质量管理最基本的要求，是项目质量管理受控的基础，必须在项目质量管理过程中进行严格的管控。

第二节　项目质量规划

一、项目质量规划概述

现代质量管理的基本宗旨是质量出自计划而不是出自检查。

质量规划是质量管理成功的重要步骤。国际标准化组织认为，质量规划是致力于制定质量目标并规定必要的运行过程和相关资源以实现质量目标。《项目管理知识体系指南》对项目质量规划的定义是：识别项目及其产品的质量要求和标准，并书面描述项目将如何达到这些要求和标准的过程。项目质量规划的内容包括质量目标，质量管理工作流程、职责、权限和资源分配,实施书面程序和指导书,实验、检查、检验和评审大纲,达到质量目标的测量方法,修改和完善质量计划的程序及其他措施等。项目质量规划过程形成的主要结果是质量管理计划、质量测量指标、质量核对表和过程改进计划等。

质量规划作为一个过程,其输入依据是范围基准(范围说明书、WBS、WBS 词典)、干系人登记册、成本预算基准、风险登记册、环境因素、历史数据和经验等组织过程资产,然后经过质量管理的一系列工具和技术,包括成本效益分析、质量成本(COQ)、控制图、标杆对照、实验设计、统计抽样、流程图、六西格玛(6σ)和质量功能展开(QFD)等各类质量管理工具和方法,最后输出质量管理计划、质量测量指标、质量核对表、过程改进计划和(更新的)项目文件。

二、项目质量规划工具与技术

1. 成本效益分析

成本效益分析就是对项目每个质量活动进行论证,比较其可能的成本与预期效益,确定最适宜的质量水平,即用合适的成本追求合适的质量,既要防止出现质量事故,又要防止质量过剩。质量管理要获得质量与成本的平衡。达到质量要求的主要效益包括减少返工、提高生产率、降低成本、提升干系人满意度与提高赢利能力。

最佳质量水平可以通过质量与成本、价格的关系来确定,如图 9-4 所示。两条曲线的发展趋势不同,最适宜的质量水平应是两条曲线的最大距离处,该点价格与成本差距最大,也就是利润最大点。对一般产品来说,两条曲线经常是统计的结果;对于一次性项目而言,往往是估计的结果。

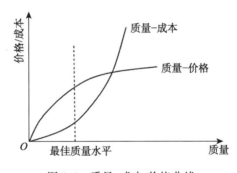

图 9-4 质量–成本/价格曲线

2. 质量成本

在整个项目生命周期内,与质量相关的所有努力需要耗费一定成本,包括预防成本、评估成本、产品故障成本。其中,预防成本和评估成本又被称为一致性成本;由于产品故障而导致的产品退货、保修和召回等运营阶段的质量成本又被称为不一致成本。如图 9-5 所示。

预防成本是项目组织用这种计划成本保证产品或服务在交付过程中的任何一个阶段都不会有失误。交付过程包括设计、开发、生产和运输。预防成本包括质量计划成本、设计评审、供给调查、信息系统、教育和培训、设备仪器采购、转包成本等。

项目质量与成本既相互矛盾又相互统一，必须进行质量成本分析，以使项目的质量与成本达到最佳组合。

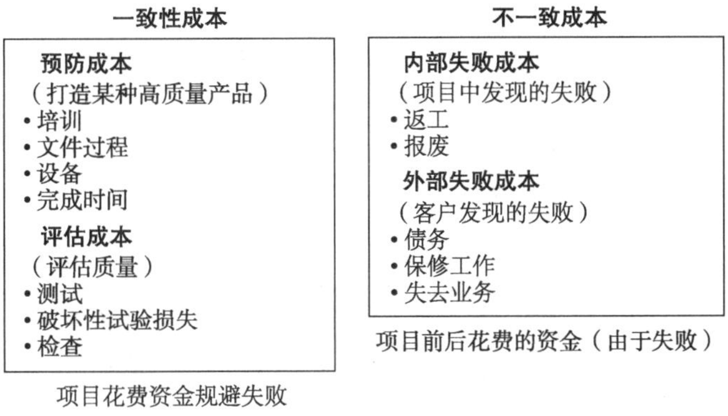

```
         一致性成本                       不一致成本
    ┌─────────────────┐           ┌─────────────────┐
    │ 预防成本         │           │ 内部失败成本     │
    │ （打造某种高质量 │           │ （项目中发现的失败）│
    │   产品）         │           │ • 返工           │
    │ • 培训           │           │ • 报废           │
    │ • 文件过程       │           │ 外部失败成本     │
    │ • 设备           │           │ （客户发现的失败）│
    │ • 完成时间       │           │ • 债务           │
    │ 评估成本         │           │ • 保修工作       │
    │ （评估质量）     │           │ • 失去业务       │
    │ • 测试           │           └─────────────────┘
    │ • 破坏性试验损失 │            项目前后花费的资金（由于失败）
    │ • 检查           │
    └─────────────────┘
     项目花费资金规避失败
```

图 9-5　质量成本

3. 标杆对照法

利用其他项目质量计划或实际质量的结果作为新项目的质量参照体系和标杆，通过比照标杆制订新项目的质量计划。通常以标杆项目的质量方针、质量标准与规范、质量管理计划、质量核检清单、质量工作说明文件、质量改进记录和原始质量凭证等为参照，结合新项目的特点制订质量计划文件。

标杆就是榜样，榜样在业务流程、制造流程、设备、产品和服务方面所取得的成就，就是后进者瞄准和赶超的目标。标杆对照法的操作环节如下：

（1）收集信息。为了树立学习的标杆，首先需要选择标杆，并收集反映标杆对象的过去、现在的状态信息和未来的发展趋势信息。

（2）分析信息、资料。对了解的信息、收集的资料要进行对比分析、研究，以确定问题的关键点。

（3）找出差距。将本项目与标杆进行比较，以确定存在的差距。

（4）制定对策。根据存在的差距，制定相应的对策。对策包括提高项目质量水平、改善项目特征、完善质量管理措施。

4. 质量功能展开

质量功能展开（quality function deployment，QFD）亦称"质量屋"，如图 9-6 所示。是一种顾客驱动的产品开发方法。在产品开发的各阶段，质量功能展开方法是以客户为中心，将客户需求转换成产品开发需求，使计划变得清晰，并且决定着计划影响力的项目管理规范方法。QFD 是一种能够定量分析功能的模板，它将客户的要求转化为项目方法体系，适用于讨论的框架及会议议程安排和方法体系，是由"什么"到"怎么"的转变。它会向客户提问，并利用答案分析如何将客户需求反映到内部过程、设计方案和生产能力中。

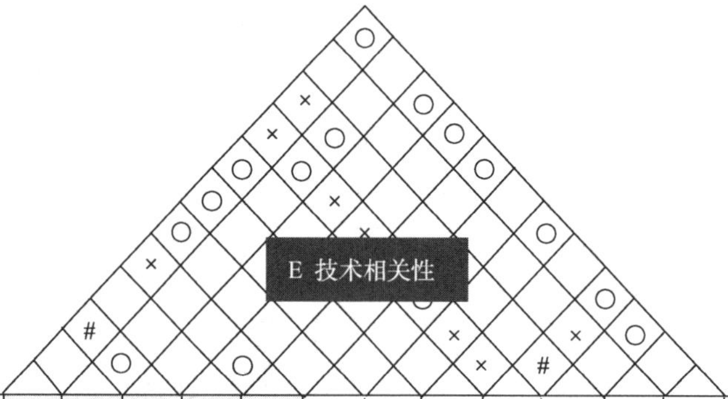

工程措施（一级）＼顾客需求（一级）	重要度	使用系统双温双控制冷	采用冷凝器外露式丝管式	使用措施多种降噪声	采用构的小门圆弧薄形结	采用手流线型隐形把	在转冷藏阀方设置	在区间面板温外电子	在机面板开停且压缩	结构继承系列化变好高通用	制冷系统外部焊接点便于维修集	采式用瓶活架络掬架收放	采新用材新技术降低成本新工艺	市场竞争力 本产品	改进后	国内对手	国外对手
冷藏室能转换	5	9												1	4	4	5
耗电量低	4		9											3	5	5	4
噪声小	4		1	9										2	4	4	5
造型新颖和美观	4				9	9								1	5	3	5
有触摸功能的显示盘	3						9							1	5	5	4
自动控制冷藏室温度	3							9									
有压缩机工停指示灯	2								9								
价格适中，有竞争力	4	3	3	3	3	3	3	3	3	9		3	9	4	5	4	3
维修性好	3			3							9			1	5	1	1
冷藏室内容易放货	3											9		3	4	4	4
G 相关措施重要性评价		低温环境温度降时使−6°C冷藏室	日以下耗电量降至42 dB以下	噪声降至1度以下	在水市场上处于中上	在水市场上处于上	容鲜积5 10升以上	豪华美观品	安全可靠	安全可靠	继承性不低于70%	维修性达到95%以上	在市位场上处于领先	成本下降10%	0.37	0.93	0.74	0.77 市场竞争能力指数
加权后措施重要度		57	61	48	48	48	39	39	30	36	27	39	36				
技术竞争能力 本产品		1	1	1	1	1	1	1	1	2	3	1	1	0.24	技术指数竞争能力		
改进后		4	5	5	4	5	5	4	4	4	4	4	4	0.89			
国内对手		4	4	3	1	5	1	3	3	4	3	4	3	0.56			
国外对手		5	5	5	5	5	4	1	4	4	5	4	5	0.83			

区域标注：A 客户要求；B 竞争分析矩阵；C 技术措施；D 相关性矩阵；E 技术相关性；F 技术矩阵；G 相关措施重要性评价

图 9-6 质量屋：质量功能展开（QFD）的结构

在大量工程应用中具有良好性质的质量屋。其基本结构要素如下。

A 左墙——顾客需求及其重要程度；C 天花板——工程或技术措施（设计要求或质量

特性）；D 房间——关系矩阵；G 地板——工程措施的指标及其重要程度；E 屋顶——相关矩阵；B 右墙——市场竞争分析矩阵；F 地下室——技术竞争能力评估矩阵，如图 9-6 所示。

QFD 矩阵表是指导新产品功能开发的有效决策工具，其作用在于以客户需求倾向引导技术开发和质量设计的思路，以便更有效地配置有限的资源，以获得最大的客户满意度。

5. 流程图分析

流程图是反映与一个系统相联系的各部分之间相互关系的图，按内在逻辑关系勾画出项目全部实施过程，分析流程中质量的关键环节和薄弱环节。流程图分析是一种可以非常有效地分析过程现状及能力的方法，是用来认识过程，进而对其进行改善的有力工具。

图 9-7 所示是一个人防工程验收流程图实例。

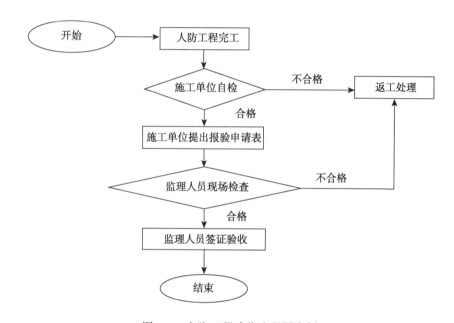

图 9-7 人防工程验收流程图实例

6. 实验设计

实验设计（design of experiment，DOE）是一种统计方法，用来识别哪些因素会对正在开发的流程或产品的特定变量产生影响。使用 DOE 可以确定测试的类别、数量，以及这些测试对质量成本的影响。DOE 有助于产品或过程的优化，通过对实验数据的分析，可以了解产品或流程的最优状态，找到显著影响产品或流程状态的因素，揭示因素之间的相互影响和协调作用。如汽车工程师通过实验设计，确定悬架与轮胎该如何搭配才能获得最理想的行驶性能和合理成本。

7. 统计抽样

抽取的样本应能够代表目标总体特征，抽样的频率和规模应在质量规划时确定，以便在质量成本中考虑测试数量和预期废料。

三、项目质量规划的输出

1. 质量管理计划

质量管理计划描述项目管理团队将如何执行其质量政策，主要内容有项目质量目标及其分解，项目质量管理机构设置，项目各级人员的质量职责，质量控制依据的规范、规程、标准和文件，质量控制程序等，如表9-7所示。项目质量管理计划可以是正式或非正式的，在内容描述上可以是非常详细的，也可以是高度概括的，这取决于项目的具体需要。质量管理计划制订后应进行评审，以确保决策是基于准确信息的，减少因返工造成的成本超支和进度延误。

表9-7 项目质量管理计划

项目名称：公司会议室装修项目　　　　　　准备日期：2023年6月5日

1. 质量角色和责任	
角色	责任
（1）	
（2）	
（3）	
2. 质量保证工作： 描述用于质量保证活动的过程、程序、方法、工具和技术	
3. 质量控制方法： 描述用于质量控制活动的过程、程序、方法、工具和技术	
4. 质量提高方法： 描述用于质量提高活动的过程、程序、方法、工具和技术	

2. 质量检查表

质量规划过程中的另一个重要输出是质量检查表，如表9-8所示。如果在项目执行过程中随意变更项目每一项活动的内容，则一定无法完成符合要求的项目。因此，质量规划

表9-8 房屋在建工程质量检查表（局部）

序号	检查内容	相关条文	检查情况	处理依据	处理意见
1	基础结构验收记录	GB50202–2002 第8.0.3条		质量条例	
2	水泥质保单、复试报告	GB50203–2002 第4.0.1条		质量条例	
3	硅试块强度	GB520204–2002		质量条例	
4	现浇楼板厚度试验	GB520204–2002		质量条例	
5	砖合格证或复试	B50203–2002 第3.0.1条		质量条例	
6	砂浆试块强度	B50203–2002 第5.2.1条		质量条例	

检查组长：　　　　　　　　成员：　　　　　　　　时间：

过程必须标准化作业、作业方法、作业条件。根据这些工作标准制定的表格就是质量检查表,通过具体列出各项内容,用来核实所要求的一系列步骤是否已经执行。质量核对表应包括质量核对评定用的表格、核对质量分布状态用的表格、可交付成果缺陷部位和检查表、影响可交付成果质量主要原因的检查表。质量检查表通常会具体列出各项内容,用来核实所要求的一系列步骤是否已经执行,用于质量控制过程。

3. 质量测量指标

质量测量指标详细描述项目或产品属性(如准时性、预算控制、缺陷频率、故障率、可用性、可靠性和测试覆盖度等),同时描述在质量控制过程中如何对这些指标进行测量。项目中通常允许每个指标有一个变动范围,称为公差。比较测量得到实际数值与标准值,就可以知道是否超出公差范围。质量检测是为了质量保证过程中所使用的过程满足要求,可交付成果或过程要在质量控制过程中测量并比较,以确定是否可接受、是否需要采取纠正措施甚至返工。表9-9展示了项目质量测量指标框架。

表9-9 项目质量测量指标

项目名称:_____ 准备日期:_____

编号	工作包名称	测量指标	测量方法	测量时间

4. 过程改进计划

过程改进计划详细说明了进行过程分析的步骤,以便识别增值活动。

持续的过程改进促成了三种质量改善:一是降低边际成本,比如减少过程中的冗余步骤,成本下降了但不降低质量。二是在绩效方面明显地追赶竞争对手,使其绩效与对手相匹敌,保持相对竞争优势。三是突破优势,通过创新性的流程重组实现质量的跨越式发展,为客户带来巨大的商业价值。项目组织如果不能认识和利用过程改进,就会把现有运作模式当作理想状态,而不注重持续的过程改进。如果不能区分过程检测的不同水平,就不能使组织绩效达到最优。

过程水平由低至高分为四个层次,各层次的主要特征如下。

(1)自发性的水平:很少或没有应用过程标准。
- 缺少文件;
- 技术与知识不一致;
- 可追溯性不强;
- 很少应用系统或技术工具;
- 过程成功依赖于经理与团队的经验和技巧。

（2）初始水平：普遍但非专业的过程。
- 广泛运用非标准的方法，每个人的实施情况存在偏差；
- 有一些文字性的程序（只写明需要做什么而没写明如何做）；
- 有一些数据的收集并形成书面文档；
- 应用技术工具但并非经常正确地运用；
- 所有过程都试图遵循一些基本的实用性。

（3）正常的水平：标准化、制度化基本过程。
- 对所有基本过程标准化并形成文件；
- 实施应用标准过程；
- 持续收集数据并在组织范围内进行汇报；
- 在整个组织范围内学习并共享经验教训；
- 广泛的、足够的培训以保证现行系统的有效运作。

（4）最优化的水平：系统测量过程、持续改进过程、职能交叉的集成过程与业务运作。
- 持续收集与保存数据，对所有过程进行精确绩效评价；
- 数据库与公司信息系统集成以保证持续改进；
- 建立有助于连续过程改善的机制；
- 关注创新思想并用以改善过程，形成书面文档；
- 超越过程的成功，强调成员及组织的成功。

第三节　项目质量保证体系

一、项目质量保证概述

质量保证是为确保项目使用全部所需的过程来达到标准而实施有计划的、系统的质量活动。这是为使干系人确信胜任的员工在用合理的工作方法实施项目工作而广泛开展的管理活动，有利于产生优质的项目可交付成果和文件。

实施质量保证是为审计质量要求和质量控制测量结果，确保采用合理的质量标准和操作性定义的过程。质量保证是所有计划和系统工作实施达到质量计划要求的基础，应贯穿于项目实施的全过程。

质量保证可分为内部质量保证和外部质量保证。内部质量保证是为使单位领导确信本单位产品或服务的质量满足规定要求所进行的活动，其中包括对质量体系的评价与审核以及对质量成绩的评定。其目的是使单位领导对本单位的产品和服务质量放心。外部质量保证是为使需方确信供方的产品或服务的质量满足规定要求所进行的活动。在外部保证活动中，首先应把需方对供方质量体系要求写在合同中，然后对供方的质量体系进行验证、审核和评价。供方须向需方提供其质量体系满足合同要求的各种证据，证据包括质量保证手册、质量计划、质量记录及各种工作程序。

项目质量保证的主要依据有质量管理计划、质量测量指标、过程改进计划、工作绩效信息、批准的变更要求、质量保证度量的结果、实施的变更请求、实施的纠正措施、项目可交付成果状态、操作说明等。

质量保证工作的内容：一是制定科学可行的质量标准，可以采用现行国家标准、行业标准，制定质量标准的目的是在实施过程中达到或超越质量标准。二是建立和完善项目质量管理体系，包括质量管理体系的结构和职责分配、配备必要且合格的资源、持续开展有计划的质量改进活动。如某工程项目中投资方、监理方和施工方分别建立质量保证机构，形成层层管理、层层把关、责任到人的质量管理体系。投资方由公司主管技术和施工的副总经理担任项目质量领导小组组长，下设专职质量安全员；施工方成立以项目经理为首的质量领导小组，施工方建立多层次质量管理机构，分别以总工程师、技术质量部长、各专业技术质量负责人为各层次主要负责人；监理方成立以总监为首的质量领导小组。

二、项目质量保证体系的构成

（一）项目质量保证体系的基本构成

建立并不断完善质量保证体系，是整个质量管理的核心内容，它将为质量保证活动奠定一个坚实的基础。项目质量保证体系由五个质量保证系统组成，如表9-10所示。

表9-10　项目质量保证体系

质量体系构成	质量体系具体内容
组织架构	（1）最高层领导在这个组织架构中扮演的角色 （2）全体员工参与的方式和参与的程度 （3）专业质量管理人员的配备以及所扮演的角色
规章制度	（1）操作流程的规范制度 （2）信息管理的规范制度 （3）检验程序和变更程序的操作规程
质量标准	（1）必须有精确量化的质量指标 （2）必须有具体明确而不是抽象含糊的质量要求 （3）实施操作的细则需要有统一的术语说明
资源配置	（1）设备：配备必要的质量检验设备，并保证生产设备本身的质量 （2）原材料：建立质量认证体系保证原材料供应链的质量标准 （3）人才：选择、配备、培训合格的质量管理专才
改进活动	持续改进活动的内容并无定式，但一般都包括培训、检查、评比、问题分析、征集建议等活动

（二）规范化的沟通平台

质量保证体系需要建立在一套规范化概念的平台上。如图9-8所示，这套规范化的概念有两个基石：一是量化的指标，二是统一的术语。如果没有这两个必要的基础设施，整个质量管理体系就如同空中楼阁一样毫无根基。

质量管理体系的所有理念，都需要通过培训灌输到每一位员工的头脑中。培训的最大问题是沟通障碍，规范的概念使所有人能准确地理解一件事情，从而解决彼此之间的沟通障碍。质量管理中最经常碰到的四个问题是：做什么？如何做？做多少？做到什么程度？这四个问题的前两个需要用统一的术语去解答，后两个则需要用量化的标准去回答。

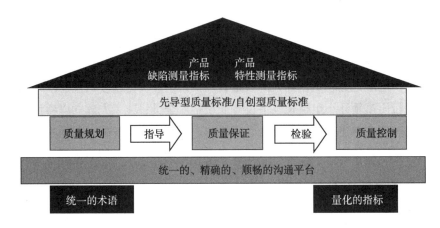

图 9-8　规范化的沟通平台

1. 统一的术语体系

ISO9000 质量管理体系最大的贡献之一就是建立了一套规范化的术语体系。ISO9000 的基础术语构成了整个体系的基础部分，每一个专用的术语都有严格的定义，都代表特定的意思。例如，"缺陷"和"不合格"，前者代表质量没有达到标准，就像钟表达不到设计的准确度、汽车达不到设计速度，但是仍旧可以使用，可以按次品降价处理；后者则代表功能性的丧失，例如电脑屏幕不亮、钟表指针不转，已经失去使用价值，应该按废品论处，绝对不能上市。又如"纠偏"和"纠偏措施"，前者着眼于给发烧的病人退烧消炎，后者则着眼于找出病因，并采取根治措施，保证以后不再犯病。如果我们建立了这样一项规范的语言体系，人们只要用术语沟通就永远不会产生误解，就能准确理解同一个意思。

2. 量化的指标

要建立统一精确的沟通平台，最好的方法是借助量化的指标。首先，数字是全世界最统一的语言，可以轻易跨越概念上的沟通障碍；其次，数字是标准计量单位，可以建立精确的度量指标。用标准的度量单位（分、毫、厘）取代发丝、蝉翼之类的参照物，可让人们顺利达成共识。项目质量管理及质量检验的量化指标体系的建立有两个来源，同时也可以分为两大类别。项目指标体系有以下两个来源。

（1）先导型指标。即从国家标准和行业标准，或者从外部标杆指标体系中获得质量标准，例如 6σ 的合格率、首饰含金量、酒的度数、酒店的星级等。

（2）自创型指标。即在项目实施或生产运营过程中自行创建的质量标准，例如客户投诉率、产品返工率等。

质量管理及质量检验的量化指标体系还分为两个类别。

（1）特性测量指标，即产品或服务满足客户需求的功能性指标，或者国家及行业标准。例如电脑频速、带宽速率、数码相机的像素、食品饮料的纯度、航空准点率等。

（2）缺陷测量指标。即质量的不合格率和不良成本率，如产品的废品率、通信的误码率、电信的掉线率、航运的误点率等。

（三）质量标准检验表格与评审

1. 质量标准检验表格

质量标准检验表格是典型的框架式思维的模式，属于质量管理的重要工具，其规范格式在策划质量管理计划时被设计出来，然后在质量保证体系运行过程中被填写、流转、分析、存档。各种类型质量检验表格的流程也是质量管理的信息采集流程。如果这个信息流出现问题，例如检验表格设计得不合理，或者没有被认真或正确地填写，那么整个项目的质量管理就成了瞎子打靶、盲人摸象了。

举例：表 9-11 所示表格是电力载波通信芯片质量标准检验表格。注意检验表的设计格式，这个检验表横向被分成四栏。

- 第一栏是检测项目，往往是这个产品的某个功能或特性。
- 第二栏是规范指标，表示检测数据的合格范围，即衡量检测指标是否合格的尺度。
- 第三栏是检测指标，即被检测项目的质量数据，有时候会显示一个波动的范围。
- 第四栏是结论，即第三栏的数据与第二栏的尺度对比之后得出的结论。

表 9-11 电力载波通信芯片质量标准检验表格

检测项目	规范指标	检测指标	结论
动态范围/db	100~120	102~120	合格
灵敏度/uV	2~5	3.1~3.7	合格
扩频带宽/kHz	60~500	59~535	合格
序列长度/Bit	60~75	65~73	合格
波特率/kbps	7.5~9.6	8.75±0.5	合格
载波/带内/dbuV	120~130	118.8~127.2	合格
载波/带外/dbuV	55~65	61.3~75.8	超标
信号抄到率	>99.70%	99.99%	合格
掉电保护安全率	>99.50%	100.00%	合格
继断功能成功率	>97.00%	99.98%	合格

2. 质量评审活动

质量管理体系的评审活动是质量保证的关键环节，是压力和动力的源泉。正如 IBM 总裁郭士纳所言："人们不会做你希望的事情，会做你检查的事情，不检查就等于不重视。"如图 9-9 所示，一个组织质量管理体系的评审包括三个方面。

（1）内部评审。内部评审包括制度性的基层组织自我评审、领导的定期评审，以及专职质量管理人员的日常评审。内部评审是组织的对自身健康状况的自我检验。

（2）客户评审。客户的评审在这三方评审中是最重要的。产品最终由客户使用，需要客户的认可。客户评审有许多种方式，如现场考察、访谈评估等。如果客户是庞大的消费者群体，无法实施评审，那么往往会聘请咨询顾问机构代理，以问卷调查及访谈会等方式征集消费者的意见，然后综合提出评审报告。

（3）认证评审，又被称为第三方评审，由甲乙双方之外的权威机构和独立机构对组织的质量管理体系进行认证。第三方机构以其公信力担保被评审组织有提供合格产品和服务的能力。企业或机构一旦被赋予认证资格，就自然会得到客户的信任。认证评审包括美国国防部首创的QA认证制度和ISO9000的认证制度，以及我国行业协会组织的质量信得过企业评选认证、绿色食品安全认证、重合同守信誉企业评选认证等。

需要强调的是，上述提及的质量评审不是对产品本身质量的评估，而是对项目组织提供合格产品或服务能力的评估。评估的对象主要在四个方面。

- 检查对产品或服务质量会产生影响的流程环节和生产要素是否被全部识别，并且都制定了保证质量的相关规定。
- 质量管理的岗位职责是否明确，职责分工的边界是否被清楚界定，出现问题是否能够追踪到具体责任人。
- 质量管理程序的实施状况，例如质量检验表格和工作记录是否被正确并认真填写，规章制度是否被严肃执行，程序实施是否始终如一而不是虎头蛇尾，或者仅仅为了应付评审。
- 质量管理的效果是否有数据检测，经验和教训是否被及时总结，并迅速纳入下一个周期的质量管理计划，这体现了一个组织的调整反馈能力和自我学习能力。

过程是否识别，并有规定；职责是否明确，并有界定
程序是否实施，并能持续；结果是否有效，并有数据

图9-9 质量评审三方评审

三、项目质量保证的工具与方法

质量规划工具和技术在质量保证中同样适用。质量保证的方法工具涉及两方面的内容：一是定期的质量评审活动，二是不定期的质量持续改进活动。

1. 质量审核

质量审核是确定质量活动及其有关结果是否符合计划安排，以及这些安排是否能有效贯彻，适合达到目标的有系统的、独立的审查。这种审查可以是有计划的，也可以是随机的，可以由专门的审计员或者第三方组织进行审核。

质量审核的分类包括：质量体系审核、项目质量审核、过程（工序）质量审核、监督审核、内部质量审核、外部质量审核。通过质量审核，评价审核对象的现状对规定要求的符合性，并确定是否需采取改进纠正措施，从而保证项目质量符合规定要求，保证设计、实施与组织过程符合规定要求，保证质量体系能有效运行并不断完善，提高质量管理水平。

2. 过程改进

过程改进始于过程分析。过程分析是指按照过程改进计划中列明的步骤，从组织和技术角度识别所需的改进，包括对遇到的问题、约束条件和无价值活动进行检查。根源分析是过程分析的重要组成部分，即分析问题或情况，确定促成该问题或情况产生的根本原因，并为类似问题制定纠正措施。

四、项目质量保证的成果

项目质量保证工作的结果是多方面的，项目质量保证会带来变更请求、项目管理计划的更新等。但最主要的成果还是项目质量的提高和改善，包括项目工作效率和效果的提高、项目相关利益主体整体利益的扩大、项目产出物的质量等级的提高，以及各种不必要项目变更的避免和整个项目集成管理的改善等。

项目质量保证的另一个结果是质量保证工作的经验和教训。这种经验和总结可以作为组织过程资产的重要组成部分，有利于为将来的项目质量管理服务。

第四节　项目质量控制

一、项目质量控制概述

项目质量控制（project quality control）是指对于项目质量实施情况的监督和管理。这项工作的主要内容包括：①项目质量实际情况的度量；②项目实际质量与项目质量标准的比较；③项目质量误差与问题的确认；④项目质量问题的原因分析和采取纠偏措施以消除项目质量差距与问题等一系列活动。这类项目质量管理活动是一项贯穿项目全过程的项目质量管理工作。质量控制工作通常由质量控制部门或名称相似的组织单元实施。质量控制活动可识别造成过程低效或产品质量低劣的原因，并建议采取措施来消除这些原因。质量控制的目标是确保产品的质量能满足客户、法律法规等方面所提出的质量要求。

有效的质量控制系统应具有良好的反馈控制机制和前馈控制机制，并使这两种机能很好地结合起来。质量要求随时间的进展而不断变化，为了满足新的质量要求，随工艺、技术、材料、设备的不断改进,需采用新的控制方法,控制持续提供符合规定要求的产品。

质量控制工作的主要依据为:项目质量管理计划、质量测量指标、工作绩效测量结果、批准的变更请求、质量标准和政策、标准化的工作指南、问题与缺陷报告程序,以及沟通政策等组织过程资产。

二、项目质量控制的工具与技术

1. 核检清单法

核检清单法主要是使用一份开列有用于检查项目各个流程、各项活动和各个活动步骤中所需核对和检查科目与任务的清单,并对照这一清单,按照规定的核检时间和频率检查项目的实施情况,并对照清单中给出的工作质量标准要求,确定项目质量是否失控、是否出现系统误差、是否需要采取措施,最终给出相关核查结果和相应的应对措施决策。常见的形式是列出一系列需要检查核对的工作与对象清单。

2. 控制图

控制图可以用来监控任何形式的输出变量,可用于监控进度和费用的变化、范围变化的量度和频率、项目中的错误,以及其他结果。图9-10是一个项目进度执行控制图示例。

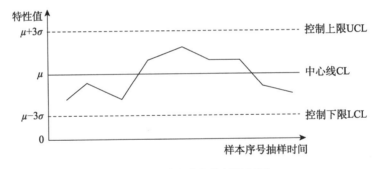

图9-10 项目进度执行控制图

3. 统计样本

对项目实际执行情况的统计值是项目质量控制的基础,统计样本涉及样本选择的代表性,合适的样本通常可以减少项目控制的费用,项目管理组有必要熟悉样本变化的技术,需要一些样本统计方面的知识,通过选择一定数量的样本进行检验,从而推断总体的质量情况,以获得质量信息和开展质量控制;这种方法适用于大批量生产的质量控制,因为样本比总体减少了许多,所以可以减少质量控制的成本。由于项目的一次性特征,决定了项目必须一次成功,不允许失败。因此,该方法对大型项目产品来说风险性较大,有一定的局限性,只有在某些项目零件的生产中会使用这种方法。

4. 帕累托图

帕累托图也称排列图,是一种按事件发生频率从大到小排列,然后再按累计频率绘制而成的曲线图，该曲线被称为帕累托曲线。帕累托图的横轴表示引发质量问题的原因，纵轴表示相应原因导致质量问题出现的次数或百分比（频率）。图 9-11 为某类质量缺陷的帕累托图。

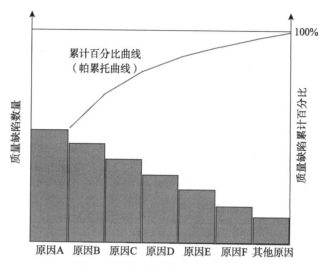

图 9-11　某类质量缺陷的帕累托图

绘制帕累托图的步骤为：

（1）找出所有检测出的质量缺陷并将质量缺陷分类。

（2）针对某一类质量缺陷找出所有原因，可采用因果分析图。

（3）统计各种原因所引发的质量缺陷的数量和频率。

（4）将各类原因按引发质量缺陷的次数和频率从大到小排序，绘制相应的直方图。

（5）在（4）的基础上绘制累计次数或频率曲线，即帕累托曲线。

5. 控制流程图

控制流程图（图 9-12）通常被用于项目质量控制的过程中，其主要目的是确定以及分析问题产生的原因。

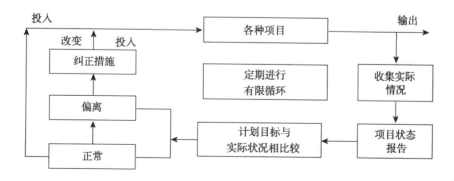

图 9-12　控制流程图

6. 鱼刺图

由日本质量管理大师石川馨首创使用的因果图，因似鱼刺形状，被称为鱼刺图。鱼刺图引入了系统思维的方法，往往被用于引导和鼓励组织内部对质量问题的思考和讨论，发现和揭示偏差变异产生的原因，分析各种变量共同形成的作用力并推断事情演变的方向和结果。

通过对问题原因和结果的分析，进一步剖析产生质量问题的根源，从而从深层次地进行改进和完善。图 9-13 是一个鱼刺图的示例。

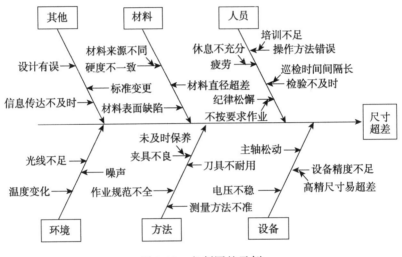

图 9-13　鱼刺图的示例

从图 9-13 可看出，鱼刺图在分析故障原因并制定纠偏对策方面作用突出，在实施纠偏中也可发挥作用。作为引导思考的工具方法，鱼刺图的运用并没有什么条条框框的约束。但是在实践中，人们总结出了绘制鱼刺图的五个思考范围：人、机、料、法、环。即一般情况下，项目出现质量问题的原因跑不出这五大范畴。

- 人，就是操作者的人为因素，比如操作失误、能力欠缺、沟通不畅等。
- 机，就是设备及工具的因素，例如机械故障、损耗偏差、控制失灵等。
- 料，就是原材料的质量因素，例如规格、型号、标准或供应链出了问题。
- 法，就是制度及方法的因素，例如规章制度不完善、流程设置不合理等。
- 环，就是外部各种影响因素，例如自然条件、市场被动、政策变化等。

7. 趋势分析

趋势分析是应用数学的技术根据项目前期的历史数据预测项目未来的发展趋势和结果的一种质量控制方法。趋势分析通常被用来监控各种参数。比如，技术参数：多少错误或缺点已被识别和纠正，多少错误仍然未被校正。费用和进度参数：多少工作在规定的时间内按期完成。这种方法的原理是统计分析和预测，包括回归分析、相关分析、趋势外推分析等一系列的统计分析预测方法。图 9-14 即为一个趋势图法示例。

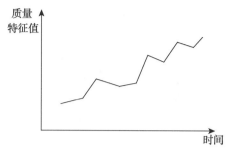

图 9-14　趋势图法

三、项目质量控制的输出

1. 质量改进措施

项目质量的改进是指通过对项目质量的管理与控制所带来的项目质量提高。一个好的质量控制系统可以有效地提高项目可交付成果的质量，是项目质量控制和项目质量保障工作共同作用的结果，是项目质量控制最为重要的一项结果。项目质量改进需详细说明改进过程分析的各个步骤，以便识别增值活动，需考虑过程边界、过程配置、过程测量指标、绩效改进目标等因素。

2. 预防措施

预防措施指为预防制造或开发过程超出既定参数（可通过质量控制量度结果反映）而采取的行动。

3. 请求的变更

如果根据推荐的纠正措施或预防措施需要对项目进行变更，则按既定的整体变更控制过程启动变更请求。质量改进包括采取措施提高执行组织的质量政策、过程及程序的效率或效果。对变更或补救过的对象进行检查，做出接受或拒绝的决定，并把决定通知相关人员。被拒绝的对象可能需要返工。如果推荐的纠正措施、预防措施或缺陷补救导致需要对项目管理计划进行变更，则应按既定的实施整体变更控制过程提出变更请求。

4. 缺陷的补救

缺陷是指如一个部件不满足要求或规范，需对其进行补救或替换。识别缺陷并推荐由质量控制部门或类似部门进行处理。项目管理团队应尽可能地降低需要补救的缺陷数量。可通过缺陷记录单的形式征集补救建议。

5. 可接受的决定

每一个项目都有被接受和被拒绝的可能，不被接受的工作需要重新进行，项目工作组的目标是使返工率低。

6. 完成检查表

检查时应该对项目质量进行记录，填写检查表格。

本章小结

项目质量是项目管理主要目标之一。项目质量管理工作是一个系统过程，贯穿于项目管理全过程。在实施过程中必须创造必要的资源条件，使之与项目质量要求相适应。各职能部门及实施单位要保证工作质量和项目质量，实行业务工作的程序化、标准化和规范化。

项目质量规划是进行项目质量管理、实现项目质量方针和目标的事前规划，是识别项目及其产品的质量要求或标准，并书面描述项目将如何达到这些要求或标准的过程。项目小组应事先识别、理解客户的质量要求，然后制订详细的计划以满足这些需求。

质量保证贯穿于整个项目的始终，通过项目质量计划，规定在项目实施过程中执行公司质量体系，针对项目特点和用户特殊要求采取相应措施，使用户确信项目实施能符合项目的质量要求。建立并不断完善质量保证体系，是整个质量管理的核心内容，它将为质量保证活动奠定一个坚实的基础。

质量控制工作同样贯穿项目的始终，主要是监督项目的实施结果，将项目的结果与事先制定的质量标准进行比较，找出其存在的差距，分析形成这一差距的原因，并建议必要变更。质量控制通常由质量控制部门或名称相似的组织单元实施。

 简答题

1. 项目质量管理与产品质量管理的区别是什么？
2. 如何认识过程改进对提高项目质量的重要性？
3. 在很多工程项目中，一些人认为项目质量要有超前意识，防止几年后落伍，你如何看待这种想法？
4. 如果你所生活的城市在汶川地震或玉树地震的影响范围内，请观察一下你周围的建筑物是否出现了的质量问题。随机向10名亲友了解一下他们单位的建筑物或住宅质量是怎样的，并统计一下结果，然后与同学交换一下数据，看看你的结论是否有代表性。

 案例分析题

XY公路项目部采取的工程质量措施

第三部分　项目实施与收尾

- 项目采购与合同管理
- 项目控制工作
- 项目收尾与评价

第十章 项目采购与合同管理

学习目标

知识目标

1. 掌握项目采购的定义及类型;
2. 了解项目采购规划的准备、内容、依据,以及常用技术与工具;
3. 掌握招投标的概念、特征、程序及常见问题;
4. 掌握常见的工程项目承发包模式及特点;
5. 掌握主要合同类型及其适用情况;
6. 掌握合同管理的主要内容。

能力目标

1. 掌握采购、招投标和合同管理理论知识,提升专业技术能力;
2. 加强团队合作,提高统筹与协调能力;
3. 学会进行各种具体事务的规范化,提高执行能力;
4. 遵纪守法,提高用法律思维分析、解决问题的能力;
5. 提高敏锐的观察力和商务谈判能力.

引导案例

服务"一带一路",铺通共赢大道

2016年来,青岛法院共受理涉共建"一带一路"国家及地区当事人案件362件,涉及21个国家和地区,标的总额约人民币9亿元。6月29日,青岛市中级人民法院发布2016—2020年度青岛法院服务保障"一带一路"建设白皮书和典型案例。

FOB国际货物贸易术语中货物风险责任转移的正确认定:原告青岛某进出口公司诉被告日照某国际贸易公司、被告马某等关于伊朗铁矿石的买卖合同纠纷。

扩展阅读10.1

原告青岛某进出口公司与被告日照某国际贸易公司及被告日照某国际贸易公司法定代表人马某签订购买3万吨伊朗铁矿石的《矿石销售合同》:装运港为伊朗某港口,FOB方式(free on board,也称"船上交货价"),买方负责定船,被告马某对合同履行承担连带保证责任。原告青岛某进出口公司支付预付款,租船抵达伊朗港装货至1万余吨时,由于被告日照某国际贸易公司的上游供货商伊朗某公司涉讼,伊朗法院要求停止装船并卸货。各方就纠纷未达成一致，涉案船舶滞留后载货驶离港口，下落不明。原告青岛某进出口公司诉至法院，请求判令被告日照某国际贸易公司返还已付货款并赔偿违约损失，被告马某承担连带保证责任。

案例来源：http://ydyl.china.com.cn/2021-06/30/content_77596895.htm.

在网上查阅服务保障"一带一路"建设典型案例，试回答以下问题：

1. 合同一般包含哪些内容？签订合同时应该注意什么？
2. 采购合同风险应如何防范？

第一节 项目采购

一、项目采购概述

（一）项目采购的含义

项目采购是指从项目组织外部获得货物和服务（合称产品）的过程。卖方在这里被称为承包商、承约商，常常又被称为供应商。不同类型的项目采购的复杂性不同，如管理咨询项目，通过招标或其他方式选择一家管理咨询公司，采购任务就初步完成了。管理信息化项目采购过程要复杂些，如实施 ERP 项目，一般首先要选择一家咨询公司对客户管理需求进行梳理；接下来招标一家软件商负责软件实施，还要采购服务器、数据库和电脑等软硬件设备。工程建设项目采购更复杂，包括工程、与工程有关的物资和服务三种内容的采购，涉及的采购金额比较大、持续时间长。

（二）项目采购的主要类型

1. 物资采购

物资采购是指业主为了获得货物，通过招标的形式选择合格的供货商，它包含货物的获得、获取方式和过程。物资是实现项目基本功能不可或缺的设备和材料等，材料是构成项目的永久组成部分。设备可能不是一次性消耗品，有些设备在项目结束后可以在其他项目上继续使用。例如，某机场扩建工程包括供电设备、电梯、登机桥、助航灯光、行李系统、安检系统、照明系统、广播系统、消防报警系统、综合布线、航班信息系统等专业设备和系统。所采购的物资应具有良好的品质、合理的价格，并且能够在合同规定时间内交货。工程项目需要大量的原材料和设备，而新产品研发项目或管理信息化项目的物资采购成本占项目总成本的比重较小。物资采购既要保证项目对物资的使用需求，又要控制库存，减少对资金的占用。

物资采购有集中采购、分散采购和零星采购三种方式。集中采购模式需要成熟的采购部门或人员，制订合理的采购计划。采购部门要与设计人员及施工人员沟通，通过设备选型、优化设计达到节约投资的目的。在设计和采购阶段，系统地考虑施工中容易出现的问题，减少问题出现的机会。集中采购可以产生规模效益，降低项目成本投入。采购人员长期关注市场行情，容易与供货商之间形成战略合作关系。分散采购是指采购任务分散在两个或以上部门，这种模式的产生在于专业差别。采购原则是专业的人做专业的事，其优点是由于专业人员对物资设备的技术参数、性能等更为熟悉，采购的质量能够得到保障。其缺点是部门众多、沟通不及时，总负责的人沟通协调困难，可能带来采购成本增加。零星采购是为了应对紧急情况下出现的采购或者小宗的采购任务，由现场负责人根据需要进行临时采购。如果项目计划没有做好，对采购任务预测不到位，则会较多地出现零星采购。

2. 服务采购

服务采购是指聘请咨询公司或专家提供勘察、设计、监理、项目管理、可行性研究、科学研究等服务，也包括劳务公司提供的劳务服务。如房地产开发商聘请勘察单位完成对施工场地的地质勘察，选择设计单位完成详细的施工图纸，选择监理公司监督项目施工过程，聘请项目管理公司或专家提供咨询服务等。

3. 工程采购

工程采购是指业主通过招投标或其他方式选择一家或数家合格的承包商来完成工程的全过程。工程采购是项目采购中一个重要的方面，实施过程也最为复杂。如开发商投资一栋写字楼，招标选择一家施工总承包单位，开发商与各中标方签订承包或供应合同，总承包商可能选择若干分包单位等。

项目采购规模一般很大，大型工程总承包合同总价可达数亿，甚至数十亿元。供应商为了获得订单，会运用多种策略，项目组织不仅需要有专业业务技能熟练的采购人员，更要建立采购管理体系和操作程序。有些企业片面强调最低价原则，要求采购人员把价格砍下来，但事实上，采购管理的主要内容不是控制价格，而是在价格适当的情况下关注供应商提供产品的质量水平、质量保证能力、售后服务、产品服务水平和综合实力等。有些产品虽然购买价格便宜但经常出现需要维修的情况，不能正常工作，全生命周期总成本并不低。如果买的是假冒伪劣商品，蒙受损失更大。现实中有些详细设计书中指定使用某些物品，直接写上设备型号、供应商名称、报价等，这也是不好的做法，会使采购活动失去灵活性，采购部门与供应商的价格谈判将极为困难。

（三）项目采购的主要过程

依照《PMBOK®指南》，采购过程主要包括：
- 规划采购。
- 实施采购。
- 管理采购。
- 结束采购。

二、规划采购

1. 规划采购的主要工作

规划采购是记录项目采购决策、明确采购方法、识别潜在卖方的过程。它可以识别哪些项目需求最好或必须通过从项目组织外部采购产品、服务或成果来实现,而哪些项目需求可由项目团队自行完成。

在规划采购过程中,要决定是否需要取得外部支持。如果需要,则还需要决定采购什么、如何采购、采购多少,以及何时采购。如果项目需要从执行组织外部取得所需的产品、服务和成果,则每次采购都要经历从规划采购到结束采购的各个过程。

2. 规划采购的依据

在规划采购过程中,要依据项目范围基准、需求文件、合作协议、风险登记册、与风险相关的合同决策、活动资源需求、项目进度计划、活动成本估算、成本绩效基准、环境因素和组织过程资产等来做决策。

项目采购是一项很复杂的工作。它不但应遵循一定的程序,项目采购机构在实施采购前还必须清楚地知道所需采购的货物或服务的各种类目、性能规格、质量要求、数量等,必须了解并熟悉国内、国际市场的价格和供求情况,包括所需货物或服务的供求来源、外汇市场情况、国际贸易支付办法、保险、损失赔偿惯例等,以及有关国内、国际贸易知识和商务方面的情报和知识。当然,当项目采购机构无法取得上述各类信息时,可以委托外部专业机构,必要时还需要聘用咨询专家来帮助制定采购规划、提供有关信息,直至参与采购的全过程。

3. 规划采购常用的技术和工具

作为一个项目经理,需要掌握一些常用的技术和工具来进行规划采购。

- 自制或外购分析。可以利用平衡点分析法确定某种具体的产品是否由实施组织自主生产成本更低。还包括可能的租赁分析,从财务角度,根据项目对某租赁品的预计使用时间、租金大小来分析短期与长期租赁的成本平衡点。
- 采购专家的介入。采购专家即具有专门知识或经过训练的单位和个人。咨询公司、行业团体、有发展前景的承包商,以及项目实施组织内部的其他单位(如果有专门从事采购的职能部门,如合同部)可能都具备用于采购的专业知识。项目组织可以聘请采购专家作为顾问,甚至直接邀请他们参与采购。
- 合同类型。要根据项目范围明确程度及风险管理策略来确定采购合同类型。具体见本章第三节相关内容。
- 会议。招标前召开潜在投标人的信息交流会,有利于卖方以互惠的方式提供产品和服务,从而使采购方从中受益。

4. 规划采购的输出

(1) 采购管理计划,内容包括:

- 应当使用何种类型的合同;
- 是否需要有独立的估算作为评估标准,由谁负责,以及何时编制这些估算;
- 项目实施组织是否有采购部门,管理部门在采购过程中自己能采取何种行动;
- 是否需要使用标准的采购文件,从哪里找到这些标准文件。

根据项目的具体要求,采购管理计划既可以是正式的,也可以是非正式的;可以非常详细,也可以很粗略。采购管理计划是项目管理计划的组成部分。

(2)采购文件。采购文件包括招标文件、采购工作说明书和工作大纲。

招标文件是指买方向卖方提供的关于招标内容和要求的文件,包括以下几种类型。

- 信息邀请书,如果买方需要卖方提供关于拟采购货物和服务的更多信息,就使用信息邀请书,随后一般还会使用报价邀请书或建议邀请书。
- 报价建议书:如果买方需要卖方提供关于将如何满足需求和需要多少成本的更多信息,就使用报价邀请书。
- 建议邀请书:如果买方需要卖方提供完整的解决方案,就使用建议邀请书。这是最正式的"邀请书"文件,需要买方遵守与内容、时间表和卖方应答有关的严格的采购规则。

采购工作说明书,也叫要求说明,相当详细地说明了采购项目,以便潜在的承包商确定他们是否能够提供该采购项目的货物或服务。工作说明书的详细程度可以视采购项目的性质、买方的要求或者预计的合同形式而异。采购工作说明书将成为合同的一部分或附件。

采购工作说明书在采购过程中可能被修改和细化。每一个单独的采购项目都应当有单独的工作说明书。但是多种产品或服务可以组成一个采购项目,使用一个工作说明书,工作说明书应尽可能清晰、完整、简洁。

工作大纲适用于服务采购,比如咨询合同、顾问合同。与采购工作说明书类似,工作大纲通常包括以下内容。

- 承包商需要执行的任务,以及所需的协调工作。
- 承包商必须达到的适用标准。
- 需要提交标准的报告和数据等。

采购工作说明书和工作大纲通常是由项目经理根据项目范围基准摘出本次采购需要的部分编写而成。

项目经理对采购文件中的范围负责,采购部门对采购文件的合法合规性负责。

(3)供方选择标准

供方要根据不同的项目场景和买方关注的重点决定采取哪种选择标准。不同的选择依据对应不同的选择标准,如表 10-1 所示。

表 10-1　供方选择标准

选 择 依 据	适 用 场 景	选 择 标 准
成本最低	有成熟的标准、明确的范围和预期成果	选择出价最低者
资质	采购价值小,不值得大费周章	买方从短名单中选择等级最高、经验和历史业绩最佳的投标人
质量或技术方案得分	买方最看重质量或技术方案,成本可商量	评估技术建议书时,只要成本可接受,选择技术方案得分最高的投标人

续表

选择依据	适用场景	选择标准
质量和成本得分	买方最看重质量和成本，适合不确定性比较高的项目	选择质量和成本得分最高的投标人
独有来源	有依据证明没有别家可以提供相同的产品或服务	独此一家，别无选择
固定预算	工作说明书对工作的定义得完整、精确，预期不会发生变更，并且预算是固定的，不能超出预算	预算是公开的，选择技术建议书得分最高的投标人

另外的输出结果还包括自制或外购决策、变更请求。

三、实施采购

实施采购是获取卖方应答、选择卖方并授予合同的过程。本过程的作用是选定合格卖方并签署关于货物或服务交付的法律协议，本过程的主要成果是签订协议或正式合同。

（一）实施采购的主要工作

首先是准备相关文件。实施采购主要依据项目管理计划、采购文件、贷方选择标准、合格卖方清单、卖方建议书、自制或外购决策、合作协议、项目文件、组织过程资产等资料文件，制定发包规划，即主要确定采购文件和评估标准。

准备好这些文件后，委托人公司即可要求卖方进行回复。

其次，要求卖方进行回复这一过程的基本手段是通过广告、投标人会议、采购谈判、独立估算、专家判断、建议书评价等。

最后，选定卖方，授予卖方合同，并进一步更新项目管理计划及其项目文件等。

（二）项目招投标——选择卖方（供应商）

项目招投标既是选择卖方的主要工具，也是项目采购管理中的一个重要环节。采购可以分为招标采购和非招标采购。招标采购指由需方提出的招标条件和合同条件，由许多供应商同时投标报价的方式。通过招标，需方能够获得更为合理的价格、更为优惠的供应条件。投标采购又可分为无限竞争性的公开招标和有限竞争性的邀请招标。对受客观条件限制不易形成竞争的项目，还可以采取协商议标。非招标采购又可以分为询价采购、直接采购、定向采购等。

采购工作作为项目执行中的关键环节，强调规范性、经济性和有效性，要求有效降低项目成本，促进项目的顺利实施和按期完成。项目采购必须体现设计和计划的要求，如果采购的产品不符合设计的预定要求，将直接影响项目质量，甚至导致项目失败。竞争性招标采购有规范的程序，体现公平、公正原则，即给符合条件的承包商提供均等机会，这不仅符合市场经济运行原则，也会进一步提高项目的实施质量；公平竞争又会促使报价降低，因而对项目的费用控制更为有利。此外，采用比较规范的公开招标，公平竞争的招标程序和严谨的支付办法，能从制度上最大限度地防止贪污、浪费和欺诈行为。

下面将介绍招标投标的概念与特征、招标投标活动应遵循的基本原则，以及招标投标的一般程序。

1. 招标投标的概念与特征

招标投标是由招标人和投标人经过要约、承诺、择优选定，最终形成协议和合同关系的、平等主体之间的一种交易方式，是"法人"之间达成有偿、具有约束力的法律行为。

招标投标是市场经济发展到一定阶段的产物，是一种竞争性强的采购方式。招标投标能为采购者带来经济、有质量的工程、货物或服务。因此，在政府及公共领域推行招投标制，有利于节约资金，提高采购质量。

招标投标具有下述基本特征。

（1）平等性。招标投标的平等性，应从市场经济的本质属性进行分析，市场经济的基本法则是等价交换。招标投标是独立法人之间的经济活动，按照平等、自愿、互利的原则和规范的程序进行，双方享有同等的权利和义务，受到法律的保护和监督。招标方应为所有投标者提供同等条件，让他们展开公平竞争。

（2）竞争性。招标投标的核心是竞争，按规定，每一次招标必须有三家以上投标者投标，这就形成了投标者之间的竞争。他们必须以自身的实力、信誉、服务、报价等优势，战胜其他投标者。此外，招标人可以在投标者中间"择优选择"，有选择就有竞争。

（3）开放性。正规的招标投标活动必须在公开发行的报纸杂志上刊登招标公告，打破行业、部门、地区，其至国别的界限，打破所有制的封锁、干扰和垄断，在最大限度的范围内让所有符合条件的投标者前来投标，进行自由竞争。

2. 招标投标应遵循的基本原则

招标投标活动应当遵循公平、公正、公开和诚实信用的原则。

招标投标行为是市场经济的产物，并随着市场的发展而发展，必须遵循市场经济活动的基本原则。各国立法及国际惯例普遍确定，招标投标活动必须遵循"公平、公正，公开"的"三公"原则。例如，《世界银行贷款项目国内竞争性招标采购指南》规定："本指南的原则是充分竞争、程序公开，机会均等，一律公平地对待所有投标人，并根据事先公布的标准将合同授予最低评标价的投标人。"《联合国贸易法委员会货物、工程和服务采购示范法》在立法宗旨中写道："促进供应商和承包商为供应拟采购的货物、工程或服务进行竞争，规定给予所有供应商和承包商以公平和平等的待遇，促使采购过程诚实、公平，提高公众对采购过程的信任。"

3. 招标投标的一般程序

招标投标一般分为四个阶段。

招标准备阶段。在这个阶段，招标工作可以分为以下八个步骤：①具有招标条件的单位填写招标申请书，报有关部门审批；②获准后，组织招标班子和评标委员会；③编制招标文件和标底；④发布招标公告；⑤审定投标单位；⑥发售招标文件；⑦组织投标会议；⑧接受投标文件。

投标准备阶段。根据招标公告或招标单位的邀请，投标单位选择符合本单位能力的项目，向招标单位提交投标意向，并提供资格证明文件和资料；资格预审通过后，组织投标班子，跟踪投标项目，购买招标文件；参加招标会议；编制投标文件，并在规定时间内报送给招标单位。

开标评标阶段。按照招标公告规定的时间、地点，由招投标方派代表并有公证人在场的情况下，当众开标；招标方对投标者进行资料后审、询标、评标；投标方做好询标解答准备，接受询标质疑，等待评标决标。

决标签约阶段。评标委员会提出评标意见，报送决定单位确定；依据决标内容向中标单位发出《中标通知书》；中标单位在接到通知书后，在规定的期限内与招标单位签订合同。

（三）招投标过程异常行为与控制

项目招投标的过程涉及很多机构和人员，持续时间长，存在较多的不确定性因素。由于市场竞争秩序不规范，招标过程受到行政干预、投标人串通等现象经常出现，有些招标沦为走形式，未能达到选择最佳供应商或承包商的初衷。因此，招标过程必须严格监控。招标过程中常见的异常行为有围标、低价中标、陪标、挂靠投标等。

1. 围标

围标是指投标人之间秘密接触并就投标价格达成协议，哄抬投标报价或者故意压低投标报价，以达到排挤其他投标人的行为。例如，一个招标工程有多家企业参与投标，商务标的评标办法为无标底制，投标报价的加权平均值为评标基准值，报价接近基准值得分就高，加上技术标分值得到总分，以此作为评比的依据。某施工单位联合多家企业共同填报一个相近的报价，评标基准值就会接近他的报价，得到的商务分就高些。现实中更有甚者，施工单位在无标底的前提下，同时提高报价，使中标者的标价远远超出实际工程造价，业主单位遭受巨大损失，中标单位将超额利润补贴给陪同围标的单位。控制围标现象可以从改革商务标的评标办法入手，取消按照基准值评分的做法，并设定标底，当报价超过有效幅度时宣布废标。

为有效防止恶意串标的风险，可以采用设置拦标价的方法，拦标价指采购方向投标人公示的项目总价格的最高限制标准，是招标人期望的价格，要求投标人报价不能超过拦标价，否则为废标。有的项目在编制拦标价时采用"双核制"，即招标代理公司和项目部聘用的造价咨询公司同时编制工程量清单和拦标价，在公布拦标价之前反复地沟通和核对，使拦标价更加准确和合理，这样既有利于控制项目投资，也可以有效减少在工程实施过程中的索赔现象。

2. 低价中标

标底是指招标人设定的预期价格，是招标人的价格期望值，标底不是决定投标人能否中标的标准价，而是评标和比较时的参考价。编制标底时应综合考虑合同数量、履行前景、履行期限、供给状况、合同执行条件等因素，正常交易时以市场价格作为编制标底的基本依据，如果同类产品有多个品牌并且价格不同，可选择居中的一种品牌的价格作为市场价格。无法确定市场价格时，参考交易实例价格编制标底。在新开发品或特殊规格产品等无市场价格和适当的交易实例价格时，可以成本加利润的方法确定标底。工程项目实施工作量清单法后，招标人不再编制标底，投标人根据招标文件规定自主报价。

有些投标人信奉"中标靠低价，盈利靠索赔"的观念，为获取中标权将投标价压到低于成本价。设置标底能够控制投标人恶意压低投标价的情况，但标底的存在又有局限性，投标人会想方设法获取标底信息并把报价向标底靠拢。采购方可以设定投标报价有效幅度，报价低于或高于标底价一定比例，为不能接受的废标，当所有投标人报价均在此范围之外时，将视为采购方前期工程造价控制失败，可以拒绝所有投标，重新组织招标。通过这些方法，恶意低标是可以防治的。

3. 陪标

招标单位受到行政干预或商业贿赂，将项目内定给某投标人，通过走过场的招标活动使中标人获得合法化的合同，其他投标人只是陪衬。或者投标人之间进行串标，相互约定提高或压低投标报价，保证某一投标人获得中标资格。行为恶劣的企业甚至注册多家公司共同去投标，互相掩护陪标。防止陪标的方法是根据项目采购特点不同，对技术标和商务标设置不同的权重，设定不同的评标办法。同时，对招标负责人实行工程质量终身负责制，如果工程质量出现问题进行追溯惩罚，这样可以减少行政干预，从源头上杜绝招标腐败现象。

4. 招标代理机构的行为

招标代理机构为了获取自身利益而迎合招标人意愿，使招标人倾向的投标人合法中标。尤其是使用政府性资金的项目采购，招标代理人受采购方的干预，往往会按照业主的意愿完成符合法定程序的招投标过程。

招标代理机构也可能与投标人串通提高中标价。原因与招标管理费收取标准有关。招标代理服务收费实行政府指导价，以中标价格为基数，采用差额定率累进计费方式，实际执行时浮动幅度不超过规定比率的20%。因此，成交价格越高，对代理机构越有利。如100万元以下的工程招标管理费标准为1.0%，如果中标价为100万元，招标管理费为1万元；如果中标价格为90万元，则管理费为9000元。这就可能使招标代理机构与投标者串通起来，损害采购方利益。采购方可以与招标代理机构事先确定计费基数，如果中标价格节约，则为招标代理提取奖励，从制度上约束招标代理的不良行为。

5. 挂靠投标

在工程领域存在一种不具有投标资质的单位或包工头借用其他法人资质参加投标现象，这是中国特有的一种现象。尤其是建筑施工行业实行的是资质管理，由于历史原因，高等级资质的企业以国有企业为主，很多国有企业缺乏市场竞争力，有的只剩下一个空壳而没有施工队伍和装备。如果国企自主投标将花费很大代价，若多次投标失败将令企业陷于困境。为了获得稳定生存，一些企业愿意出借自己的资质，为挂靠者开具证明资料，由此获得一笔收入，挂靠者中标后再收取管理费，企业不用承担任何经营风险。对低资质企业或包工头而言，他们很难创办一家高等级资质的施工企业，因此挂靠高资质的国企是最佳选择。这使得建筑市场中挂靠之风盛行，甚至出现专以投标牟利的个体，招投标活动中各方交易主体从某种意义上都受到挂靠者影响。

6. 转包

有的企业中标后违法直接转包或分包给其他单位，从中收取管理费，而对工程质量和安全不做管理。转包使得一些资质不够、没有施工资质的企业进入施工现场，为质量安全埋下了隐患，这是出现"豆腐渣工程"的一个重要根源。监理机构应发挥职能，认真分析中标人是否存在转包现象，或者将中标项目肢解后分别转包给他人。如有将招标项目的部分主体、关键性工作分包给他人的，或者分包人再次分包的，应宣布转包及分包行为无效，并对中标人进行经济处罚。

四、管理采购

管理采购是管理采购关系、监督合同执行情况，并根据需要实施变更和采取纠正措施，以及关闭合同的过程。买卖双方都出于相似的目的而管理采购合同。任何一方都必须确保双方履行合同义务，确保各自的合法权益得到保障。

这一过程的主要依据是：项目管理计划、采购文件、合同、批准的变更请求、工作绩效数据、工作绩效报告等。

通过如下管理采购的工具。

合同变更控制系统：规定了修改合同的过程，包括文书工作、跟踪系统、争议解决程序，以及各种变更所需的审批层次。

检查和审计：通过检查，可以验证卖方的工作过程或所完成的可交付成果对合同的遵守程度。审计：要定期或不定期地开展审计，总结合同履行方面的经验教训，提出相应的变更。

绩效审查：目标在于发现供应商履约情况的好坏；对照协议，对质量、资源、进度和成本绩效进行测量、比较和分析以审查合同工作的绩效。确定工作包提前或落后于进度计划、超出或低于预算，以及是否存在资源或质量问题。

索赔管理：根据合同规定对索赔进行记录、处理；如果无法自行解决，则按照合同中规定的替代争议解决。

管理采购的输出包括采购文件、变更请求、（更新）项目管理计划、（更新）组织过程资产（来往函件、支付计划和请求、卖方绩效评估文件）。

买方通过其授权的采购管理员，向卖方发出合同已经完成的正式书面通知。

五、结束采购

结束采购是完结单次项目采购的过程。简言之，结束采购就是完成合同，确认全部工作和可交付成果均可验收，归档收工，有问题打官司。

结束采购主要依据项目管理计划和采购文件，其工具包括采购审计、采购谈判和记录管理系统。最后输出：结束的采购，组织过程资产更新。这里的采购审计是指对从规划采购管理过程到控制采购过程的所有采购过程进行结构化审查，其目的是找出合同准备或管理方面的成功经验与失败教训。

第二节　工程项目承发包模式

工程项目与其他项目相比，其特点是规模大、参与方多、投资巨大、建设工期长、项目间存在个体差异性。这些特性的存在，使得项目建设隐含巨大的风险。一般情况下，业主是项目的管理核心，是资源整合者。站在业主角度，工程项目承发包方式反映的是一种工程项目管理模式。工程承发包的方式有多种，不同的方式适用于不同情况。不同的工程承发包模式反映了不同的项目组织实施方式、合同类型、承发包双方权责划分及风险分配、业主的项目管理水平、工程项目特征等。项目业主可以根据自己的管理能力和经验、工程项目的具体情况和自己的意愿选择有利于自己进行项目管理的模式，选择节省投资、缩短工期、确保质量和降低风险的发包方式。

一、平行发包模式

即设计—招标—建造模式（design-bid-build，DBB），如图10-1所示。它是一种在国际上比较通用且应用最早的工程项目发包模式之一。平行发包模式最突出的特点是强调工程项目的实施必须按照顺序进行，只有一个阶段全部结束，另一个阶段才能开始。该模式首先由业主委托建筑师或咨询工程师进行前期的各项工作（如进行机会研究、可行性研究等），待项目评估立项后再进行设计，在设计阶段编制施工招标文件，随后通过招标选择承包商。而有关单项工程的分包和设备、材料的采购一般都由承包商与分包商和供应商单独订立合同并组织实施。在工程项目实施阶段，工程师则为业主提供施工管理服务。我国第一个利用世行贷款项目——鲁布革水电站工程实行的就是这种模式。

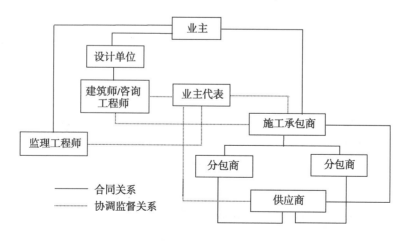

图10-1　平行发包模式下合同关系图

1. 优点

平行发包模式的优点在于管理方法较成熟,各方对有关程序都很熟悉,业主可自由选择咨询设计人员,对设计的要求可控制,可自由选择工程师,可采用各方均熟悉的标准合同文本,有利于合同管理、风险管理和减少投资。

2. 缺点

平行发包模式的缺点在于项目周期较长,业主与设计、施工方分别签约,自行管理项目,管理费较高;设计方案的可施工性差,工程师控制项目目标能力不强;不利于工程事故的责任划分;且由于图纸问题产生的争端多、索赔多等。该管理模式在国际上最为通用,以世行、亚行贷款项目和国际咨询工程师联合会(FIDIC)的合同条件为依据的项目均采用这种模式。中国目前普遍采用的"项目法人责任制""招标投标制""建设监理制""合同管理制"基本上参照的是世行、亚行和 FIDIC 的这种传统模式。

二、阶段发包模式

阶段发包模式也称为建设—管理(construction-management,CM)模式,就是在采用快速路径法进行施工时,从开始阶段就雇用具有施工经验的 CM 单位参与建设工程实施过程,以便为设计人员提供施工方面的建议,且在随后负责管理施工过程。如图 10-2 所示。

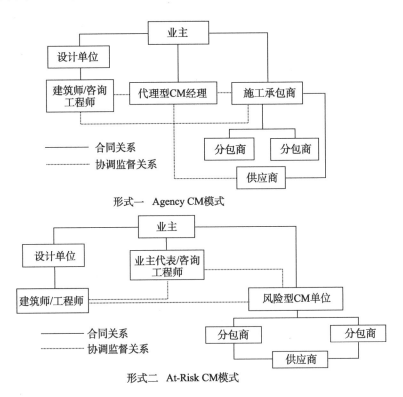

图 10-2 阶段发包模式——CM 模式下合同关系图

CM 模式有两种实现形式：代理型和风险型。

（1）代理型 CM（agency CM）：以业主代理身份工作，收取服务酬金。

（2）风险型 CM（at-risk CM）：以总承包身份，可直接进行分发包，直接与分包商签合同，并向业主承担保证最大工程费用 GMP，如果实际工程费超过了 GMP，超过部分由 CM 单位承担。

1. 优点

①打破了设计与施工的界限，设计方案的可施工性较高、设计变更较少；②边设计边施工能有效缩短建设周期。

2. 缺点

①对 CM 单位的资质与管理能力要求较高；②各阶段工程的协调工作复杂；③边设计边施工造成工程造价难以控制；④工期要求紧迫，可能导致质量问题。

三、工程总承包模式

工程总承包（engineering procurement construction，EPC）模式，又称设计、采购、施工一体化模式，在国际上也称交钥匙模式（turn-key-operate），在中国被称作设计—施工总承包模式（design-construction），如图 10-3 所示。该模式在项目决策阶段以后，从设计开始，经招标，委托一家工程公司对设计—采购—建造进行总承包。在这种模式下，按照承包合同规定的总价或可调总价方式，由工程公司负责对工程项目的进度、费用、质量、安全进行管理和控制，并按合同约定完成工程。

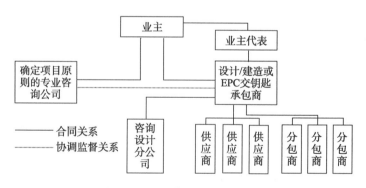

图 10-3　EPC 模式下合同关系图

1. 优点

业主把工程的设计、采购、施工和开工服务工作全部托付给工程总承包商负责组织实施，业主只负责整体的、原则的、目标的管理和控制，总承包商更能发挥主观能动性，能运用其先进的管理经验为业主和承包商自身创造更多的效益；提高了工作效率，减少了协调工作量；设计变更少、工期较短；由于采用的是总价合同，基本上不用再支付索赔及追加项目费用；项目的最终价格和要求的工期具有更大程度的确定性。

2. 缺点

业主不能对工程进行全程控制；总承包商对整个项目的成本工期和质量负责，加大了总承包商的风险，总承包商为了降低风险并获得更多的利润，可能会通过调整设计方案来降低成本，可能会因此影响长远意义上的质量；由于采用的是总价合同，承包商获得业主变更及追加费用的弹性很小。

在 EPC 总承包模式下，总承包商对整个建设项目负责，但并不意味着总承包商需亲自完成整个建设工程项目。除法律明确规定应当由总承包商必须完成的工作外，其余工作总承包商可以采取专业分包的方式进行。在实践中，总承包商往往会根据其丰富的项目管理经验、根据工程项目的不同规模、类型和业主要求，将设备采购（制造）、施工及安装等工作采用分包的形式分包给专业分包商。所以在 EPC 总承包模式下，其合同结构形式通常表现为以下几种形式：

（1）交钥匙总承包；

（2）设计—采购总承包（E-P）；

（3）采购—施工总承包（P-C）；

（4）设计—施工总承包（D-B）；

（5）建设—转让（BT）等相关模式。最为常见的是第（1）（4）（5）这三种形式。

交钥匙总承包，是指设计、采购、施工总承包，总承包商最终向业主提交一个满足使用功能、具备使用条件的工程项目。该种模式是典型的 EPC 总承包模式。

设计、施工总承包，是指工程总承包企业按照合同约定，承担工程项目设计和施工，并对承包工程的质量、安全、工期、造价全面负责。在该种模式下，建设工程涉及的建筑材料、建筑设备等采购工作由发包人（业主）来完成。

建设、转让总承包，是指有投融资能力的工程总承包商受业主委托，按照合同约定对工程项目的勘察、设计、采购、施工、试运行实现全过程总承包。同时，工程总承包商自行承担工程的全部投资，在工程竣工验收合格并交付使用后，业主向工程总承包商支付总承包价。

四、项目管理承包模式

项目管理承包（project management contractor，PMC）模式是指业主聘请专业的项目管理公司，代表业主对工程项目的组织实施进行全过程或若干阶段的管理和服务，如图 10-4

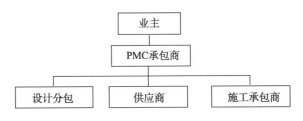

图 10-4　PMC 模式下合同关系图

所示。因为 PMC 承包商在项目的设计、采购、施工、调试等阶段的参与程度和职责范围不同，所以 PMC 模式具有较大的灵活性。

总体而言，PMC 有三种基本应用模式：

（1）业主选择设计单位、施工承包商、供货商，并与之签订设计合同、施工合同和供货合同，委托 PMC 承包商进行工程项目管理。

（2）业主与 PMC 承包商签订项目管理合同，业主通过指定或招标方式选择设计单位、施工承包商、供货商（或其中的部分），但不签合同；由 PMC 承包商与之分别签订设计合同、施工合同和供货合同。

（3）业主与 PMC 承包商签订项目管理合同，由 PMC 承包商自主选择施工承包商和供货商并签订施工合同和供货合同，但不负责设计工作。

1. 优点

①由 PMC 承包商负责工程项目的全过程管理，能有效提高整个项目管理水平；②PMC 承包商作为业主代表对工程各参与方进行监督管理协调，精简了业主的组织管理结构；③该模式一般采用成本加酬金的合同方式，有助于业主降低项目投资；④PMC 承包商在项目前期可以提高对业主的融资支持，降低业主自身的融资难度等。

2. 缺点

适用范围较为局限，一般只能在大型工程项目中体现优势，项目投资额越大、投资主体越多、工艺越复杂，就越有必要采用 PMC 模式进行项目的管理。

五、Partnering 模式

Partnering 模式即合伙模式，是在充分考虑建设各方利益的基础上确定建设工程共同目标的一种工程项目管理模式，如图 10-5 所示。合伙模式一般要求业主与参建各方在相互信任、资源共享的基础上达成一种短期或长期的协议，通过建立工作小组相互合作，及时沟通以避免争议和诉讼的产生，共同解决建设工程实施过程中出现的问题，共同分担工程风险和有关费用，以保证参与各方目标和利益的实现。合伙协议并不仅仅是业主与施工单位

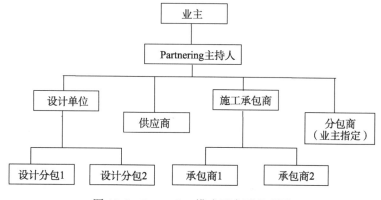

图 10-5　Partnering 模式下合同关系图

双方之间的协议,还需要建设工程参与各方共同签署,包括业主、总包商、分包商、设计单位、咨询单位、主要的材料设备供应单位等。合伙协议一般都是围绕建设工程的三大目标以及工程变更管理、争议和索赔管理、安全管理、信息沟通和管理、公共关系等问题做出相应的规定。

1. 优点

①该模式是建立在互信、共享和合作的基础上,能有效地协调各方关系,工程索赔的可能性较小;②该模式应用范围较广,从国际工程实践情况来看,不管是大型或小型项目,公立还是私立项目,都可以运用 Partnering 模式。

2. 缺点

①各参与方的收益的确定难度大;②在该模式实施工程中,影响因素较难控制;③该模式单独使用效果不明显,需要与其他工程项目管理模式相结合才能发挥其效用。

六、建造—运营—移交(BOT)模式

BOT 模式即建造—运营—移交(build-operate-transfer,BOT)模式,如图 10-6 所示。BOT 模式是 20 世纪 80 年代在国外兴起的一种将政府基础设施建设项目依靠私人资本的一种融资、建造的项目管理方式,或者说是基础设施国有项目民营化。政府开放本国基础设施建设和运营市场,授权项目公司负责筹资和组织建设,建成后负责运营及偿还贷款,协议期满后,再无偿移交给政府。BOT 方式既不增加东道主国家的外债负担,又可以解决基础设施及建设资金不足的问题。但项目发起人必须具备很强的经济实力,且资格预审及招投标程序复杂。

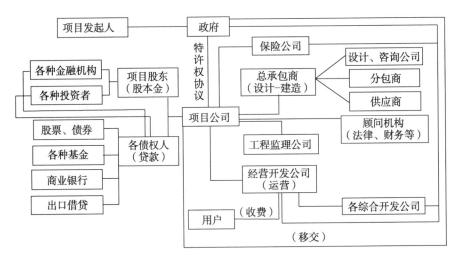

图 10-6 BOT 模式下合同关系图

BOT 模式的最大特点是由于获得了政府许可和支持,有时可得到优惠政策,拓宽了融资渠道。BOOT、BOO、DBOT、BTO、TOT、BRT、BLT、BT、ROO、MOT、BOOST、

BOD、DBOM 和 FBOOT 等均是标准 BOT 操作的不同演变方式，但其基本特点是一致的，即项目公司必须得到政府有关部门授予的特许权。该模式主要用于机场、隧道、发电厂、港口、收费公路、电信、供水和污水处理等一些投资较大、建设周期长和可以运营获利的基础设施项目。

1. 优点

可以减少政府主权借债和还本付息的责任。

可以将公营机构的风险转移到私营承包商，避免公营机构承担项目的全部风险。

可以吸引国外投资国内基础设施的建设，解决了项目建设资金的问题。

BOT 项目通常由外国的公司承包，这会给项目所在国带来先进的技术和管理经验，既给本国的承包商带来较多的发展机会，也促进了国际经济的融合。

2. 缺点

在特许权期限内，政府将失去对项目所有权和经营权的控制。

参与方多、结构复杂，项目前期过长且融资成本高。

可能导致大量的税收流失。

可能造成设施的掠夺性经营。

在项目完成后，会有大量的外汇流出。

风险分摊不对称等。政府虽然转移了建设、融资等风险，却承担了更多的其他责任与风险，如利率、汇率风险等。

七、公共部门与私人企业合作模式

民间参与公共基础设施建设和公共事务管理的模式被统称为公私（民）伙伴关系（public private partnership，PPP），指政府、私人企业基于某个项目而形成的相互间合作关系的一种特许经营项目融资模式，由该项目公司负责项目的筹资、建设与经营。政府通常与提供贷款的金融机构达成一个直接协议，该协议不是对项目进行担保，而是政府向借贷机构做出承诺，将按照政府与项目公司签订的合同支付有关费用。这个协议使项目公司能比较顺利地获得金融机构的贷款。而项目的预期收益、资产，以及政府的扶持力度将直接影响贷款的数量和形式。采取这种融资形式的实质是，政府通过给予民营企业长期的特许经营权和收益权换取加快基础设施建设及有效运营。

与 BOT 相比，狭义 PPP 的主要特点是：政府对项目中后期建设管理运营过程的参与更深，企业对项目前期科研、立项等阶段参与更深。政府和企业都是全程参与，双方合作的时间更长，信息也更对称。

PPP 模式适用于投资额大、建设周期长、资金回报慢的项目，包括铁路、公路、桥梁、隧道等交通运输部门，和电力煤气等能源部门以及电信网络等通信事业等。无论是在发达国家或发展中国家，PPP 模式的应用都越来越广泛。项目成功的关键是项目的参与者和股东都已经清晰了解了项目的所有风险、要求和机会，才有可能充分享受 PPP 模式带来的收益。

1. 优点

公共部门和私人企业在初始阶段就共同参与论证，有利于尽早确定项目融资的可行性，缩短前期工作周期，节省政府投资。

可以在项目初期实现风险分配，同时由于政府分担了一部分风险，可以使风险分配更合理，减少了承建商与投资商风险，从而降低了融资难度。

参与项目融资的私人企业在项目前期就参与进来，有利于私人企业一开始就引入先进技术和管理经验。

公共部门和私人企业共同参与建设和运营，双方可以形成互利的长期目标，更好地为社会和公众提供服务；使项目参与各方整合组成战略联盟，对协调各方不同的利益目标起关键作用；政府对项目拥有一定的控制权。

2. 缺点

对于政府来说，如何确定合作公司给政府增加了难度，而且在合作中负有一定的责任，增加了政府的风险负担；组织形式比较复杂，增加了管理上协调的难度；如何设定项目的回报率可能成为一个颇有争议的问题。

第三节 合同管理

项目采购管理过程是围绕合同进行的。合同规范了买卖双方的权利义务，也体现了风险在买卖双方之间的分配。合同管理是项目管理的核心工作之一，它具有综合性、全面性、高层次性，是一个高度准确、严密、精细管理工作。不论是业主还是项目承包人都应设立专职机构或专职人员负责合同管理工作。合同管理程序应贯穿于项目管理的全过程，与范围管理、招标投标、质量管理、进度管理、成本管理、信息管理、沟通管理、风险管理紧密相连。

一、合同与合同管理

合同是当事人之间设立、变更、终止民事关系的协议。依法成立的合同受法律保护。因此，合同是一种可诉诸法院的法律关系。不同合同文件的主要内容会有所变化，一般情况下，合同应当具备以下几个主要条款。

- 标的或交付物（采购的产品、服务或成果）。没有标的，权利义务就无所指向，经济关系就无法存在。
- 数量和质量。对标的的具体要求。
- 价款、酬金、定金和付款条款。接受标的一方向交付标的的另一方支付的对等代价。在确保合同中的支付条款得到遵循的同时，按合同规定确保卖方所得的款项与实际工作进度相适应。

- 履行期限、地点、方式。指当事人必须在什么时间、什么地点，以什么方式履行义务和享受权利。
- 责任范围、违约责任和履约保函。
- 检查和验收标准。
- 工作范围和变更处理约定。买方用"采购工作说明书（SOW）"来明确合同的工作范围，卖方在获得合同后要及时编制"合同工作分解结构（WBS）"与买方确认工作范围。
- 质保期和产品支持。
- 合同代表和权力。项目经理经常不是采购谈判的主谈人，通常由获得授权的采购管理员作为主谈人。项目经理和项目管理团队可以出席谈判会议，以提供协助，在必要时澄清项目的技术、质量和管理要求。
- 合同终止和替代争议解决方法。争议解决应通过谈判公正地解决全部未决事项、索赔和争议。如果通过直接谈判无法解决，可以尝试替代争议解决（ADR）方法，如调解或仲裁。谈判是解决所有索赔和争议的首选方法。向法院起诉是最不可取的、最后的处理方法。

合同管理（contract administration）是"管理合同和买方与卖方之间的关系、审查并记录卖方怎样执行或已经执行需纠正的活动，并规定和卖方的未来关系、管理涉及合同的变更，并在适当时管理与项目的外部买方的合同关系的过程"。

合同管理是项目采购管理的一个重要环节，无论是什么类型的项目，项目各方签订的合同多么合理，如果没有良好的合同管理，项目仍不能达到预期的目标。合同管理直接关系到项目实施是否顺利，各方的利益是否能够得到保护。

二、合同类型

买卖双方在采购中的风险分担是由合同类型决定的，不同类型的合同双方所承担的风险不同。《PMBOK®指南》将合同类型分为三大类，即总价合同、成本补偿合同和工料合同。

1. 总价合同

总价合同为既定产品或服务的采购设定一个总价。从成本风险的角度来说，买方的风险最小。在总价合同下，买方最关心工作范围。只有工作范围很清楚的项目，才可以采用总价合同。如果工作范围允许变化，通常应该允许调整总价。总价合同分为三种。

固定总价合同（FFP）。FFP是最常用的合同类型。采购的价格在一开始就被确定，并且不允许改变（除非工作范围发生变更）。

总价加激励费用合同（FPIF）。在总价的基础上，规定一个激励卖方积极工作的标准；激励费用与卖方的成本、进度或技术绩效有关。绩效目标一开始就要制定好，而最终的合同价格要待全部工作结束后根据卖方绩效加以确定。在FPIF合同中，要设置一个价格上限

（俗称天花板），卖方必须完成工作并且要承担高于上限的全部成本。

$$总价 = 实际成本 + 目标利润 + （目标成本 - 实际成本）\times 卖方应承担比例$$

总价还要和最高限价比较，计算最终总价。

$$实际利润 = 最终总价 - 实际成本$$

总价加经济价格调整合同（FP-EPA）。如果卖方履约要跨越相当长的周期（数年），就应该使用本合同类型。如果买卖双方之间要维持多种长期关系，可以采用这种类型的合同。这种类型的合同，允许根据条件变化（如通货膨胀、某些特殊商品的成本增加或降低）以事先确定的方式对合同价格进行最终调整。

2. 成本补偿合同

以卖方从事项目的实际工作成本为付款的基础，即成本实报实销。在这种类型的合同中，卖方的风险最大。这种合同适用于卖方仅知道买方采购的是一个什么产品、服务或成果，但不清楚工作范围或工作范围不明确的情况。一般有四种成本补偿合同。

成本加固定费用合同（CPFF）。成本实报实销，买方另外向卖方支付固定金额的利润。这是常见的成本补偿合同，对卖方有一定制约作用。

成本加激励费用（CPIF）。买方向卖方支付的款项由三部分组成：实际成本、一部分固定的费用和按一定方法计算的奖励。

成本加奖励费用（CPAF）。成本实报实销，买方根据自己的主观感觉给卖方支付一笔利润，而卖方对利润的多少无权申诉。

成本加百分比合同（CPPC）。买方在卖方实际成本的基础上再加上该成本的某个百分比计算的利润，向卖方付款。卖方的成本越高，所得的利润也越高。这种合同对卖方没有任何限制，最好不采用，有的国家禁止这种合同。

3. 工料合同

工料合同（T&M）是兼具成本补偿合同和总价合同的某些特点的混合型合同。在不能很快编写出准确工作说明书的情况下，经常使用工料合同。工料合同的特点如下。

（1）买方按卖方实际消耗的工时支付工时费。

（2）卖方提供材料，买方支付材料费。

（3）买方与卖方预先确定了单位人力和材料成本（包含卖方税费及利润）。

工料合同适用于工作内容明确，但工作量不容易实现准确评估的情况。例如，在工程项目基础处理中需要对溶洞进行回填，回填多少混凝土事先很难准确预测，所以该项目适合采用工料合同，直到溶洞被填满为止。表10-2总结了不同类型的合同的适用情况及特点。

举例：买方和卖方商定了一个总价加激励的合同，合同的目标成本是20万美元，目标利润是3万美元，目标价格是23万美元，双方还商定了最高价格为27万美元，分享比率为70/30，如果卖方完成合同的实际成本为17万美元，那么买方要向卖方支付多少利润？

解答：总价加激励的合同的乙方最终总价和利润计算的思路。

第一步：先算总价

总价 = 实际成本 + 目标利润 + （目标成本 – 实际成本）× 卖方应承担比例

总价 = 17 万美元 + 3 万美元 +（20 万美元 – 17 万美元）× 30% = 20.9 万美元

第二步：将总价和最高限价比较，计算最终总价。

总价 20.9 万美元未超过最高限价 27 万美元，因此，最终总价为 20.9 万美元。

第三步：计算实际利润。

实际利润 = 最终总价 – 实际成本 = 20.9 万美元 – 17 万美元 = 3.9 万美元

其中 0.9 万美元是激励。

表 10-2 合同类型比较

总价合同 （fixed-price contract，FP）	固定总价合同 （fixed-price，FFP）	适合甲方，比如采购订单； 项目范围明确，不确定性低，风险由乙方分担
	总价加激励费 （fixed price incentive fee，FPIF）	有上限，有公式可算； 项目范围不太明确，不确定性中等，风险由甲乙双方分担
	总价加经济价格调整 （fixed price with economic price adjustment，FP-EPA）	合同跨期长，允许根据条件变化（如通货膨胀、某些特殊商品的成本增加或降低）以事先确定的方式对合同价格进行最终调整
成本补偿类合同 （cost-reimbursable contract，CR）	成本 + 固定费 （cost plus fixed fee，CPFF）	一般用于项目开始无法判断能否成功，更无法估算项目的成本，项目进行到一定程度才能判断项目是否可用成功，比如创新类项目； 项目范围不明确，不确定性高，风险由甲方分担
	成本 + 激励费 （cost plus incentive fee，CPIF）	无上限，有公式可算； 项目范围不太明确，不确定性中等，风险由甲乙双方分担
	成本 + 奖励费 （cost plus award fee，CPAF）	成本实报实销，乙方完工后，甲方根据绩效决定奖励乙方的数额； 甲方报销一切合法成本。奖励数额安全由甲方主观判断决定，一般不允许申诉
工料合同 （time and material contract，T&M）	工料合同	买方按照卖方时间消耗的人工费；项目范围不明确，风险由甲方分担； 卖方提供材料，买方支付材料费； 买方和卖方预先确定了单位人力或材料费率（包含卖方税费及利润）； 适合小项目，在无法很快编写出准确工作说明书的情况下使用

三、FIDIC 及其合同条件

FIDIC 系列合同文件，以其逻辑性强、权利义务界限分明等优点，被世界银行、亚洲开发银行和非洲开发银行等国际金融组织以及许多国家所接受。熟练掌握和应用 FIDIC 条款，对于我国企业提高项目管理水平和国际竞争力具有重要意义。本节将介绍 FIDIC 及其合同条件。

（一）FIDIC 简介

FIDIC（Fédération Internationale des Ingénieurs Conseils，法文缩写为 FIDIC）是国际咨

询工程师联合会,中文译作"菲迪克"。它是国际工程咨询界最具权威的联合组织机构。1996年中国工程咨询协会正式加入该组织。FIDIC总部设在日内瓦。

FIDIC以其在国际工程领域的巨大影响力,在提高咨询工程师的职业道德和服务水平、加强工程项目的科学管理和可持续发展、建立工程市场的公平竞争秩序、促进国际经济技术的交流与合作方面,起着不可替代的重要作用。

1. FIDIC的组织机构

FIDIC的组织机构由成员协会代表大会、执行委员会、若干委员会或工作组,以及秘书处组成。成员协会代表大会(GAM)在每年年会期间举行一次,代表由各个国家和地区成员协会派出。大会的主要任务包括:接收新的会员;听取联合会年度审计报告;批准本年度财务报告;批准下一年度财务预算;批准FIDIC章程的修改;选举新的执行委员会,并指导执委会的工作。执行委员会(EC)由成员协会代表投票选举确定,执行委员会由9名成员组成,包括主席、副主席、司库各1名和执委若干名。执行委员会的主席负责指导秘书处的行政管理工作。执行委员会会议每年至少召开三次。FIDIC针对世界经济、工程建设业的发展趋势,为研究指导行业的发展和解决行业存在的问题,设立了若干专业委员会、工作组和论坛。这些机构按照执委会的要求开展工作,并视情况需要设立或撤销。

当前FIDIC设立的专业委员会、工作组和论坛包括:
- 裁决员评审委员会(APA)
- 业务实践委员会(BPC)
- 实力建设委员会(CBC)
- 合同委员会(CC)
- 廉洁管理委员会(IMC)
- 风险和职业责任委员会(RLC)
- 可持续发展委员会(SDC)
- 战略审查工作组(SRTF)
- 质量管理论坛(QMF)
- 青年咨询工程师论坛(YPF)等

秘书处负责FIDIC的日常工作。

2. FIDIC的文献

FIDIC文献的内容非常广泛,几乎囊括了工程建设领域的所有重要问题,确立了工程咨询行业先进的管理理念和科学的管理方法,构建了完整的工程管理知识体系,并被普遍认为是工程管理领域应遵循的国际惯例。FIDIC的文献对于促进工程咨询行业的发展、提高工程管理水平起着重要的作用,具有很高的国际声誉。

FIDIC编制的各种文件体现了公平、务实、严谨、适用面广和持续改进的特点。编写形式包括合同格式、工作指南、程序规定、工作手册等类型。其内容涉及合同条件、协议书范本、质量管理、廉洁管理、可持续管理、环境管理、风险管理、实力建设和争端解决等许多方面。

3. FIDIC 的年会

FIDIC 每年举行一次年会，汇集了联合会的成员代表、各国学者，以及有关国际组织的专家，共同交流工程领域的科技进步和业务环境的变化情况，讨论行业共同关心的问题，探讨工程咨询业的发展趋势及其对策，并对相关的重大问题做出决策。

（二）FIDIC 合同条件

FIDIC 系列合同条件是在各国多年的工程管理实践的基础上，吸取有关专家、学者及各方的经验、教训和建议编织而成的。它将与工程管理相关的技术、经济、法律密切地结合在一起，形成了一个较为完整的合同体系。在应用过程中不断地进行补充和修订，使之逐渐臻于完善，从而推出持续改进的新版本。

FIDIC 系列合同条件的优点是具有国际性、通用性、公正性和严密性，合同各方权利和义务分明，处理与解决问题程序严谨、易于操作。

FIDIC 合同条件文本由"通用条件"和"专用条件"两个部分组成。"通用条件"对合同各方的责任与义务以及工程管理中可能遇到的各种问题做出全面规定；"专用条件"则可以针对不同项目的特点和业主对具体项目的不同要求，而对"通用条件"进行修改、删减和补充，以满足各类项目的不同需要。"专用条件"与"通用条件"相对应，共同构成一个完整的、通用的合同条件。

FIDIC 新版合同条件指 FIDIC 编写的最新的四种合同条件文本，称 1999 年第 1 版。四种新版本 FIDIC 合同条件继承了以往合同条件的优点，并根据多年来在工程实践中取得的经验以及专家、学者和相关各方的建议，在内容、结构和措辞等方面做了较大调整。新版合同条件的适用范围可见表 10-3。

表 10-3 新版合同条件的适用范围

《施工合同条件》（Conditions of Contract for Construction），简称新红皮书	推荐用于由雇主或其代表设计的建筑或工程项目，主要用于单价合同。这种合同通常由工程师负责监理，由承包商按照雇主提供的设计施工，但也可以包含承包商设计的土木、机械、电气和构筑物的某些部分
《生产设备和设计—施工合同条件》（Conditions of Contract for Plant and Design-Build），简称新黄皮书	推荐用于电气和（或）机械设备供货、建筑或工程的设计与施工，通常采用总价合同。由承包商按照雇主的要求，设计和提供生产设备和（或）其他工程，可以包括土木、机械、电气和建筑物的任何组合，进行工程总承包，但也可以对部分工程采用单价合同
《设计采购施工（EPC）/交钥匙工程合同条件》（Conditions of Contract for EPC/Turnkey Projects），简称银皮书	适用于以交钥匙方式提供工厂，或类似设施的加工，或动力设备、基础设施项目，或其他类型的开发项目，采用总价合同。这种合同条件下，项目的最终价格和要求的工期具有更大程度的确定性；由承包商承担项目实施的全部责任，雇主很少介入，即由承包商进行所有的设计、采购和施工，最后提供一个设施配套完善、可以投产运行的项目
《简明合同格式》（Short Form of Contract），简称绿皮书	适用于投资金额较小的建筑或工程项目。根据工程的类型和具体情况，这种合同格式也可用于投资金额较大的工程，特别是较简单的，或重复性的，或工期短的工程。在此合同格式下，一般都由承包商按照雇主或其代表提供的设计实施工程，但对于部分或完全由承包商设计的土木、机械、电气和（或）构筑物的工程，此合同也同样适用

（三）FIDIC 合同条件的运用

1. 国际金融组织贷款和一些国际项目直接采用

在世界各地，凡是世界银行、亚洲开发银行、非洲开发银行贷款的工程项目以及一些国家的工程项目招标文件中，都会全文采用 FIDIC 合同条件。因而参与项目实施的各方都必须了解和熟悉 FIDIC 合同条件，才能保证工程项目的执行并根据合同条件行使自己的职权和保护自己的权利。在我国，凡是亚洲开发银行贷款施工类型的项目，全文均采用 FIDIC "土木工程施工合同条件"，一些世界银行贷款项目也采用 FIDIC 合同条件，如我国的小浪底水利枢纽工程。

2. 对比分析采用

许多国家都有自己编制的合同条件，这些合同条件的条目、内容和 FIDIC 编的合同条件大同小异，只是在处理问题的程序规定以及风险分担等方面有所不同。FIDIC 合同条件在处理业主与承包商的风险分担和权利义务时是比较公正的，各项程序是比较严谨完善的。因而掌握了 FIDIC 合同条件后，可以以其作为一把尺子，用来与项目管理中遇到的其他合同条件逐条对比、分析和研究，由此可以发现合同中的风险因素，以便制定防范或利用风险的措施，也可以发现索赔的机会。

3. 合同谈判时采用

因为 FIDIC 合同条件是国际权威的文件，在招标过程中，如承包商感到招标文件有些规定明显不合理或是不完善，可以用 FIDIC 合同条件作为"国际惯例"，在合同谈判时要求对方修改或补充某些条款，但这种情况一般仅限于议标时使用。

4. 局部选择采用

当咨询工程师协助业主编制招标文件时，或是总承包商编制分包项目招标文件时，可以局部选择 FIDIC 合同条件中的某些部分、条款、思路、程序或某些规定，也可以在项目实施过程中借助某些思路或程序处理遇到的实际问题。

四、合同管理基本过程

（一）合同评审

合同评审应在签订合同前进行，其目的是全面和正确地理解招标文件和合同条件，为制订合同实施计划、投标报价、合同谈判和签订提供依据。

合同评审应包括如下内容：

（1）招标工程和合同的合法性审查；
（2）招标文件和合同条款的完备性审查；
（3）合同双方责任、权益和工程范围确定；
（4）产品要求的评审；
（5）投标风险和合同风险评价。

承包人应仔细研究合同文件的每一个细节问题和发包人所提供的各种信息，弄清发包人的意图和要求。如在招标文件发现问题，或不理解的地方，应与发包人及时澄清，并以书面方式确定。

在合同评审过程中应综合考虑承包工程的特点、发包人提出的要求和合同要求、发包人的资信、承包人自身的情况，应考虑工程项目及其所在地的政治、法律、经济、发包人的情况、自然条件等环境状况。

（二）合同签订和实施计划

这个计划包括：

（1）工作方式的选择。对工程范围内的工程和工作，承包人既可以自己完成工程，也可以与其他单位合作完成工程。合作方式可能有工程分包、与其他单位联营承包，或成立联合公司承包等。工作方式的选择应考虑充分发挥各自的技术、管理、财力、与发包人的联系等优势，以共同承担风险。

（2）合同签订和执行战略。包括投标报价策略、合同谈判和签订的制定。承包人必须就所欲参加投标的工程对企业的贡献、履行合同的实施策略、面临重大问题或风险时的策略等进行决策。

（3）确定施工方案。施工方案是工程预算和标价的依据，是发包人对投标书的要求，也是发包人选择承包人的重要决定因素。

（4）编制工程预算和确定投标报价。承包人必须按实际情况，为全面完成招标文件所规定的义务，并考虑合同条件，编制工程预算。在此基础上，综合考虑承包人的经营策略、市场竞争激烈程度、工程特点、合同的风险程度等因素，制定投标报价策略，确定投标报价。

（5）完成投标书的编写并送达发包人。承包人应按照招标文件的要求正确填写投标书，并准备相应的投标文件，在投标截止日期前送达发包人。

（6）做好不同合同间的组织协调。承包人应尽量了解发包人对该项目的合同体系。承包人也应对自己同时承接的合同做总体协调安排。特别是在合同总体责任、价格、时间进度、组织等方面努力达到协调。

（7）建立合同实施的保证体系，以保证合同实施过程中的一切日常事务性工作能有秩序进行，使工程项目的全部合同事件处于控制中，保证合同目标的实现。

①合同管理实施控制工作必须程序化、规范化，建立定期和不定期的协商会办制度，建立如图纸批准程序、工程变更程序、分包人索赔程序、分包人的账单审查程序、工程检查验收程序、进度付款账单的审查批准程序、工程问题的请示报告程序等一些特殊工作程序。

②建立合同管理文档系统。应建立与相适应的编码系统和文档系统，使各种合同资料能方便地进行保存与查询。

（8）建立合同文件沟通方式。承包人和发包人、监理工程师、分包人之间的有关合同的文件沟通都应以书面形式进行。

(三) 合同实施控制

1. 合同交底

在合同实施前，合同谈判人员应对项目管理人员和有关人员进行合同交底。合同交底应包括合同的主要内容包括：合同实施的主要风险、合同签订过程中的特殊问题、合同实施计划的主要内容、各种合同责任和合同事件的责任分解落实情况。

2. 合同实施监督

承包人应监督项目经理部、分包人严格执行合同，并做好各分包人的协调和管理工作。同时也应督促发包人执行其合同责任，以保证工程顺利进行。

3. 合同跟踪和诊断

(1) 承包人应全面收集并分析合同实施的信息与工程资料，将合同实施情况与合同分析资料进行对比分析，找出其中的偏离。

(2) 承包人应对合同履行情况做出诊断。合同诊断包括：合同执行差异的原因分析、合同差异责任分析、合同实施趋向预测。及时通报合同实施情况及问题，提出在合同实施方面的意见、建议，甚至警告。

对于发现的问题，承包人应及时采取对应的管理措施。防止问题的扩大和重复发生。

4. 承包人的合同变更管理

包括变更谈判、变更的处理程序，落实变更的措施，修改变更相关的资料，检查变更措施的落实情况。

5. 承包人的索赔管理

包括与发包人、分包人、供应商之间的索赔和反索赔。索赔工作包括以下内容：

(1) 在合同的签订、工程实施过程中注意预测索赔机会。

(2) 在合同实施中寻找和发现索赔机会。

(3) 对干扰事件引起的损失，要按照合同所规定的程序及时向对方 (发包人或分包人等) 提出索赔要求。

在此过程中，应寻找和收集索赔证据和理由，调查和分析干扰事件的影响，计算索赔值，起草并提出索赔报告。

承包人的反索赔工作包括：

(1) 反驳对方不合理的索赔要求。对收到的对方的索赔报告进行审查分析，收集反驳理由和证据，复核索赔值，起草并提出反索赔报告。

(2) 通过合同管理，防止索赔事件的发生。

(四) 合同后评价

合同按约定履行结束后，合同即告终止。承包人应及时进行合同后评价，总结合同签订和执行过程中的利弊得失、经验教训，作为改进以后工程合同管理工作的借鉴。分析的情况应进行总结，提出分析报告。

合同后评估应包括如下内容：

（1）合同签订情况评价。

（2）合同执行情况评价。

（3）合同管理工作评价。

（4）对本项目有重大影响的合同条款的评价。

（5）其他。

五、合同管理主要内容

（一）合同变更管理

在合同执行过程中，可能由于合同双方出现了重大变化或其他原因，需要修改合同条款。合同变更对双方利益都会产生重大影响，双方应对变更事项达成一致意见，否则可能导致合同的终止或者订立新的合同。项目范围变更的原因可能来自业主和承包商两个方面，承包商的内部变更一般不需要修改合同，但需得到业主或其代理人认可，事先办理工作变更手续；合同内容的项目范围变更通常来自业主，包括范围变更和工作量变更。

范围变更是指对原合同确定的范围有大幅度调整，如信息化项目原项目范围是开发财务管理和生产管理两个模块，但在执行过程中，客户提出增加客户关系管理模块，这必然需要修改合同。在工程项目中常见的范围变更主要包括额外工程、附加工程、工程某个部分的删减、配套的公用设施改变等。工程量变更主要有工程量增加、技术条件（工程设计、地质情况、基础数据、工程标高、基线、尺寸等）改变、质量要求（含技术标准、规范或施工技术规程）改变、施工顺序的改变，以及设备和材料供货范围、地点、标准的改变，服务（如开车、培训）范围和内容的改变，加快或减缓进度。范围变更的实质是对合同范围的变更，因此，程序上需要合同双方的认定。

工作量变更是采购方依据合同所赋予的权力，对合同范围以内的工作进行调整，有权发出变更令的人可以是采购方的项目主管或者是聘请的独立工程师。承包商在"低价中标，变更赚钱"模式下，会创造条件增加工作量，如因设计不完善导致施工时实际工作量大于设计工作量，承包商将要求监理和业主确认增加的工作量，按照实际完成情况计算价格。

（二）合同索赔管理

合同执行过程中总会出现意外情况，由于一方的原因或失误使另一方造成了损失，按照合同规定应做出赔偿。引发索赔的主要原因如下。

业主或其他最终用户没能正确地履行合同义务，例如：未及时交付场地、提供图纸、下达了错误的指令等。因此增加了项目组的花费和延误了进度，按合同应该给予补偿。

某个项目参与方未完成合同规定的任务而造成连锁反应。例如，由于设计单位未及时交付图纸，造成土建、安装工程中断或推迟，土建和安装承包商向业主提出索赔。

由于外部环境变化对合同一方造成重大损失。例如主要材料价格大幅度上涨，大大超出了合同订立时的价格水平，业主应对承包商给予补偿。

由于设计变更和施工变更造成施工困难，导致工期延长，相应地产生了额外费用。

合同各方应树立索赔意识，在合同实施过程中预测和发现索赔机会，及时提出索赔要求和妥善解决争执。索赔的提出和解决过程在合同中一般有严格规定，如果未按合同规定的程序提出，会导致索赔无效。按照国际惯例，索赔过程包括索赔意向通知、起草并提交索赔报告和解决索赔三个主要环节。引起索赔的事件发生后，承包单位应在确保损失不扩大的情况下及时和业主交涉，向业主发出书面索赔意向通知，声明要对索赔事件提出索赔。在提交索赔意向通知后（FIDIC 规定为 28 天），索赔方要对索赔事件进行调查，评估损失量、收集对方原因造成损失的证据、起草索赔报告和提交索赔报告等。赔偿方应积极收集有利于己方的证据反索赔，反驳对方不合理的索赔要求。合同各方应树立索赔意识，在合同实施过程中预测和发现索赔机会，及时提出索赔要求和妥善解决争执。

扩展阅读 10.2

（三）合同付款支付管理

项目业主应根据合同规定，按供应商提交的发货单或工程款支付申请和支付证书付款，这是合同规定的义务。一些业主不按合同规定支付工程款，影响了项目的顺利进展甚至停工，并且拖欠工程款，导致农民工欠薪的现象已经成为一个社会问题。合同款支付管理既需要企业层面的沟通，也需要政府部门制定政策打击赖账的业主或开发商。

（1）承包商做好申请工程款支付工作。按照合同规定时间，核算实际完工量，办理申请支付工程款的手续。工程项目通常按照月度支付，软件项目一般按照进度计划里程碑时间点支付。工程款申请与支付分为三个步骤：首先，承包商向监理机构提交工程款支付申请表（表 10-4），准备齐全工程量清单资料。其次，监理机构审核承包商的申请材料，确认无误后开具工程款支付证书（表 10-5），提交给业主。最后，业主审核所有资料完整准确后，财务部门转账拨付工程款。

表 10-4　工程款支付申请表

工程名称：　　　　　　编号：

致（监理单位）：
　　我方已完成了＿＿＿＿＿＿工作，按施工合同的规定，建设单位在＿＿＿年＿＿＿月＿＿＿日前支付该工程款共（大写：＿＿＿（小写：＿＿＿），请予以审查并开具工程款支付证书。
　　附件：
　　　　1. 工程量清单；
　　　　2. 计算方法。

承包单位：＿＿＿＿＿＿
项目经理：＿＿＿＿＿＿
日　　期：＿＿＿＿＿＿

表 10-5　工程款支付证书

工程名称：编号：

致（建设单位）：
　　根据施工合同的规定，经审核承包单位的付款申请和报表，并扣除有关款项，同意本期支付工程款共支付该工程款共（大写）：_____（小写：_____），请按合同规定及时付款。
其中：
1. 承包单位申报款为：
2. 经审核承包单位应得款为：
3. 本期应扣款为：
4. 本期应得款为：
附件：
1. 承包单位的过程付款申请表及附件；
2. 项目监理机构审查记录。

　　　　　　　　　　　　　　　　　　　　　　项目监理机构：_____
　　　　　　　　　　　　　　　　　　　　　　总监理工程师：_____
　　　　　　　　　　　　　　　　　　　　　　日期：_____

（2）政府对工程款支付问题进行监管。一些地方政府规定，建设工期不足一年的工程项目，开工前到位的资金不得少于工程合同价的 50%；工期超过一年的项目，开工前到位的资金不得少于合同价的 30%。建设单位应当提供银行出具的资金到位证明，有条件的实行银行付款保函或其他第三方担保。建设资金不落实的不得发放施工许可证。建设单位未按合同约定支付工程进度款且超过约定时间 3 个月的，建设行政主管部门暂扣该工程施工许可证，恢复拨款后发还许可证。房地产开发企业预售商品房，其投入开发建设的资金必须达到工程建设总投资的 25%以上。工程竣工后，建设单位必须按合同约定支付工程款，否则建设行政主管部门不予办理竣工验收备案，房屋管理部部门不予办理权属登记。

（四）合同收尾

合同管理者要确认所有的工作是否已经实施完成、所有的可交付物是否符合买方需求。合同收尾伴随着管理收尾，其内容包括以下几个方面：

- 核查产品符合买方需求的文档记录。
- 汇报卖方整体绩效。
- 记录卖方绩效。
- 识别将来的合同的提升空间。
- 将所有必需的项目文件归档。
- 推行经验教训学习机制。
- 识别最佳实践。

一旦确认合同结束，卖方仍然要管理收尾过程。对于卖方来说，管理收尾最重要的工作就是财务的收尾（关闭所有的账户），如果财务收尾在合同结束之前，那么项目经理可能面临账户被再次打开的风险，而这仅仅是因为记录维修或缺陷成本，这种情况是最让项目经理头疼的，特别是当会计确定的未使用资金会以超额利润的形式记账的时候。

视频 10.1

本章小结

从项目组织外部获得货物和服务必须通过采购实现。项目采购主要有规划采购、实施采购、管理采购和结束采购四个主要过程。项目采购是围绕合同进行的，合同既是风险管理的工具，但也要注意合同带来的风险。

招标投标是基本建设领域促进竞争的全面经济责任制形式，是由招标人和投标人经过要约、承诺、择优选定，最终形成协议和合同关系的、平等主体之间的一种交易方式，是"法人"之间达成有偿、具有约束力的法律行为，遵循公平、公正、公开和诚实信用的原则。招投标过程必须严格监控，常见的异常行为有低价中标、围标、陪标、挂靠投标等。

项目承发包是一种商业行为，交易双方为项目业主和承包商，双方签订承包合同，明确双方各自的权利与义务。主要承发包模式有 DBB、CM、EPC、PMC、Partnering、BOT、PPP 等模式。不同的工程承发包模式反映了不同的项目组织实施方式、合同类型、承发包双方权责划分及风险分配、业主的项目管理水平、工程项目特征等。

合同是民事主体之间设立、变更、终止民事法律关系的协议。依法成立的合同，受法律保护。合同管理全过程由洽谈、草拟、签订、生效开始，直至合同失效为止。不仅要重视签订前的管理，更要重视签订后的管理。

简答题

1. 请总结招标中常发生哪些不规范的行为？采取哪些措施可以有效规范招标行为？
2. 智力服务采购与工程项目采购的主要区别是什么？
3. 项目合同管理的难点有哪些？
4. 试对各种采购方式的特点、适用条件进行比较分析。

案例分析题

没有合同的采购是没有保障的交易

第十一章 项目控制工作

学习目标

知识目标

1. 熟悉项目控制的概念和基本步骤；
2. 了解项目风险控制的方法；
3. 了解沟通控制的方法；
4. 了解质量控制的方法；
5. 掌握项目进度与成本的控制方法；
6. 了解项目变更信息系统。

能力目标

1. 辨别项目活动控制的环节和要点，善于对项目活动进行追踪控制，以提高管理效率；
2. 学会项目活动控制主流方法，形成系统控制能力；
3. 明确项目过程控制中的各个角色的职责，提高统筹与协调能力；
4. 分析与识别项目控制中的成败及其原因，提高解决问题的能力。

引导案例

中国探月工程"指标不降、经费不超、工期不拖"

2020年11月24日，长征五号遥五运载火箭搭载嫦娥五号探测器成功发射升空并将其送入预定轨道，嫦娥五号完美升空，飞往月球准备"挖土"。

作为我国探月工程"绕、落、回"三步走中的收官之战，不同于中国探月工程嫦娥家族的其他探测器一去不复返，嫦娥五号将有望实现中国航天史上的多个"首次"。一是首次月面自动采样，"钻取和表取"两种"挖法"齐上阵。二是首次月面起飞上升，全靠嫦娥五号"自己完成"。三是首次实现月球轨道交会对接，"千里穿针、一气呵成"。四是首次带月壤高速再入返回地球，打一个"太空水漂"。

视频11.1

欢庆和期盼之余，可能有人会好奇：老往那么远的月球跑，探月工程要花多少钱？

据国家航天局探月与航天工程中心从事财务和工程审计工作的王正伟介绍，中国探月工程注重节约成本，通过技术创新谋求效益最大化。从零开始做起的嫦娥一号工程耗资约14亿元，仅花了北京1~2公里地铁的价格，其中包括建设了大量基础设施，为后续工程奠定了基础。嫦娥四号任务花的钱也跟修 1 公里地铁差不多。与美国动辄数亿美元的探测器相比，我国探月工程性价比极高，是经典的花小钱办大事。

工程经费管理服务于工程研制建设，探月工程的经费管理模式是统筹使用、滚动管理。工程总体紧紧围绕工程研制任务，科学规划，适时调整年度计划和经费预算，保障任务的顺利执行。

例如，嫦娥二号是嫦娥一号的备份，嫦娥四号是嫦娥三号的备份，一号和三号发射成功后，如果备份不用就只能放库房。我们充分利用备份产品，对二号和四号进行重新论证、调整任务目标，在保持探月工程总经费不超的情况下，圆满完成了二号、四号的任务，并获得了丰硕的成果。

例如，嫦娥 5T 再入返回飞行试验任务，在立项时计划做两次飞行试验，结果第一次试验就取得圆满成功。工程总体经过充分论证，决定不再进行第二次试验。这样，第二次试验节约的经费就能用到后续任务中，提高了经费使用效率和效果。

中国探月工程正是因为精打细算，才铺就探月之路。可以说中国探月工程做到了"指标不降、经费不超、工期不拖"。

网上查阅中国探月工程典型案例，试回答以下问题：

1. 了解中国探月之路，请分析中国探月工程在费用控制方面的特点和成效。
2. 工程项目管理控制中费用控制与工期控制有何关系？

第一节　项目控制概述

一、什么是项目控制

控制是重要的管理职能之一。在项目按事先制定的计划朝着最终目标推进的过程中，由于不确定性和实施过程中受多种因素的干扰，任何实施过程都不可能与计划完全吻合，项目的实施经常会偏离预期轨道。正常情况下，实施会围绕计划目标上下浮动。因此，为了实现项目计划目标，项目控制工作是必需的。

项目控制是项目管理者根据项目跟踪提供的信息，对比原计划（或既定目标）、找出偏差、分析成因、研究纠偏对策、实施纠偏措施的过程。

二、项目控制的目标与准则

项目控制的主要目标是通过改变行为达成项目目标。

为了对项目进行有效的控制，必须遵循以下准则：

- 项目的执行自始至终必须以项目计划为依据；
- 定期和及时测量实际进展情况；
- 随时监测和调整项目计划；
- 充分及时的信息沟通；

- 详细准确地记录项目的进展和变化。

三、项目控制的基本过程

项目监控是一个从项目开始到结束的持续的循环过程，它包括目标设立、衡量、修正、改进和重新衡量。如图 11-1 所示。

第一阶段：制订计划，设立目标。

项目控制的基础是项目计划，项目计划的基础是项目目标。因此，项目控制的第一步是明确项目目标。项目目标应该包括项目的范围、质量、进度、成本、市场或其他目标。范围目标是指功能范围；质量目标包括性能要求、技术指标、质量要求等；进度目标包括预期交付时间，与客户达成共识的其他时间要求，如验收时间、培训时间等；成本目标对企业内部来说就是项目的预算，对于客户来说就是能够给出合理的价格；市场或其他目标就是诸如完成市场占有率、提高企业形象、打开知名度、击败某个竞争对手等。这些目标在项目启动时就要确定好。因此，项目控制始于项目启动。项目经理与项目团队应该在项目启动之时就开展对项目控制系统的设计。

在确定项目目标后，就要制订项目基准计划与实施计划。项目基准计划是指项目组织在投标书或协议中，承诺客户的完工期限和成本估算。这个计划一般是对外承诺的目标计划，它构成了项目的约束边界。实施计划在时间管理中体现为由里程碑构成的工期计划，在成本管理中体现为成本开支预算。这个计划是内部计划，是指导实施的执行计划。

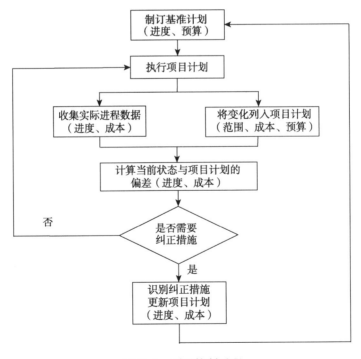

图 11-1　项目控制过程

第二阶段：收集实际进展数据，对计划执行进行监控。

高效的控制系统需要准确的衡量机制，通过这种机制对进行中的各种项目活动的状况进行实时衡量。在项目控制模型中，以实际绩效衡量项目实施中的实际情况。实际绩效在时间管理中体现为实际进度，在成本管理中体现为实际开支。

第三阶段：比较实际绩效与计划绩效，进行偏差分析。

一般情况下，实际绩效围绕实施计划上下波动，偏差分析就是要分析偏差的类型与原因。引起偏差的原因可能出现在执行层面，是实施过程出现了问题；也可能出现在管理层面，是计划制订得不合理；还有可能出现在决策层面，显然是基准计划估计得不现实。

第四阶段：采取行动。

一般情况下，项目的控制都是以实施计划为尺度，目的是要将计划与绩效之间的偏差控制在可以容忍的范围之内。而这个可容忍的范围，是通过临界值的上限与下限确定的。计划与绩效之间的偏差也有三种情况，需要分别采取不同措施。

第一种情况是偏差不大，围绕计划曲线比较均匀地上下波动。这是正常现象，被称为随机偏差，可以忽略，无需采取行动。

第二种情况是偏差比较大，而且偏在计划曲线一边，但是没有超出临界值。这种情况属于非随机偏差，说明实施过程出了问题，需要采取纠偏措施。

第三种情况是绩效指标严重偏离计划指标，并超出临界值，说明不是实施的问题而是计划本身的问题，要么计划过于乐观，要么过于悲观，需要修改计划。

采取了纠正措施后，监控系统再次开始循环。实际上，从项目启动阶段到项目计划阶段，项目经理与项目团队都在制定项目计划目标，建立各种各样的测量指标，这些计划目标或指标既是项目监控的依据，也是控制的依据。

第二节 项目监控

项目管理面临的最重要的挑战之一是必须保持对项目实施过程的准确监控。

项目控制就是监视和测量项目实际进展，若发现实施过程偏离了计划，就要找出原因、采取行动，使项目回到计划的轨道上来。随着项目经历各个不同生命周期阶段，项目监控是保证项目团队随时了解项目进度状况的主要机制。

项目监控的首要工作就是考察项目计划，以确定项目的绩效、时间和成本目标。这些目标应当以某种形式与各层次工作联系起来。也就是说，有些与项目联系起来，有些与任务联系起来，有些与工作包联系起来。收集的项目数据必须能够测量、比较目标和成果，同时设计相关机制来收集和存储这些数据。如果没有与工作单元相关的数据，那么将无法采取有效的行动。

一、监控系统设计

第一步是识别需要控制的关键因素，主要包括项目绩效、成本和时间等。

第二步是设定监控目标的具体数量目标。项目绩效、成本和时间都会有合理的范围，监控之前都应根据各种具体特性进行清楚的界定。此外，还有其他值得注意的重要因素，例如，项目所用工时的计算、项目范围和产出物的变更、客户满意度水平的变化，以及其他一些类似的因素。特别是客户对项目态度的变化、项目团队士气的变化，这两个问题是十分重要的，但是它们没有在项目计划中反映。

视频 11.2

项目计划是监控目标的最好来源。项目计划描述了每项工作、每个工作包和每个项目要素的内容、时间，以及资源使用的计划水平。对风险管理计划中风险识别环节的监控让项目经理和项目团队能够实现项目风险预警并且降低意外发生的可能性。监控系统将计划与控制工作直接连接在一起。如果人们没有对计划中某些重要因素的相关信息进行收集和报告，那么控制工作就可能错漏百出或者无的放矢。项目计划列出了需要准确测度并向控制系统报告的关键指标。

第三步是数据收集。项目绩效的测量通常最困难的就是数据收集。目前，比较通行的做法是以测量项目投入代替测量产出。如果项目实施花费了 50% 的预算（在计划时间内），我们就会假定完成了 50% 的项目工作或实现了 50% 的项目目标。采用这种方法，对于小的工作单元，即便我们在测量中犯了错误也不会造成太大的偏差。但是如果监控对象是一项完整工作或者整个项目，那么用投入/产出同比例法就很容易造成严重的偏差。当然，在通常情况下，要求绩效有很高水平的精确性显然是没有必要的，也是不现实的。

项目监控过程必须以指标和标准为基础，项目监控系统主要对时间、质量和成本等方面进行绩效测量。因此，需要对相关因素建立相应的绩效指标、标准，以及数据收集程序。指标和数据收集程序通常是针对项目整个生命周期建立的，但往往不是一成不变的。它们可能因为公司调整生产能力或者项目团队实施了一项新技术而发生变化，更常见的是由项目经理无法控制的因素引起标准和指标的变化。

需要收集的信息必须得到清楚的界定。这些信息可能包括会计数据、运营数据、工程检测数据、客户反馈数据、技术规定变化的数据和类似的内容，而其中的基本问题是在所有可以获得的数据中精确地确定哪些是应该收集的。所需数据的性质取决于项目计划、公司的目标、客户的需求，也需要看它是否有助于改进项目管理工作。

二、信息收集

控制是一个信息反馈过程。控制的基础是信息，一切信息传递都是为了控制，任何控制都依赖信息反馈来实现。信息反馈指由控制系统把信息输送出去后，把起作用的结果返送回来，并对信息的再输出产生影响，从而起到控制的作用，以达到预定的目的。

对于构建监控系统，准确地定义收集信息的内容和时间是十分必要的。大部分的数据可以归纳为以下类型之一。

1. 频率数据

频率数据指对事件发生次数的简单累计。这种方法通常用于"投诉""项目工作延迟的次数""无事故天数""计算机程序中缺陷的数目"等类似数据。这种数据往往很容易收集，并且通常以单位时间内的数据或者占某一标准数据的百分比等形式报告。这种方法虽然计算简便，但是部分数据收集可能较为困难。诸如"错误"或者"投诉"之类的事件，如果个人或团队不想揭露项目运作的不良状况，那么也就不会将这类事件报告出来。

2. 原始数据

日期、费用、小时数、耗用资源的物理量以及规范要求都采用这种方法进行报告。这些数据通过很多不同的渠道进行报告，但通常都直接用来与期望值或标准值进行比较，并且偏差通常是以实际值和标准值的差额或比率进行报告，差值或比率还可以放到时间序列中进行分析，以显示系统绩效的变化情况。在收集这些原始数据时，我们必须确保它们是按照相同的时间间隔、依照相同的收集准则从数据源上收集的。

3. 主观数值评级

这些数值通常是针对质量，由专家或专业团队主观估计的结果，客观原始数据的报告也适用此方法，但是应当注意上报的这些数值不能被人为地调整为只适用于测量的形式。绩效排序就包括在这一方法中。

4. 指标

当项目经理不能直接测量系统绩效的某些方面时，就会求助于一些间接方法或者指标。处理那些有变化的订单的速度和将这些变化融合到项目中所用的时间往往可以很好地测量项目团队的效率。对于变化的响应也是衡量项目团队沟通质量的一个重要指标。当然，这种方法取决于变化的复杂性。因此，当运用指标衡量绩效时，项目经理必须保证指标与期望绩效标准之间要保持尽可能直接的联系，并且不会受到其他变量的影响。

5. 定性数据

对于诸如"项目团队合作质量""项目团队成员的士气""与客户互动工作的质量"之类的绩效测量，通常采用文字表达的形式。如果定性数据是有限的，并且各种术语都得到了整个团队的充分理解，这些数据就可以很好地服务于相应的目的。

三、绩效追踪

所谓绩效追踪，就是以项目计划为基线，跟踪项目实际进展。绩效追踪要回答的问题有：项目目前绩效在哪里？目标要到达哪里？如何到达那里？项目是不是在走向那里？而项目追踪的主要内容包括关键假设、项目工作范围、变化、资源的可获得性、项目进度、非项目时间、项目成本支出、每周状态报告、每周活动报告以及项目总结报告等。

为了保证项目监控尽可能处于最佳状态，需要将注意力集中在监控过程的两个重要方面。首先,需要明确项目状况发出的信号,不要采用"没有消息就是好消息"的方式对项目进行监督和控制,需要明白的一点是,对项目实施过程中的状况进行仔细和彻底的评估绝对是有好处的。其次,要了解在项目生命周期中,对其绩效进行评估的最佳时机。换句话说,需要全面回答这样两个问题:什么样的项目信息才值得考虑?考虑这些信息的最佳时机是什么时候?其目标是对项目进行系统的项目控制,这种控制必须是全面的、精确的和实时的。比如,当组织要进行一项数百万美元的投资时,那么首先必须了解项目的状况,尽快获得所需的信息,并尽可能地即时更新这些信息。表 11-1 是一个项目绩效跟踪结果应用表。

表 11-1 项目绩效跟踪结果应用表

项目名称		项目起止时间		项目跟踪时间	
主管部门(项目单位)			跟踪评价机构		
项目基本情况介绍					
绩效跟踪结果					
1. 项目主要绩效					
2. 项目存在的主要问题					
3. 项目计划偏离的主要体现					
4. 纠偏计划和措施					
5. 完成计划的可能性评估结论					
6. 跟踪评价机构的建议					
7. 听取部门(单位)的意见或讨论结果记录					
实施跟踪的组织者意见					
				单位(盖章)确认: 日期:	
主管部门(项目单位)整改措施					
1. 整改措施					
2. 整改起止时间					
				主管部门(项目单位)盖章: 日期:	

四、项目监理

站在业主角度,大部分的项目控制工作会聘请第三方监理单位来执行。项目监理就是监理单位派驻工程项目负责履行委托监理合同的组织机构。一般称为"项目监理部""监理公司分部""监理公司分处"等。项目监理机构是由项目总监理工程师领导的,受监理企业法定代表人委派,接受企业职能部门的业务指导、监督与核查的,派驻工程建设项目实施现场的、执行项目监理任务的派出组织。项目监理机构是一次性的,在完成委托监理合同约定的监理工作后即行解体。国家对项目监理制定了相关标准,以建设项目为例,施工阶段监理机构人员配备最低标准,如表 11-2 所示。

表 11-2 建设项目施工阶段监理机构人员配备最低标准（暂行）

工程类别	工程规模（M代表建筑面积，单位：平方米 N代表工程造价，单位：万元）	各阶段人数（人）											
		基础阶段				主体阶段				装修阶段			
		总监理工程师	专业监理工程师	监理员	合计	总监理工程师	专业监理工程师	监理员	合计	总监理工程师	专业监理工程师	监理员	合计
公共建筑工程	$M < 5000$	1	1	1	3	1	1	1	3	1	1	1	3
	$5000 \leq M < 10000$	1	1	1	3	1	1	2	4	1	1	3	5
	$10000 \leq M < 30000$	1	1	2	4	1	1	3	5	1	1	4	6
	$M = 30000$	1	2	2	5	1	2	3	6	1	2	4	7
	$M > 30000$	以 30000 平方米为基数，建筑面积每增加 10000 平方米，各阶段人员均增加 1 人											
住宅小区	$M < 30000$	1	1	1	3	1	1	1	3	1	1	1	3
	$30000 \leq M < 60000$	1	1	2	4	1	1	3	5	1	1	2	4
	$60000 \leq M < 120000$	1	1	4	6	1	1	5	7	1	1	4	6
	$M = 120000$	1	2	4	7	1	2	6	9	1	2	4	7
	$M > 120000$	以 120000 平方米为基数，建筑面积每增加 20000 平方米，各阶段人员均增加 1 人											
厂房	$M < 5000$	1	1	1	3	1	1	1	3	1	1	1	3
	$5000 \leq M < 10000$	1	1	1	3	1	1	2	4	1	1	1	3
	$10000 \leq M < 30000$	1	1	2	4	1	1	3	5	1	1	2	4
	$M = 30000$	1	2	2	5	1	2	3	6	1	2	2	5
	$M > 30000$	以 30000 平方米为基数，建筑面积每增加 10000 平方米，各阶段人员均增加 1 人											
市政	$N < 500$	总监理工程师 1 人；专业监理工程师 1 人；监理员 1 人。合计 3 人											
	$500 \leq N < 1000$	总监理工程师 1 人；专业监理工程师 1 人；监理员 2 人。合计 4 人											
	$1000 \leq N < 2500$	总监理工程师 1 人；专业监理工程师 1 人；监理员 3 人。合计 5 人											
	$2500 \leq N < 5000$	总监理工程师 1 人；专业监理工程师 1 人；监理员 4 人。合计 6 人											
	$5000 \leq N < 10000$	总监理工程师 1 人；专业监理工程师 2 人；监理员 5 人。合计 8 人											
	$N = 10000$	总监理工程师 1 人；专业监理工程师 2 人；监理员 6 人。合计 9 人											
	$N > 10000$	以 10000 万元为基数，工程造价每增加 2500 万元，人员增加 1 人											

第三节　几个主要的项目控制环节

一、对范围蔓延和变更的控制

（一）范围蔓延

范围蔓延是指不受控制的范围改变。在项目过程中，由于各种各样的原因，干系人会加入"细小的"计划外工作,范围会悄悄改变。项目管理者并不一定能意识到这种变化对项目的致命性破坏,直到有一天这些变化由量变引起质变,严重时甚至会彻底摧毁项目。

项目范围改变的效果并不一定是负面的,这要看项目的实际情况,在某些情况下,产品功能甚至可以改进,只要能够很专业地处理这个问题,对于项目业务来说也许是好事。

项目范围蔓延的原因主要有两种:一种来自客户,一种来自项目组自身。

客户造成的范围蔓延。客户在项目过程中一般会提一些小的略微增加一些工作量就能实现的要求。这些工作虽然与项目成果的特征和特性无太大关系,但会使客户更愉快更满意。然而,这些细小的工作积累起来就会造成工期的拖延、费用的超支的后果。而到了那时,不仅是项目发起人对项目不满意,客户同样会对项目不满意。客户不会因为对项目组在项目过程中所做的额外工作的满意而抵消对整个项目延期的不满。尽管项目的延期可能是由于客户造成的范围蔓延引起的,但如果这些范围蔓延不加以记录和确认,还可能造成一些法律纠纷。

为了避免客户造成的范围蔓延,记住这一条原则是十分有用的:"绝不让步,除非交换。"变化是客户的权利,但任何范围改变都需要通过正规的范围变更控制程序来完成,必须在项目工期、费用或质量等方面做出相应的正规的变更。

项目组造成的范围蔓延。来自项目组自身的原因造成的范围蔓延同样值得注意,因为这种情况的发生是没有人买单的,造成的损失只能由项目组或其所在企业承担。试图通过范围变更而增加合同额的"钓鱼工程",只对不成熟的客户有用;对于成熟的客户,这种做法只会自取灭亡。

项目组自身造成的范围蔓延较为隐蔽,一般是由于项目人员的技术心态造成的。技术人员从技术中获得成就感的渴望促使他们不自觉地按照自己的兴趣创造一些没有必要的、不合理的、用以满足自身情感需要的产品。

因此,不仅清晰定义项目的需求和目标十分重要,清晰定义项目的边界(即决定哪些活动不属于项目范围)也同样十分重要。

(二)变更控制

变更控制(change control)是"识别、记录、批准或拒绝与项目相关的文件、交付物、基准线的变更过程"。变更控制包括考虑一项变更的影响、决定是否同意这项变更并记录和管理这项变更。

变更是客观存在的,变更几乎对所有项目来说都是一个很现实的问题。项目经理要避免变更处于"非管理状态"。也就是说,尽管我们不能预测或计划将发生什么样的变更,但是我们可以计划如何处理这些变更。

由于变更和纠正错误的代价在项目接近完成时通常会显著提高。因此,站在项目实施方来说,在项目生命周期中变更处理的原则是:

- 项目早期,原则上倾向于接收变更,当然必须遵守变更控制程序。
- 项目中期,要通过分析变更的影响,原则上尽可能与干系人沟通,取消变更。

- 项目后期，变更代价太大，原则上尽可能不变更，遇到大的变更时可以考虑启动一个新的项目，遇到小的变更也要到售后服务时再做。当前争取获得验收，收尾项目。

在变更控制中要特别强调对范围变更的控制。由于范围变更通常会导致项目成本和进度需要被调整，因此被提议的范围变更通常需要在综合变更控制系统下进行，以确定每一项改变会对项目的其他方面产生什么影响。一些范围变更以提出改变成本或进度的方式启动，正如一些成本或进度的变更以提出范围变更的方式启动。实际上，项目经理和团队会以主动的方式来进行范围控制。

要进行范围变更，必须有范围基准计划，即批准了的范围定义和工作分解结构。只有这样，项目团队才能确定被提议的范围变更有多大、会产生什么影响，以及如何最好地管理它。偏差分析是"一个用来确定实际执行情况和基准线之间的偏差程度以及偏差原因的工具"。偏差分析包括确定实际和计划范围之间的偏差有多大、偏差的原因，以及是否需要采取行动来解决这个问题。对于范围偏差来说，采取的行动可以包括更新范围定义和工作分解结构。

这里特别要强调采用集成变更控制的理念。集成变更控制（integrated change control）是指"评价所有变更需求、批准变更并控制交付物、组织的过程资产、项目文件和项目管理计划的变更"。

对于已提出的变更要记录在变更请求表中，如表 11-3 所示。

表 11-3 变更请求表

	发起人	项目编号
日期		
变更描述：		
变更的原因：		
对项目范围的影响：		
对截止日期的影响：		
对预算的影响：		
对质量的影响：		
对风险的影响：		
对团队的影响：		
批准日期：		
项目经理	发起人	客户

接下来需要由合适的人或团体做出批准所提出变更的决定。一般而言，如果变更需要对项目章程做出改变（或内部项目的合同），那么发起人或顾客将决定是否批准变更。如果变更没有上升到这种程度，通常授权项目经理做出决定。一些组织会使用变更控制委员会（change control board），这是"负责审查、评估、批准、延迟或拒绝项目以及记录或沟通相关决定的特许正式组织"。变更控制委员会常由项目经理、发起人、核心团队，以及其他

可能的关键干系人构成。由于一些变更会产生深远的影响，在变更控制委员会中包含不同知识和技能的人员是明智的。

当项目经理试图监督和控制项目时，不同的方面常常是相互联系的，因而需要考虑他们之间的相互影响。例如，提出一项变更可以影响范围、质量、进度或成本，项目经理应该考虑它们之间的适当平衡，防止过分单一地关注某一问题，防止过分强调某一个方面或引发某种不良行为。

案例11-1

如何控制项目变更？

某高校计划建设校园一卡通项目，选择了具有自主一卡通产品的 A 公司作为系统集成商。项目的主要内容是对学校的三个食堂、一个图书馆、一个体育馆实现统一管理，并与学校的后勤保障和财务部门的主要业务系统连通。为了保证项目的顺利实施，学校聘请了监理公司对此项目进行监理。

经双方协定，合同规定工期为 6 个月，A 公司指定了项目经理小李负责该项目。项目组经需求调研后制订了项目计划，将项目的主要活动划分为需求、设计、卡机具生产、应用系统开发、综合布线及硬件安装调试、软硬件系统联调、现场测试、验收等活动。

项目进入编码阶段后，校方领导指示，要求把另外一个教职工食堂也纳入一卡通管理，并对学校重点教研室和实验室进行门禁管理。因此，校方代表直接找到 A 公司领导提出增加项目内容，并答应会支付相应的费用、延长项目工期。由于该高校是公司重要的客户，A 公司领导口头答应了客户的要求。

请问：

1. 作为项目经理，你知道此次项目发生了哪些变更吗？
2. 在此项目中，小李应该向哪个部门提出书面申请呢？
3. 此次变更中，监理方应参与哪些工作环节？

（三）构建项目活动变更控制信息系统平台

对于一个复杂的项目，项目管理通常具有周期长、环节多等特点，包括图纸变更、施工组织设计编制与审核等流程，并且必须由各参建方共同参与完成，该过程中的文件必须由项目相关负责人审核签字，随后报验监理，并由甲方转给设计单位，方能最后实施。由于整个流程涉及人员较多，确定文件往往需要很长时间，而且容易出现冲突事件。其次，工程项目从开工到竣工会出现大量资料，整套资料做下来会占用很大的物理空间。传统的数据资料报验和查阅非常不便，容易导致资料内容缺项漏项、数据不真实等问题，直接影响现代项目管理的效率。这个时候，应该构建项目活动变更控制信息系统平台来实现直接对由于变更产生的成本变化信息的控制。

（1）完善项目图纸变更的规范化管理是当前工程项目解决变更程序繁复、变更周期慢的重要问题之一。因为项目变更的审核、评阅以及变更款项等内容都属于项目的不可控内容，所以通常很难科学地运用规范要求实施监管。因此，必须建立各参建方共同参与的工程变更审核信息平台。信息平台的建立能提升项目活动审评的效率，同时也能达到全面监管不合理项目活动变更的问题。

（2）构建项目变更控制信息系统平台有利于构建完善的项目图纸变更责任追溯机制。因为以往项目没有建立对项目活动变更的评审和绩效考核制度，并且由此造成项目活动的变更监管很难实现最优化。项目现场管理人员对于项目变更的管控没有达到一定力度，甚至出现问题就要通过变更来解决，这样频繁和不合理的变更会直接导致造价失控，同时也会造成质量问题，甚至出现项目成本失控的情况。因此，必须创新变更管理制度、完善协控制度，通过构建项目信息平台联合审批制度的建立，做到及时、透明和科学的变更。

二、对风险的控制

在项目计划中，项目团队通常制定一个风险管理计划、用来指导风险监督和控制活动。他们还会制作一份风险登记表来记录每一项识别的风险，包括它的优先级、潜在的原因和可能的应对措施。风险管理计划和风险登记表用来监督和控制项目风险，并在风险发生时处置风险。

（一）监督和控制项目风险

风险监督和控制是"在整个项目过程中实施风险相应计划、跟踪已识别的风险、监督剩余的风险、识别新的风险、评估风险影响的过程"。在某些项目，发生的大多数风险事件是项目团队事先识别的风险。在这些风险上需要做出较大的努力，包括跟踪识别的风险、实施风险响应计划，以及评估计划的效果。项目经理认识到对某一给定的风险考虑多个响应方案是明智的。这不仅是因为某些风险不能用一种策略进行处理，还因为第一种策略可能不是最好的策略。

（二）解决项目风险

项目还可能会发生许多未预料到的风险。部分原因是风险计划是不完全、不可靠的，还有部分原因可归结于某些事件不太可能发生，以至于团队没能为这些事件做计划。在这两种情况下，用来处理这些风险的具体的应急计划可能是未确定的。识别这些新的风险是必要的，而且越早越好。对于以前未识别的风险，一般会采用应急储备应对。针对可能会面临未知风险，增加应急的时间、预算或其他资源以处理这些未知风险。根据顾客对风险的态度和所涉及的项目的类型，成本和预算预留的数量会有很大的偏差。竞争压力使得在预留限制上的规定常低于项目经理想要的。

另外，对于以前未识别的风险，成熟的项目经理经常会以其大量卓越实践经验应对。这些实践可以根据项目团队对事件是否有充足的控制、部分控制或没有控制来分类，如表11-4所示。这里特别指出，在第二栏中部分风险的处理是在项目经理的控制下进行的。

当然项目经理不能完全控制所有情况，但是通过良好的领导力和职业道德，卓越的项目经理无疑能够创造一种能得到其他人帮助的项目环境来应对风险。

表 11-4　风险事件解决策略

项目控制中的风险	部分在项目控制中的风险	项目控制之外的风险
理解和控制 WBS	建立顾客期望的限制	理解项目内容和环境
密切监督和控制活动进展	通过从顾客的角度理解项目来建立关系	主动地监督项目环境
密切管理所有的项目变更	在管理顾客期望时采取坦诚的态度	理解干系人同意变更时的自愿或不情愿
记录所有的变更请求	与顾客一起工作以重新区分成本、进度、范围和质量的优先顺序	
增加额外的时间以符合进度	小心地上报问题	
隔离问题并重新安排其他活动	建立团队承诺和激情	
尽早研究挑战性问题		

资料来源：Adapted from Hazel Taylor, "Risk Management and Problem Resolution Strategies for IT projects: Prescription and Practice", Project Management Journal, 37(5)(December 2006): 55–60.

三、沟通控制

信息分发是"以及时的方式使项目相关利益者得到必要的信息的过程"。以适当的格式、适当的时间向适当的干系人成功地交流适当的项目信息，必须确保以下两件事情：首先，所有这些都需要包含在项目沟通管理计划中；其次，当项目正在进行时，项目经理和团队需要确定任何还没有发现的、额外的信息需求，建立信息检索和分发系统，收集已完成的工作和正在进行的工作的信息，并向所有干系人汇报进展。

（一）确定项目信息需求

一些干系人的信息需求在沟通计划的制定过程中已经识别，如下一阶段的授权书、方针制定、现状汇报，以及输出的批准。其他的信息需求将在项目实施过程中出现。所有这些信息都需要被准确、及时并以平衡成本和结果的方式处理。

准确的沟通——准确的沟通意味着信息不仅真实可靠，而且以人们可以正确理解的方式提供。

及时的沟通——及时的沟通意味着提供的信息足够快，以使其对接受者来说是有用的。

有效的沟通——有效的沟通是接收者打开、理解并根据信息采取正确的行动的程度。

仅在电子邮件中复制每条信息是很简单的，但是对某些人来说是不方便的或无效的。面对面的沟通往往会更有效，电话次之，电子邮件和正式的报告再次之。有效的沟通是项目经理的最大兴趣，因为提供的信息将会让利益相关者做出决定、保留积极性，并相信项目在控制中。

（二）建立信息检索和分发系统

项目信息可以从很多不同的来源进行检索，也可以通过许多系统进行分发。项目管理软件，如 MS Project 软件常用来检索和分发进度信息，有时用来检索和分发成本和人力资源信息。沟通时项目经理需要记住：

（1）有目的地沟通。当人们已经负担过重时，信息并不是越多越好。

（2）可以利用很多方法，而且可供选择的方法更新很快。在新方法有用时使用新方法，但是不要仅仅为了变革而丢弃得到验证的方法。

（3）项目经常有许多需要特定信息的干系人。使用你的沟通计划并经常询问是否有其他的干系人需要向上的、向下的或侧面的沟通。

在获取信息上，项目经理要善于"主动地听"。"主动地听"需要项目经理关注讲话的人在说什么，主动地询问清楚问题并解释，以确保自己准确理解了讲话者的本意。保持眼神接触并使用身体语言鼓励讲话者继续说下去。同时，理解信息的含义和沟通者的感受有助于接收者理解完整的信息。要认识到很多讲话者不是特别专业，并多关注信息而不是信息传递的形式有助于理解信息。项目经理会通过口头确认刚听到的内容来成功地结束谈话，并记录谈话内容。

（三）收集已完成的工作和正在进行的工作的信息

项目经理收集已授权的工作的数据，以便了解所取得的进展。对安排更多的工作、了解关于计划和质量目标的执行情况来说，这个信息是必需的。项目经理会努力收集数据来回答下列典型问题：

- 就时间和预算来说，这项特定的活动进展得怎么样？
- 就时间和预算来说，整个项目进展得怎么样？
- 需要再花多少钱才能完成？
- 工作的质量在多大程度上满足要求？
- 与估算的工时相比，完成这项工作已经用了多少工时？
- 我们使用过的什么方法值得重复使用？
- 我们使用过的什么方法在我们再做这类工作之前需要改进？
- 什么证据支持对上述问题的回答？

（四）向干系人报告进展

绩效报告包括收集工作绩效数据，然后运用它来形成工作绩效信息和报告。工作绩效数据是"在执行项目工作中，从每个正在执行的活动中收集到的原始的观察和测量数据"。工作绩效信息是"从各个控制过程中收集、分析，并依据跨领域的关系整合得到的绩效数据"。工作绩效报告是"项目记录中工作绩效信息的物理表示或电子表示，以引起讨论、行为或认知"。

既可以在固定的时间间隔报告绩效，也可以在关键项目里程碑时报告绩效。经常在项目团队内部报告详细进展，并向控制资源的项目经理报告详细进展——可能每周一次，甚至在有重要时间限制的项目上每天汇报。一个军事办公室喜欢每天召开没有茶点的"站立"

会议，这样人们会因为感觉到不舒服而汇报得更快。更多的一般性进展以较不频繁的间隔向发起人、高级管理者和顾客汇报——可能每周两次或每月一次。如果母公司中已经存在的定期报告和会议可以作为项目绩效报告的工具，那么务必使用它们。另外，如果项目需要额外的或不同的会议和报告，那么就可以开发并使用这些不同的会议和报告。

在项目团队内部和向控制资源的职能经理所作的进展报告常以会议的形式进行。可以以会议或报告形式向发起人、管理者和顾客汇报绩效。会议的目标应该是具体的。每一个项目团队成员可以汇报他负责的那个交付物：目标日期、现在的状况，以及其进展所依赖的其他工作或信息。一旦汇报了所有交付物，项目团队就会更新风险登记表和问题日志，批准或拒绝在项目经理权力范围内提出的变更，并记录下来。在项目经理权限范围之外提出的变更被正式提交给发起人或变更控制委员会考虑。批准的变更被分配了活动、责任和时间，成为项目计划的一部分。最后，进展报告会议成为获得经验知识好机会。

有关的进展报告会议的议事日程可按图11-2所示的三个时间周期考虑。

过去的时间周期	现在的时间周期	将来的时间周期
被批准的计划 实际进展 偏差 原因	当前计划 当前风险 当前问题 变化	完成计划 未来风险 未来问题
以前的汇报 　　当前的汇报	下一阶段汇报	项目完成

图11-2　项目进展报告议事日程

（1）过去的时间周期——第一个时间周期是上次汇报到现在的刚过去的时期。这样回顾能够说明在这段时间内曾经要求完成什么以及实际完成了什么。批准的计划和实际绩效间的任何偏离或差异，连同偏差的原因一起，都应该是绩效报告回顾部分的内容。

（2）现在的时间周期——第二个时间周期是从现在到预定的下一次绩效报告。在这个时间周期（现在的计划）完成了什么工作？预见到什么风险和问题？最后，需要批准什么变更？

（3）将来的时间周期——第三个时间周期是下一次报告之后的时期。在项目后期计划仍然存在，发起人可从中了解将来存在的风险和问题，以及可能的应对措施。

例如，在沟通频繁而快速的敏捷项目中，上述所提到的进度报告会议每天都有举行，每日站会或者只有短短15分钟。对每一个小组成员来说，昨天就是过去的时间周期，今天就是现在的时间周期，而更远的未来通常不会在站会中讨论。

敏捷项目经常用一个燃尽图来表示剩余的工作量。燃尽图的横坐标表示一个周期内的天数，纵坐标表示剩余工作的计划（理想的）天数和剩余工作的实际天数。图11-3是一个表示工作天数为10的周期，理想状态下每天完成68.6（人·天）工作量的燃尽图。

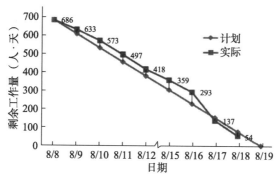

图 11-3　项目燃尽图

四、质量控制

质量控制是为使产品或服务达到质量要求而采取的技术措施和管理措施方面的活动。质量控制的目标在于确保产品或服务质量能满足要求（包括明示的、习惯上隐含的或必须履行的规定）。

质量控制大致可以分为七个步骤：

（1）选择控制对象；

（2）选择需要监测的质量特性值；

（3）确定规格标准，详细说明质量特性；

（4）选定能准确测量该特性值或对应的过程参数的监测仪表，或自制测试手段；

（5）进行实际测试并做好数据记录；

（6）分析实际与规格之间存在差异的原因；

（7）采取相应的纠正措施。当采取相应的纠正措施后，仍然要对过程进行监测，将过程保持在新的控制水准上。一旦出现新的影响因子，还需要测量数据分析原因并进行纠正，因此这七个步骤形成了一个封闭式流程，称为"反馈环"。这点和 6σ 质量突破模式的 DMAIC 有共通之处。

在上述七个步骤中，最关键有两点：

（1）质量控制系统的设计；

（2）质量控制技术的选用。

五、进度和成本控制

（一）实际进度前锋线法

当采用时标网络计划时，可采用实际进度前锋线记录实际执行状况。

实际进度前锋线（简称前锋线）就是在原时标网络计划上，自上而下从计划检查时刻的时标点出发，依次将各项工作实际进度达到的前锋点连接而成的折线（形状像山峰一样，所以被称作前锋线）。

前锋线比较法实质上就是通过绘制某检查时刻工程项目实际进度前锋线，将工程实际进度与计划进度进行比较的方法，主要适用于时标网络计划。也就是通过实际进度前锋线与原进度计划中各工作箭线交点的位置来判断工作实际进度与计划进度的偏差，进而判定该偏差对后续工作及总工期影响程度的一种方法。

采用前锋线比较法进行对实际进度与计划进度的比较，其步骤：

（1）绘制时标网络计划图；

（2）绘制实际进度前锋线。

工作实际进展位置点的标定方法：

（1）按该工作已完任务量比例进行标定。假设工程项目中各项工作均为匀速进展，根据实际进度检查时刻该工作已完任务量占其计划完成总任务量的比例，在工作箭线上从左至右按相同的比例标定其实际进展位置点。

（2）按尚需作业时间进行标定。当某些工作的持续时间难以按实物工程量来计算，而只能凭经验估算时，可以先估算出检查时刻到该工作全部完成尚需作业的时间，然后在该工作箭线上从右向左逆向标定其实际进展位置点。

（3）进行实际进度与计划进度的比较。前锋线可以直观地反映检查日期有关工作实际进度与计划进度之间的关系。

如图11-5所示，在绘制好时标网络进度图后，首先观察实际进度，并进行对实际进度与计划进度的比较，例如规定每5天检查一次，判别是否存在偏差、是否影响后续工作。如有影响，就要决定采取应对的措施。特别要关注关键线路上的活动，如图11-4中1—2—7—8—11所在线路上的活动。

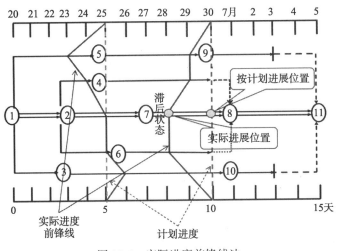

图11-4　实际进度前锋线法

对某项工作来说，其实际进度与计划进度之间的关系可能存在以下四种情况。

（1）工作实际进展位置点落在检查日期的左侧，表明该工作实际进度拖后，拖后的时间为二者之差。

（2）工作实际进展位置点与检查日期重合，表明该工作实际进度与计划进度一致。

（3）工作实际进展位置点落在检查日期的右侧，表明该工作实际进度超前，超前的时间为二者之差。

（4）预测进度偏差对后续工作及总工期的影响。通过实际进度与计划进度的比较，确定进度偏差后，还可根据工作的自由时差和总时差预测该进度偏差对后续工作及项目总工期的影响。

由此可见，前锋线比较法既适用于工作实际进度与计划进度之间的局部比较，又可用来分析和预测工程项目整体进度状况。值得注意的是，以上比较是针对匀速进展的工作。对于非匀速进展的工作，比较方法较复杂，此处不赘述。对时标网络计划，可用前锋线比较法按一定周期（日、周、旬、月、季、年）来检查分析工程项目的实际进度。

利用前锋线还可以更深一步地预测未来进度的速度。我们将现时刻的前锋线与前一次检查的前锋线进行对比分析，可以在一定程度上对项目未来的进度变化趋势做出预测。

（二）挣值分析法

由于项目费用是按进度开展来拨付的，这使得项目进度和成本控制具有强相关性。设定成本和进度基准计划后，实际的进度和成本是提前了还是落后了，进度和成本在很大程度上能相互反映。

一种对项目进度和费用进行综合控制的有效方法是挣值分析法。挣值分析法因用到的一个关键数值——挣值（即已完成工作的预算费用，英文为 earned value）而得名。此方法通过测量和计算已完成工作的预算费用与已完成工作的实际费用和计划工作的预算费用得到有关计划实施的进度和费用偏差，达到判断项目预算和进度计划执行情况的目的。因而它的独特之处在于以预算和费用来衡量项目的进度。

1. 三个基本参数

- **计划工作量的预算费用（budgeted cost for work scheduled, BCWS）**

BCWS 是指项目实施过程中某阶段计划要求完成的工作量所需的预算费用。计算公式为：

$$BCWS = 计划工作量 \times 预算定额$$

BCWS 主要用于反映进度计划应当完成的工作量，而不是反映消耗的费用。

- **已完成工作量的实际费用（actual cost for work performed, ACWP）**

ACWP 是指项目实施过程中某阶段实际完成的工作量所消耗的费用。ACWP 主要反映项目执行的实际消耗指标。

- **已完成工作量的预算费用（budgeted cost for work performed, BCWP）**

BCWP 是指项目实施过程中某阶段实际完成的工作量按预算定额计算出来的费用，即挣值（earned value, EV）。BCWP 的计算公式为：

$$BCWP = 已完成工作量 \times 预算定额$$

2. 四个评价指标

- **费用偏差（cost variance, CV）**

CV 是指检查期间 BCWP 与 ACWP 之间的差异，计算公式为：

$$CV = BCWP - ACWP \qquad (11\text{-}1)$$

当 CV < 0 时，表示执行效果不佳，即实际消耗人工（或费用）超过预算值，即超支。
当 CV > 0 时，表示实际消耗人工（或费用）低于预算值，即有节余或效率高。
当 CV = 0 时，表示实际消耗人工（或费用）等于预算值。

- **进度偏差**（schedule variance, SV）

SV 是指检查日期 BCWP 与 BCWS 之间的差异。其计算公式为：

$$SV = BCWP - BCWS \qquad (11\text{-}2)$$

当 SV > 0 时，表示进度提前。
当 SV < 0 时，表示进度延误。
当 SV = 0 时，表示实际进度与计划进度一致。

- **费用执行指标**（cost performed index, CPI）

CPI 是指预算费用与实际费用值之比（或工时值之比）。计算公式为：

$$CPI = BCWP/ACWP \qquad (11\text{-}3)$$

当 CPI > 1 时，表示低于预算，即实际费用低于预算费用。
当 CPI < 1 时，表示超出预算，即实际费用高于预算费用。
当 CPI = 1 时，表示实际费用与预算费用吻合。

- **进度执行指标**（schedul performed index, SPI）

SPI 是指项目挣值与计划之比，即：

$$SPI = BCWP/BCWS \qquad (11\text{-}4)$$

当 SPI > 1 时，表示进度提前，即实际进度比计划进度快。
当 SPI < 1 时，表示进度延误，即实际进度比计划进度慢。
当 SPI = 1 时，表示实际进度等于计划进度。

表 11-5 列出了挣值管理术语的 11 个问题以及答案。

表 11-5 挣值管理中的术语

问 题	时间	回 答	首字母缩略词
应该做多少工作	现在	计划值	PV
已经做了多少工作	现在	挣值	EV/BCWP
已经完成的工作现在花了多少	现在	实际费用	ACWP
整个项目应当花多少	最终	完工预算	BAC
项目进度提前或落后了多少	现在	进度偏差	SV
项目超出或低于预算多少	现在	费用偏差	CV
到目前为止，这个项目进度的效率如何	现在	进度绩效指标	SPI
到目前为止，这个项目的预算效率如何	现在	成本绩效指标	CPI
我们希望再花费多少来完成项目	最终	完工尚需估算	ETC
现在我们认为整个项目要花费多少	最终	完工估算	EAC
我们应该如何有效地完成预算	最终	待完成绩效指标	TCPI

挣值计算与分析

项目涉及对10个函数代码的编写,由两个程序员进行结对编写,计划在10天内完成,总预算是1000元。每个函数的编写成本平均为100元。项目进行到第5天,实际完成了对3个函数的编写工作,实际成本是400元。请计算BCWS、BCWP、ACWP、SV、CV、CPI、SPI分别是多少,并判断项目实施是否落后于预算计划。

解:计划预算成本 BCWS = 500(元)

已完成工作的预算成本(挣值)BCWP = 300(元)

已完成工作的实际成本 ACWP = 400(元)

SV = EV(BCWP) − PV(BCWS) = −200(元)

CV = EV(BCWP) − AC(ACWP) = −100(元)

SPI = EV(BCWP)/PV(BCWS) = 0.6

CPI = EV(BCWP)/AC(ACWP) = 0.75

结论:项目实施落后于预算计划。

3. 评价曲线

图 11-5 给出了工程项目预算费用、实际费用、挣值三条曲线的比较。在实际执行过程中,最理想的状态是 ACWP、BCWS、BCWP 三条曲线靠得很近且平稳上升,这表示项目在按预定计划目标前进。相反,如果三条曲线离散度不断增加,则预示着可能发生关系到项目成败的重大问题。

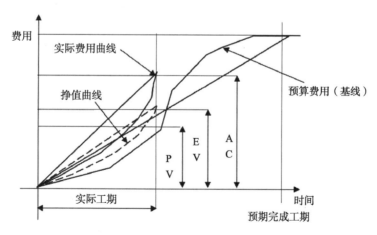

图 11-5 挣值曲线示意图

经过对比分析,发现项目某一方面已经出现了费用超支,或预计最终将会出现费用超支,则应对其进行进一步的原因分析。原因分析是费用责任分析和提出费用控制措施的基础。费用超支的原因是多方面的，有宏观因素、微观因素、内部原因、外部原因，以及其他技术、经济、管理、合同等多方面原因。

要压缩已经超支的费用，同时不损害其他目标是十分困难的，一般只有给出的措施比原计划已选定的措施更为有利，或使工程范围减少，或生产效率提高，成本才能降低。

4. 预测项目完成时的费用

项目完成费用估计（estimate at completion，EAC）就是在项目目前的完成和实施情况下，估算最终完成项目所需的总费用。有以下三种情况：

当目前的变化可以反映未来的变化时，EAC = 实际支出 + 按照实施情况对剩余预算所做的修改。即：

$$EAC = 实际费用 + （总预算成本 - BCWP）\times（ACWP/BCWP）或$$
$$EAC = 总预算成本 \times（ACWP/BCWP） \tag{11-5}$$

当过去的执行情况显示了所有的估计假设条件基本失效，或者由于条件的改变，原有的假设不再适用，EAC = 实际支出 + 对未来所有剩余工作的新估计。

现在的变化仅是一种特殊情况，当项目经理认为未来的实施不会发生类似的变化时，EAC = 实际支出 + 剩余的预算。

5. 挣值管理五大步骤

进行挣值管理包括以下五个步骤。

（1）清晰明确地定义项目将要执行的每项活动或任务，包括所需的资源以及一份详细的预算。如前所述，工作分解结构使得项目团队能够定义所有任务，为每一个任务分配相应的项目资源，包括设备和材料、成本，以及人员。最后，伴随着任务的分解和资源的分配，就可以为每项任务制定预算数据或成本估算。

（2）制订活动和资源使用进度计划。这将确定在整个项目日历中整体预算分配给每项任务的百分比。在项目计划开发周期内，确定每月（或其他合适的时间）每项活动的预算。一旦制定项目预算，就应与项目进度联系起来。确定分配多少预算资金给项目任务是非常重要的。而在项目开发周期内，弄清什么时候使用这些资源也同样重要。

（3）建立一个阶段性预算以显示在整个项目生命周期内的支出。总的（累计的）预算是项目的基准，也被称为计划值（PV 或 BCWS）。按实值计算，PV 仅仅意味着能够在项目的任一阶段确定累计的计划预算支出。PV 作为一个累计值，是将前面每一个时期内的计划预算成本相加。执行每项任务的实际成本总和等于已完成工作的实际成本（AC 或 ACWP）。同时，也可以计算已完成工作的预算成本（EV 或 BCWP）。这两个值是计算挣值（EV）的必要条件，也是控制过程的初始步骤。

（4）计算项目成本偏差和进度偏差。一旦收集到三个数据（PV、EV 和 AC），就可以计算偏差了。进度偏差（schedule variance）由公式 SV = EV - PV 计算得出，即当时的挣值减去计划工作预算成本。预算或成本偏差的计算公式为 CV = EV - AC，即挣值减去已完成工作实际成本。

（5）图 11-6 所示的简单模型表示了挣值的三个主要部分（PV、EV 和 AC）。起初的基准数据包括所有项目任务的进度和预算，图底部的左下角表示计划值（PV）。从最初计划值开始，任何进度偏离都可以通过挣值（EV）表现出来。最后，挣值计算是基于对项目任务完成程度的评估，可以得出项目的已完成工作实际成本（AC）。那么项目活动的预算和实际成本之间的差异就有了直接的联系。

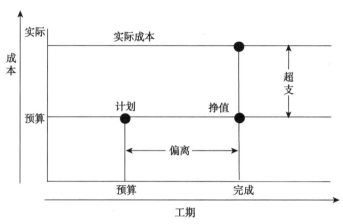

图 11-6 挣值里程碑

六、对创造性活动的控制

最后，这里简略地关注一下创造性活动的控制工作，诸如研发项目、设计项目，以及类似的一些需要紧密依赖于项目成员和团队的创造性的项目的特殊实施情况。第一，涉及的创造性活动越多，项目产出的不确定性就越大；第二，过多的控制会对创造性活动产生抑制。这两个原则的使用条件不是毫无保留的。控制并不一定就是创造性的敌人。同样，与流行的观点相反，创造性活动并不意味着完全的不确定性。尽管创造性活动的实际结果或多或少存在不确定性。但是获得结果的过程却通常并不是不确定的。潜在回报非常高的创造性活动，对细致的风险管理的需求水平也高。

为了控制创造性的项目，项目经理在解决问题时，必须采用下列三种综合方法中的一种或者它们的某种组合，这三种方法是过程评估、人员的再分配、投入资源的控制。

1. 过程评估

过程评估关注于实现产出的过程而不是产出本身。因为产出部分取决于实现它们的程序，所以尽管它们可能带有一定的不确定性，但其程序还是可控的。例如，在研究性的项目中，研究者不可能对研究产出物负完全的责任。但是可以非常肯定的是，他们应该对服从研究方案、项目预算和项目进度负有责任。即使精确的产出是无法控制的，但整个过程还是可控的。

在项目的每一个里程碑都应该实施控制，这也是阶段通关控制的一个绝佳时机。如果研究的结果不尽如人意或者与期望不符，那么里程碑事件就提供了一个方便的机会去评价工作进程的状态、项目已实现的价值、未来成功的可能性,以及对研究设计所做的改变是否需要,等等。同时,控制工作的目标是确保研究设计的正确性,还要保证按照计划或修订的计划实施各项工作。评估过程应当是参与式的,来自高层的单方面判断往往不易被接受,或者毫无效果。我们还需要注意不要过于强调方法而忽视结果。方法是可控的,并且应该得到控制,但是结果仍然起着决定性的作用。

2. 人员的再分配

这一类型的控制工作是很直接的——保留高效率的员工,对于低效率的员工则应该调离到其他工作或者组织中去。但是这样做也会带来相应的问题,因为它很容易导致产生精英团队。尽管少数几个得到赏识的人员获得了高度的激励,并努力工作,以赢得更多的成绩,但是其他人的主动性就很容易遭到压制。我们必须注意不要太过精细地实施控制工作,尽管识别哪些人的效率非常高和哪些人的效率非常低并不困难,但是对于哪些效率处于正常范围内的员工进行明确的划分则是非常困难的。

3. 投入资源的控制

在这一部分中,我们关注的焦点是效率问题。管理投入资源的能力与对产出实施紧密的控制是联系在一起的。显然,效率不等于创造性,创造性也不等于效率,但创造性也同样不等于浪费性地使用资源。

由创造性活动带来的产出有批量出现的趋势。大量的资源投入可能并不能得到可见的结果,但是随后,似乎突然之间就可能交付很多产出物,因此我们必须十分严谨地挑选那些需要实施资源控制的里程碑事件。那些在研究性项目实现前决定扣留资源的控制者往往很容易成为一位外部控制者。

在对创造性项目实施控制时,明智的项目经理最好综合使用上述三种方法。

本章小结

控制是重要的管理职能之一。项目控制是项目管理者根据项目跟踪提供的信息,对比原计划(或既定目标),找出偏差、分析成因、研究纠偏对策、实施纠偏措施的过程。项目控制的基础是项目计划,项目计划的基础是项目目标。项目控制是项目监理必备的管理技能之一。控制在项目管理中具有特别重要的作用和意义。

项目控制的目标与准则、基本过程是项目控制的基础。项目监控主要由项目监理负责,监控的过程主要是监控系统设计、信息收集、绩效追踪、监理职责设计,要想项目控制具有实效和可操作性,还必须对几个主要的项目控制环节加强控制,一是对范围蔓延和变更的控制,二是对风险的控制,三是对沟通的控制,四是对质量的控制,五是对进度和成本的控制,六是对创造性活动的控制,七是构建项目活动变更,控制信息系统平台。项目控制是实现项目战略目标、项目成本、进度和质量管理的基本手段。因此,在项目生命周期阶段,做好全面和科学的项目控制管理是项目成功的重要保证。

 **简答题**

1. 为什么对项目经理来说，变更控制是一个难题，变更控制系统能如何帮助他们？
2. 如何区别创造性项目与普通项目的控制？
3. 项目控制的目的是什么？
4. 项目经理能用什么工具来进行项目控制？请列举一个良好控制系统的特征。

 **案例分析题**

变更控制的重要性

 **即测即练**

自学自测　　扫描此码

第十二章 项目收尾与评价

学习目标

知识目标

1. 熟悉项目终止的主要类型及要做的工作；
2. 熟悉项目收尾的主要工作、关键步骤；
3. 了解非正常终止项目的处理；
4. 掌握项目后评价的概念、特点、内容及方法；
5. 掌握项目终止工作清单，确定可交付物及验收范围；
6. 获得顾客的反馈，确保接受项目成果的内容及方法。

能力目标

1. 辨识客户实际需求，检验项目目标达成情况，提升项目决策能力；
2. 判定是否中断项目以减少项目损失，锻炼克服中断决策的心理障碍的能力；
3. 掌握项目收尾流程，干净利落结束项目的能力；
4. 通过项目后评价，复盘项目实施中的经验教训，提高解决问题的能力。

引导案例

子项目的验收

某系统集成公司承接了一个政府部门的系统集成大项目，任命张工为大项目的项目经理。张工按照项目内容，将项目分成子项目1、子项目2和子项目3，分别任命李工、王工和廖工负责。三个项目在张工的领导及协调下进展顺利。在整个项目进行到80%时，出资人提出子项目1由于政策原因需要终止，子项目2、子项目3继续按照原计划进行。因此，张工通知李工将子项目1资料的归档并提交给公司管理资产的人员。随后，为了保证子项目2、子项目3的顺利进行，张工将子项目1的项目团队解散，有关员工加入子项目2、子项目3。

视频12.1

子项目2、子项目3在张工引入新的资源后进展顺利，因此张工觉得不需要再加强阶段审查，等项目全部完成后再统一进行验收。

在项目结束后，张工组织客户对子项目2、子项目3分别进行验收，结果客户对子项目2的成果很不满意。因子项目3需要的一个关键部件是由子项目2提供的，最后影响了二者的总体验收，项目因此没有按时交工。

请问：

1. 作为项目经理，你认为在子项目 1 终止时张工的做法是否存在不足？
2. 应如何从管理收尾及合同收尾两个方面进行弥补？
3. 张工在随后的子项目 2、子项目 3 的执行和验收工作中分别存在哪些问题？

第一节　项 目 收 尾

从生命周期看，任何一个项目都要经过启动、计划、实施和收尾四个基本阶段。当某项目的预期目标已实现，或者现阶段已经足够肯定地判断即便持续该项目，其目标也不可能达到时，该项目就应该适时终止，使其进入收尾阶段。当项目终止时，项目团队一方面需要按照合同要求向客户交接项目成果，还要获得客户的反馈信息和认可，进行合同收尾；另一方面，需要总结并分享经验教训，形成组织过程资产，庆祝项目成功并奖励参与者，形成报告并存档，还要确保客户得到相应的后续支持，完成行政收尾。

一、项目验收

1. 获得客户的反馈

项目收尾时，项目团队需要给客户提供有关项目过程和结果的有价值的反馈信息，如表 12-1 所示就是某项目的客户反馈信息调查表。

表 12-1　客户反馈信息表

用户：＿＿＿＿＿＿＿＿＿＿　　　　　　　　　　　　日期：

	评价值	重要性（级别 1 = 最重要）
1. 对于我们的可交付成果质量如何评价	1-2-3-4-5	
2. 我们对于进度控制得如何	1-2-3-4-5	
3. 我们对于预算控制得如何	1-2-3-4-5	
4. 你怎么评价利益关系	1-2-3-4-5	
5. 我们的交流有多大的效用	1-2-3-4-5	
6. 你的整体满意度是多少	1-2-3-4-5	
7. 我们哪些方面仍需提高		

2. 获得客户的认可

获得客户的认可是项目收尾的前提，客户的认可通常要通过进行项目验收，即客户作为可能的项目成果接受方，围绕项目成果进行范围验收、质量验收、费用决算和项目资料验收。

范围验收是指项目或项目阶段结束时，项目班子在将项目最终应交付成果交给使用者或接受者之前，接受方要对已经完成的工作成果重新进行审查，查核项目计划规定范围内的各项工作或活动是否已经完成，应交付成果是否令人满意。

如果项目提前结束，则应查明有哪些工作已经完成，完成到什么程度，并将核查结果记录在案，形成文件。

质量验收是依据质量计划中的范围划分、指标要求、合同中的质量条款，遵循相关的质量检验评定标准，对项目的质量先行质量认可评定和办理验收交接手续的过程。

质量验收包括项目规划阶段的质量验收，即检验设计文件的质量、检验项目的质量标准和验收依据；质量验收还包括实施阶段的质量验收，即包括单个工序的质量验收和系统整体的质量验收。质量验收的结果要形成质量验收的评定报告。

费用决算是指项目从筹建开始到项目结束交付使用为止的全部费用的确定。

项目资料验收是项目竣工验收和质量保证的重要依据，也是项目交接、维持活和后评价的重要原始凭证，在项目验收工作中起着十分重要的作用。只有项目资料验收合格，才能开始项目竣工验收。

项目资料验收的范围及内容包括项目各阶段应验收移交归档的资料，包括概念阶段、规划阶段、项目实施阶段和项目收尾阶段应移交归档的资料。

当客户正式接受最终的项目交付物，项目就完成了实施阶段，进入收尾阶段。在大多数情况下，会有少量工作还没有完成，这些工作可以形成未完成项目清单。如果未完成项目清单足够小，客户可以同意正式交接，但承包商必须完成清单上的工作。如果有重要的问题或者很长的清单，客户可能决定直到承包商完成某项工作才正式接受最终交付物。

二、进行合同收尾

合同收尾（contract closure）是在合同双方实质性履行完合同规定的权利义务以后，对单个合同进行正式关门。其主要工作（从买方角度）包括：

（1）确认全部合同工作都已完成，合同可交付成果符合要求，并验收可交付成果；

（2）处理未决索赔或争议；

（3）完成与卖方的财务决算（包括退还保留金），并释放履约担保，宣布合同正式关门；

（4）收集采购资料，进行采购审计，总结经验教训；

（5）把资料和经验教训归档，形成新的组织过程，宣布采购工作正式关门。对于未实现目标就提前解决的合同，在合同解除时也需要开展合同收尾。

三、执行行政收尾

行政收尾是在项目实质性完工（全部技术工作完成）以后对项目进行正式关门。对于在项目目标未实现之前就提前终止的项目，也需要开展行政收尾。在项目阶段结束时也需要开展行政收尾。阶段结束时的性质收尾和项目结束时的类似，其主要工作包括：

（1）确认全部技术工作都已完成项目可交付成果符合要求，并把可交付成果移交给发起人或客户；

（2）完成财务结算和决算，即完成财务收尾；

（3）收集项目资料，开展项目后评价（总结经验教训）；

（4）把项目资料和经验教训归档，形成新的组织过程资产；

（5）释放多余资源，解散项目团队，宣布项目正式关门。

一个项目的行政收尾需要确保所有工作都完成了、所有资源都重新分配了、所有的记录文件都存档了。项目团队要检查项目章程、沟通计划、项目范围文件和进度等项目文件以及各类合同来确保交付了承诺的每件东西。并依据所有记录文件、客户反馈意见和范围确认来证实完成了客户想要的成果。最后要形成收尾报告。表12-2比较了行政收尾和合同收尾。

表12-2 行政收尾和合同收尾比较

	合同收尾	行政收尾
定义	结束合同并结清账目及与外部客户交接的程序	项目内部收尾程序
发生时间	合同结束时	每个项目或阶段结束时
经验总结	采购审计	经验教训总结
审批者	买方的采购管理员向卖方签发书面确认	由发起人或管理层向项目经理签发书面确认
交接对象	与外部客户交接	与公司内部交接
先后顺序	先与外部客户交接，再跟公司内部交接。先合同收尾，再行政收尾	
产品核实	如果把产品核实定义为可交付成果完整性验收，则二者都需要产品核实。注意：如果一定要二选一，建议选合同收尾	

四、庆祝成功并奖励参与者

项目成功收尾是值得庆贺的。项目团队成员需要经常受到激励去完成一个又一个难题。当员工想起最近的成就时，他们会回顾曾经遇到的挑战，并被激励去承担新的挑战。项目结束时，庆祝活动可以赞美或说服成员做更多的工作。最后，庆祝成功可以减轻成员因长时间努力工作带来的压力。

当项目交付物可视性较好，如新建筑，就可在项目现场庆祝，更有意义。人们感觉到成功的部分原因就是看到这个交付物。当项目交付物的可视性较差，项目经理仍然可以形成仪式上的可交付物来证明项目的成果。比如使用特殊包装的软件、特大号的检查单、来自客户的感谢海报或其他使项目成果形象化的创造性方法。

五、对客户提供持续的支持

最终，项目经理希望确保客户能够有效地使用项目交付物。这包括以培训、变更管理或其他服务等形式来提供持续的支持。项目经理可以决定对这种支持形成交接计划。

项目交接计划是项目团队完成工作后，客户应如何使用项目交付物的"说明手册"。

项目经理希望按时并按预算生成有用的项目交付物，并将这些交付物移交给有能力的、满意的客户，满意度高的客户可能会在未来将向提供更多的后续项目，或者会热情地告诉别人他们对项目效果十分满意。

第二节　非正常终止项目的处理

随着项目生命周期的向前发展，项目的真正成本、时间和质量等性能参数变得更加清楚，当项目超出其成本和时间时，项目的高级管理者就应当考虑终止项目。从战略角度考虑，项目终止不应当看作一种失败，而应当看作当项目不能支持组织战略所实施的战略决策。亚当斯（Adams）和德兰（Dirlan）指出，那些以其在成功创新中的领导角色而知名的大公司也是那些经历了许多不成功项目的公司。有时组织如果不做出常常困难但也是必要的决策来终止一个项目，就可能会导致更大的损失。

一、麻烦项目的诊断

终止一个项目的决定通常不是在某一个具体的时点一下子做出的，而是在项目的生命周期中慢慢发展的，是根据项目审查中得到的有关项目的情报做出的。在每次项目评价中，都有必要评价项目是否继续有战略一致性或项目是否应当终止。对麻烦项目进行诊断，要考虑决定项目终止的因素，既可以采取定性分析，也可以采取定量分析获得。分析这些因素后，可以采取适当的方式做出项目终止决策。

（一）项目终止的决定因素

想较早地做出终止一个项目的决策是很难的。项目无论成功还是失败，都有其固有的生命周期，对有关项目终止的决策很难制定一系列标准。在实际工作中，可以设计一系列问题，对这些问题的回答可以作为管理人员终止项目的依据。例如，针对研发项目（R&D）可提出下面这些问题：

（1）项目是否还与组织的目标一致？
（2）项目是否具有实际应用价值？
（3）项目的范围是否与组织的财务能力相一致？
（4）项目所代表的技术相对现有技术领先太多还是太少？
（5）项目组是否仍具有创新性吗？或者已经停滞不前了？
（6）目前项目组成员的素质能够保证项目继续进行吗？
（7）组织是否具备所要求的技能而使项目得以全面实施或拓展？
（8）项目是否推动了某些关键任务？
（9）项目的潜在结果是否可以通过购买或分包而更有效地获得而不必自己开发？
（10）项目是否有可能实现最低目标？项目可以获得利润吗？获得利润的时机如何？
（11）项目的效益/成本比是否仍然合理？
（12）对该项目所投入的时间、人员、资金等，是否有更好的运用机会？
（13）环境的改变是否对项目产出的需要有了更改？

对上述问题稍作修改，也可以进一步拓展到其他项目。这种方法是对麻烦项目进行诊断的一般方法。

麻烦项目的诊断还可以借助一些模型来进行定量分析。但首先要做出定性判断，如：项目的目标是否与公司目标仍然保持一致？高层人员是否对项目有充分的支持？项目在技术上与现有技术相比是否处于领先？

由此可见，对于麻烦项目，项目终止的决定因素有技术方面的、经济方面的、市场方面的以及其他一些方面。根据这些决定因素，可以考虑项目当前是否满足这些因素，在定性分析的基础上做出决策。由于考虑的因素较多，而且比较复杂，因此可以借助一些模型来进行分析。

（二）项目终止决策模型

进行终止决策的最直接的方法就是把项目终止问题看成项目选择问题，也就是在某个决策点上，重新对项目进行评价。即考虑在当前条件下，在项目现有状态下，企业是否愿意以所估计的时间、成本对项目继续进行投资，以保证项目最终完成。值得注意的是，与项目有关的沉没成本不应该影响项目现有的投资决策。

项目终止决策可以借助一些项目选择模型进行定量分析。

下面就R&D项目介绍一种主要用于项目终止判断的定量模型。

巴拉柴卓尔（Balachadra）和雷林（Raelin）通过R&D项目经理们的讨论发现，项目经理们常常使用直观的判别函数来做决策，于是他们将项目终止模型表示为如下的判别函数形式：

$$D_i = \sum_{j=1}^{m} f_{ij} d_j \quad i = 1, 2, \cdots, n \quad (12\text{-}1)$$

公式中，D_i为第i个项目的判别得分；f_{ij}为第i个项目第j个因素的得分；d_j为判别函数系数，即第j个因素的权重。项目的因素的得分越低，说明该因素的表现越差。

在这个模型中，预先给定一个临界值D_0，如果$D_i > D_0$，则继续实施该项目；如果$D_i < D_0$，则提前终止该项目；如果$D_i = D_0$，则有待进一步判别。

此外，还可以采用其他一些方法解决项目终止问题。比如，惠普公司负责产品开发的前副总裁马文·帕特森（Marvin Patterson）提供了一种非常简单的图示方法来解决项目终止问题。

实际上，我们在进行项目终止决策时，可以先考虑一些关键因素，看影响项目的关键因素是否有重大改变，如果某个关键因素变化后，项目不能继续进行下去或继续进行下去已无利可图，就应毫不犹豫地终止项目。如果这些关键因素都没有重大改变，则可以进一步运用上述的判别模型进行决策。一般来讲，考查的关键因素主要有：

（1）技术难关是否能解决？

（2）定位市场是否改变？

（3）相关政策是否改变？

（4）原材料的可获得度和价格是否改变？

二、项目分阶段停止或转移

一旦决定终止一个项目,项目就要有计划、有序地分阶段停止。当然这个过程可以是简单地立即执行,即立即放弃项目。但是,为了能使项目终止有一个较好的结果,有必要对终止过程像对待项目生命周期的其他阶段一样,制订计划、确定预算,并做好适当的进度安排,具体执行过程如图 12-1 所示。

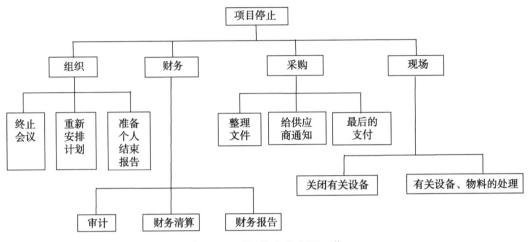

图 12-1　项目终止的主要工作

三、终止策略

如果项目要终止,可以用一个精通关闭项目的管理者替换原项目经理。这个终止项目经理应当立即进行一个工作状况的评审,还有资金、进度和技术性能参数的评审。此外,还必须完成下面这些工作:

(1)审查所有合同的执行状况;

(2)同项目团队合作制订并颁布一个关闭计划,为项目所有要素的有序关闭提供指导方针;

(3)对关闭活动保持不断的监督,包括档案的关闭和对原材料的安置;

(4)通知利益相关者项目的终止;

(5)确保项目所有的财务问题令人满意地终止;

(6)帮助项目团队的成员在组织中找到别的工作;

(7)准备撰写项目经历(一个"学习教训"的报告),使组织在未来的项目中获益;

(8)对项目进行一个审计,识别项目管理中的优势和劣势、错误有什么影响、在未来的项目中应如何避免这些问题,以及项目是如何影响组织的、是正面的或负面的。

四、终止程序

项目终止程序就是项目终止决策执行的过程,需要处理组织、财务、采购和现场设备物料方面的事情，项目终止的程序通常包括如下几个步骤。

（1）项目终止决策。考察、监督和分析项目终止的决定因素，利用定性、定量分析方法做出项目终止决策。

（2）终止项目的事项活动清单及执行。把一些需要完成的细微工作活动列在一张清单上，并安排专人负责处理。例如，项目团队的人员安排、合同冻结、财务决算，以及对现场设备物资的处理等。

（3）项目终止会议。通知项目团队成员、管理人员项目终止，制订有关项目办公室和项目小组解散或重新安排的计划。执行必要的人事变动，安排项目终止事务。

（4）外部沟通。及时地通知客户、供应商、分包商项目终止及声明合同完成情况，准备最终的合同状态报告。

（5）项目决算。项目究竟花费了多少成本？使用了哪些材料资源？已收到客户多少资金？应收款项又是多少？还应支付给哪些分包商、供应商多少款项？在这一阶段中，财务部门的成员们显得异常繁忙，他们所提供的数据和报告将为项目后评价提供第一手材料。

（6）项目结束报告。在任何一个项目终止中，都要明确项目完成了什么、没有完成什么。从不同的角度（客户、合同组织、项目经理，以及项目团队成员），对项目终止会有不同的看法。项目终止经理必须认识到各个利益相关者在项目的完成和终止中得到的利益各有不同。这就要求项目终止经理对那些认为终止不是必需的利益相关者进行劝导，帮助促进项目利益相关者之间的观点的协调。

第三节　项目后评价

一、项目后评价的概念

1. 什么是项目后评价

一般地，项目后评价是指对已完成并投入运营的项目的投资背景和目的、建设或实施的过程、投资执行情况、运营情况、配套及服务设施情况、建成后的作用与效益、社会经济与环境影响，以及项目的可持续性所进行的系统的、客观而全面的分析研究过程。

项目后评价是对已经完成的项目或规划的目的、执行过程、效益、作用和影响所进行的系统的、客观的分析。通过对投资活动实践的检查总结，确定投资预期的目标是否达到、项目或规划是否合理有效、项目的主要效益指标是否实现。通过分析评价找出成败的原因，总结经验教训，并通过及时有效的信息反馈，为未来项目的决策和提高完善投资决策管理水平提出建议，同时也为被评价项目在实施运营中出现的问题提出改进建议，从而达到提高投资效益的目的。

2. 项目后评价的意义

项目后评价首先是一个学习过程。后评价是在项目投资完成以后，通过对项目目的、执行过程、效益、作用和影响所进行的全面系统的分析，总结正反两方面的经验教训，使项目的决策者、管理者和建设者学习到更加科学合理的方法和策略，从而提高其决策、管理和建设水平。其次，项目后评价又是增强投资活动工作者责任心的重要手段。由于后评价的透明性和公开性的特点，通过对投资活动成绩和失误的主客观原因进行分析，可以比较公正客观地确定投资决策者、管理者和建设者在工作中实际存在的问题，从而进一步提高他们的责任心和工作水平。最后，后评价主要是为投资决策服务的。虽然后评价对完善已建项目、改进在建项目和指导待建项目有重要的意义，但更重要的是为提高投资决策服务，即通过评价建议的反馈，完善和调整相关方针、政策和管理程序，提高决策者的能力和水平，进而达到提高和改善投资效益的目的。

二、项目后评价的作用

现代项目管理理论指出，项目竣工验收和交接并不是项目生命周期的结束，项目投入运营后应该根据实际情况进行后评价，通过对项目运营情况的检查总结，确定项目预期的目标是否达到、项目是否合理有效、项目的主要运营指标是否实现。

1. 项目后评价是总结经验教训、提升项目过程计划与控制能力的重要途径

如前所述，项目后评价是对已完成并投入运营的项目进行的系统、客观而全面的分析研究，通过提炼项目在实施及运营过程中有益的经验，发现项目规律性的科学方法，反思在实施及运营过程中出现的失误和教训，使项目的投资人、决策者、管理者和建设者学习到更加科学合理的方法和策略，提升项目全过程的计划与控制能力。

2. 项目后评价是检验全过程参与各方责任心的重要手段

由于后评价具有现实、客观、公正的特点，因而通过对项目实施全过程的成绩和失误进行科学客观的分析研究，可以准确地判断投资人、决策者、管理者和建设者在工作中实际存在的主要问题，使项目参与各方能够清醒地认识到任何决策上、执行中和管理层的失误，都会给项目带来危害，进而增强其责任心。

3. 项目后评价是投资决策支持的重要步骤

虽然后评价对完善已建项目、改进在建项目有重要作用，但更重要的是为待建项目或拟议中的项目的投资决策提供支持服务。

4. 项目后评价还具有重要的监督功能

后评价是一个向实践学习的过程，同时又是一个对投资活动进行监督的过程。项目后评价的监督功能与项目的前期评估、实施监督结合在一起，构成了对投资活动的监督机制。

三、项目后评价的主要内容

项目后评价是以项目可行性研究、评估与决策过程所确定的目标和各方面指标与项目实际执行和运营情况之间的对比为基础的。项目后评价包括如下内容。

1. 项目目标评价

项目后评价所要完成的一个重要任务是评定项目立项时预定的目的和目标的实现程度。因此，项目后评价要对原定目标完成的主要指标，检查项目实际的情况和变化，分析项目实际发生改变的原因，以判断目标的实现程度。另外，目标评价要对项目原定决策目标的正确性、合理性和实践性进行分析评价。有些项目原定的目标不明确，或不符合实际情况，在项目实施过程中可能会发生重大变化，项目后评价对其要给予重新分析和评价。

2. 项目实施过程评价

项目的过程评价应对照立项评价或可行性研究报告所预计的情况和实际执行的过程进行比较和分析，找出差别，分析原因。

过程评价一般要分析以下几个方面：

（1）前期工作情况和评价；

（2）项目实施情况和评价；

（3）投资执行情况和评价；

（4）运营情况和评价；

（5）项目的管理和机制。

3. 项目效益评价

项目的效益评价指财务评价和经济评价，主要采用内部收益率、净现值和贷款偿还期等作为指标。但项目后评价时有以下几点需加以说明。

（1）项目前评价采用的是预测值，项目后评价则对已经发生的财务现金流量和经济流量采用实际值，并按统计学原理加以处理，应就以后的流量做出新的预测。

（2）当财务现金流量来自财务报表时，应收而未实际收到的债权和非倾向资金都不可记为现金流出，只有当实际支付时才可作为现金流出。必要时，要对实际财务数据做出调整。

（3）实际发生的财务会计数据都含有物价通货膨胀的因素，而通常采用的盈利能力指标是不含通货膨胀水分的。因此，对项目后评价采用的财务数据要剔除物价上涨的因素，以实现前后的一致性和可比性。

4. 项目影响评价

项目的影响评价内容包括经济影响、环境影响和社会影响三个方面。

（1）经济影响评价

主要分析评价项目对所在地区、所属行业和国家所产生的经济方面的影响。经济影响评价要注意把项目效益评价中的经济分析区别开来。评价的内容主要包括分配、就业、国内资源成本（或换汇成本）、技术进步等。由于经济影响评价的部分因素难以量化，一般只能做定性分析，一些国家和组织把这部分内容并入了社会影响评价的范畴。

（2）环境影响评价

对照项目前期评价时批准的《环境影响评价》审定项目环境影响的实际结果，审核项目环境管理的决策、规定、规范、参数的可靠性和实际效果。由于各国环保法的规定细则不尽相同，因此评价的内容也有区别。项目的环境影响评价一般包括项目的污染控制、地区环境质量、自然资源利用和保护、区域生态平衡和环境管理等几个方面。

(3) 社会影响评价

从社会发展的观点来看，项目的社会影响评价是对项目在社会的经济、发展方面的有形和无形的效益和结果的一种分析，重点评价项目对所在地区的影响。社会影响评价一般包括贫困、平等、参与和妇女等内容。

5. 可持续发展评价

项目的持续性是指在项目的建设资金投入完成之后，项目的既定目标是否还能继续，项目是否可以持续地发展下去，接受投资的项目业主是否愿意并依靠自己的力量继续实现既定目标，项目是否具有可重复性，即是否可在未来以同样的方式建设同类项目。持续性评价一般可作为项目影响评价的一部分，但世界银行和亚洲开发银行等组织把项目的可持续性视为其援助项目成败的关键之一，因此要求援助项目在前评价和后评价中进行单独的持续性分析和评价。项目持续性的影响因素一般包括：政府的政策；管理、组织和地方参与；财务因素；技术因素；社会文化因素；环境和生态因素；外部因素等。

上述内容在目前项目后评价实践中得到了普遍应用。但不同的项目，其侧重点是不一样的，有些项目重点评价项目建成后对就业、居民生活条件改善、收入和生活水平提高、文教卫生、体育、商业等公用设施增加的质量提高等方面带来的影响；而一些项目将评价重点放在项目建成后对本地区经济发展、社会繁荣和城市建设、交通便利等方面所产生的实际影响。另外一些项目则着眼于项目对产业结构的调整、生产力布局的改善、资源优化配置等方面产生的作用和影响。

四、项目后评价的方法

(一) 前后对比法与有无对比法

对比法广泛运用于项目后评价中，是一种最基本的评价方法。下面介绍对比法的概念，了解其在企业项目后评价中的作用与不足。

1. 对比法的概念

对比法可分为"前后对比"和"有无对比"。"前后对比"是指将项目实施之前与完成之后的情况加以对比，以分析项目效益的一种方法。"有无对比"是指将项目实际发生的情况与若无此项目时可能发生的情况进行对比，以度量项目的真实效益、影响和作用。这里说的"有"和"无"，指的是评价的对象，即计划、规划的项目。评价是通过对项目的实施所付出的资源代价与项目实施后产生的效果进行对比，得出项目的好坏。对比法的关键是要求投入的代价与产出的效果一致。

2. 对比法的作用及局限

"前后对比"主要是将项目前期的可行性研究和评估的预测结论与项目的实际运行结果相比较，以找出差距并分析发生变化的原因。但是，有的大型项目实施的效果不仅仅是项目的作用，还有其他因素的影响，如环境因素、社会因素等。因此，简单的前后对比不能得出项目所产生的真正效益，只有使用"有无对比法"才能找到项目在经济和社会发展中所起的作用。

"有无对比"的重点是要分清项目的影响与项目以外因素的影响。诸如城镇化水平的提高、居民收入的增加、宏观经济政策的好转等项目以外的因素，不管你是否实施项目，这些因素都会具有潜在的效益和影响。而这种效益和影响用"前后对比"就不能得出项目实施后的真实效果，故需采用"有无对比"。但无论是"前后对比"还是"有无对比"，始终不能系统全面地对项目做出评价，特别是在一些定性的方面，对比法也显得无能为力，对比法必须与其他方法（如预测技术）联合起来使用。此时，需要用到其他评价方法。

（二）成功度评价法

成功度评价法是依靠评价专家或专家组的经验，根据项目各方面的执行情况并通过系统准则或目标判断表评价项目总体的成功程度。成功度评价以用逻辑框架法分析的项目目标的实现程度和经济效益分析的评价结论为基础，以项目的目标和效益为核心，对项目进行全面系统的评价。在进行项目成功度分析时，首先应确立项目绩效衡量指标，然后根据如下的评价体系，将每个绩效衡量指标进行专家打分。

- 非常成功（AA）。完全实现或超出目标，和成本相比较，总体效益非常大。
- 成功（A）。目标大部分实现，和成本相比较，总体效益很大。
- 部分成功（B）。某些目标已实现，和成本相比较，取得了某些效益。
- 大部分不成功（C）。实现的目标很有限，和成本相比较，取得的效益并不重要。
- 不成功（D）。未实现目标，和成本相比较，没有取得任何重大效益，项目放弃。

确定了项目绩效衡量指标后，就可采用项目成功度评价表来进行对项目成功度的测定。在评定具体项目的成功度时，并不一定要测定所有的指标。项目成功度表格是根据评价任务的目的和性质决定的。评价人员首先根据具体项目的类型和特点，确定指标与项目相关的程度，把它们分为"重要""次重要""不重要"三类。对"不重要"的指标就不用测定。对每项指标的成功度进行评估，分为 AA、A、B、C、D 五类。综合单项指标的成功度结论和指标重要性，可得到整个项目的成功度评估结论。在具体操作时，项目评价成员每人填好一张表后，对各项指标的取舍和等级进行内部讨论，形成评价组的成功度表。

成功度评价法的缺陷是只能进行定性分析与评价。由于个人的文化水平、知识结构、社会经历和能力大小的差异，人们对各项影响因素的褒贬程度也不相同，以致很难确定这些因素的具体评判值，很难对这些模糊信息资料进行量化处理和综合评价，即使做出了评价，也是片面的、静止的评价。

（三）其他方法介绍

DAGF 算法是将改进的德尔菲法、层次分析法（analytic hierarchy process）、灰色关联分析（gray correlation analysis）、模糊评判综合（fuzzy comprehensive judgement）集合而成的。DAGF 算法的理论基础是灰色理论、模糊数学和钱学森教授提出的从定性到定量的综合集成方法。

（1）DAGF算法思路

结合具体的研究项目，运用改进的德尔菲法匿名讨论及统计，优化待评研究项目指标，拟定具体研究项目的综合评价指标体系。

计算指标体系底层元素的组合权重，给出评价指标评估值矩阵。

运用灰色系统理论计算灰色评估系数，得出灰色评估权向量和权矩阵；取得专家评判数据，依据模糊数学理论形成评判矩阵。

进行模糊运算，得出综合评价结果。

（2）DAGF算法过程

第一步，确定评价指标集。将德尔菲法改进为匿名问卷与分组讨论相结合，通过咨询与统计收集信息、分析专家的意见，确定具体研究项目综合评价的指标集。

第二步，指标优化处理。评价指标按其取值类型可分为成本型指标、效益型指标和区间型指标三类。

第三步，确定加权子集。邀请多位专家对各项评价指标的相对重要性进行判断，构造比较判断权重矩阵，采用AHP法确定各评价指标的权重。

第四步，确定评价样本矩阵。设有 K 位专家参加评价，将全部专家对所评价项目的评价数据构成样本矩阵，然后确定评价等级。

第五步，计算灰色统计数。用灰色统计法由确定的各评价指标标准函数，求出属于第 j 类评价标准的权，据此求出评判矩阵的灰色统计数和总灰色统计数。

第六步，综合 K 位专家对第 i 个评价指标主张第 j 种评价标准的灰色权值，构成单因素模糊评价权矩阵 $\boldsymbol{R}$。

第七步，综合评价结果。由权重矩阵和单因素模糊评判矩阵以及评价等级矩阵，可求出研究项目综合评价结果，即综合评价结果，$Z = (W \cdot R) \cdot V = (W_1, W_2, \cdots, W_n) \cdot V_n$。其中，模糊综合评判矩阵 $(W \cdot R)$ 要做归一化处理，在归一化处理后再与评价等级矩阵进行运算，求出综合评价结果。由综合评价结果 Z 可以对具体建设项目后评价发展的状态做出全面系统的评价。

长潭高速公路项目的可持续发展状态后评价

长潭高速是通过亚洲开发银行贷款，并通过国际、国内竞争性招标，执行菲迪克条款兴建的高速公路。1994年动工兴建，1996年12月建成通车。在公路通车几年后的2004年，进行项目的后评价。

扩展阅读12.1

通过收集基础数据，将基础数据标准化，运用基于DAGF算法的综合评价法，结合该高速公路的具体数据，计算高速公路可持续发展后评价综合状态得分。结果表明：项目的可持续发展状态由项目建设前期（1992年）的弱可持续发展状态，到项目建成运营三年后（2000年）的接近较强可持续发展状态，到2004年项目运营五年后仍然维持在基本可持续发展状态，但从总体趋势来看，可持续发展状态开始呈现下滑趋势。研究发现，下滑的主要原因是项目初期的技术落伍与环境保护方面的失误限制了项目整体可持续发展能力。因此从较长远看，高速公路建设在项目初期就要重视采用较先进的软硬技术，并要加强对环境保护与生态平衡的整体规划，这样才能保证该项目长期稳定发展。

本章小结

任何一个项目都要经过启动、计划、实施、控制和结束五个基本过程。在项目的结束阶段，仍然需要对项目进行有效的管理，恰当地做出正确的结束决策，总结分析该项目的经验教训，为今后的项目管理工作提供有益的经验以及具有普遍意义的管理规律。

项目收尾与评价管理的内容主要包括项目终止的定义和条件、项目终止工作清单；项目收尾工作的内容主要包含获得顾客的反馈信息和认可、执行行政收尾、进行合同收尾、庆祝成功并奖励参与者、对客户提供持续的支持。其中，对非正常终止项目的处理是项目收尾工作的难点，一般需要对项目进行诊断、项目分阶段停止或转移、制定合适的终止策略。项目后评价是对已经完成的项目或规划的目的、执行过程、效益、作用和影响所进行的系统的、客观的分析。通过构建科学合理的项目后评价的主要内容、指标体系和评价方法，系统地分析项目成败的原因，反思在项目实施及运营过程中出现的失误和教训，使项目的投资人、决策者、管理者和建设者学习到更加科学合理的方法和策略，进而达到提高和改善未来项目管理的目的。

简答题

1. 分析比较行政收尾和合同收尾。
2. 项目终止对团队成员的积极和消极的影响是什么？如何减轻消极影响？
3. 如何避免由于除项目目标未完成以外的其他原因造成的项目终止？
4. 怎样理解项目后评估的作用？
5. 简述项目后评估的主要内容。

案例分析题

没完没了的项目

即测即练

扫描此码

自学自测

参 考 文 献

[1] 王立国，吴春雅，连志巍，等. 项目管理教程[M]. 北京：机械工业出版社，2008.

[2] 蒂莫西·J. 克罗彭伯格. 现代项目管理[M]. 戚安邦，等，译. 北京：机械工业出版社，2012.

[3] 戚安邦. 现代项目管理[M]. 北京：对外经贸大学出版社，2001.

[4] 杰克·吉多，詹姆斯·P. 克莱门斯. 成功的项目管理[M]. 张金成，等，译. 北京：机械工业出版社，1999.

[5] 吴之明，卢有杰. 项目管理引论[M]. 北京：清华大学出版社，2000.

[6] Project Management Institute Standard Committee. A Guide to The Project Management Body of Knowledge, PMI, 1996.

[7] Meredith J, and Mantel S. Project Management: A Managerial Approach, 3rd ed. John Wiley, 1995.

[8] 毕星，翟丽. 项目管理[M]. 上海：复旦大学出版社，2000.

[9] 丁荣贵，杨乃定. 项目组织与团队[M]. 北京：机械工业出版社，2004.

[10] 池仁勇，王飞绒. 项目管理(第3版)[M]. 北京：清华大学出版社，2015.

[11] 余志峰. 项目组织[M]. 北京：清华大学出版社，2000.

[12] 格雷厄姆. 项目管理与组织行为[M]. 王亚禧，罗东坤，译. 东营：石油大学出版社，1998.

[13] 蒂莫西·J. 克罗彭伯格.项目管理现代方法[M]. 杨爱华，翟亮，付小西，等译. 北京：机械工业出版社. 2016.

[14] 拉尔夫. 基林. 项目管理[M]. 王伟辉，译. 北京：经济管理出版社，2011.

[15] 秦志华，张建军. 项目经理——项目的计划与运作[M]. 北京：中国人民大学出版社，2003.

[16] 白思俊. 现代项目管理概论[M]. 北京：电子工业出版社，2006.

[17] 哈罗德·科兹纳. 项目管理案例集[M]. 王丽珍，陈丽兰，译. 北京：电子工业出版社，2015.

[18] 翟松涛. 项目：如何进行成功的项目管理[M]. 天津：南开大学出版社，2004.

[19] Badiru A B. Simin Pulat P. 项目管理原理[M]. 王瑜，译. 北京：清华大学出版社，2003.

[20] 凯文. 福斯伯格，哈尔·穆兹，霍华德·科特曼. 可视化项目管理[M]. 北京：电子工业出版社，2011.

[21] Martin H, Miriam M. Enabling Shared Leadership in Virtual Project Teams: A Practitioners'Guide[J]. Project Management Journal, 2016, 47(1): 7-12.

[22] 楚岩枫. 项目管理[M]. 北京：电子工业出版社，2015.

[23] 郭致星，陈利海，鲁束. 顺利通过PMP考试全程指导[M]. 北京：机械工业出版社，2013.

[24] 杨爱华. 项目管理——战略设计与实施[M]. 北京：机械工业出版社，2012.

[25] 林树岚，邓士忠. 项目管理实践[M]. 北京：电子工业出版社，2002.

[26] 王大愚，仝胜强，朱同然，等. 奥运鸟巢项目工期计划与实施比较[J]. 低温建筑技术，2009(3): 115-116.

[27] 杰弗里·K. 宾图. 项目管理[M]. 鲁耀斌，等，译. 北京：机械工业出版社，2015.

[28] 李涛，张莉. 项目管理[M]. 北京：中国人民大学出版社，2005.

[29] 陈建西，刘纯龙. 项目管理学[M]. 成都：西南财经大学出版社，2005.

[30] 付蕾. 电力施工企业项目成本控制实例分析——以 X 电力公司某项目为例[J]. 中小企业管理与科技(下旬刊), 2012(3): 35-36.

[31] 陈关聚. 项目管理[M]. 北京：中国人民大学出版社，2011.

[32] 王凡林. 现代项目管理精要：项目管理师(CMP/CPMP)资格考试参考用书[M]. 济南：山东人民出版社，2006.

[33] 项目管理协会. 项目管理知识体系指南(PMBOK 指南：第 5 版)[M]. 北京：电子工业出版社，2013.

[34] 李明顺. FIDIC 条件与合同管理[M]. 北京：冶金工业出版社，2011.

[35] 科丽·科歌昂，叙泽特·布莱克莫尔，詹姆士·伍德. 项目管理精华[M]. 北京：中国青年出版社，2016.

[36] 房西苑，周蓉翌. 项目管理融会贯通[M]. 北京：机械工业出版社，2010.

[37] 代宏坤. 项目沟通管理[M]. 北京：经济管理出版社，2010.

[38] 肖杨. 微权力下的项目管理[M]. 北京：电子工业出版社，2016.

[39] 迈克尔·莫尔，朱利安·伯金肖. 追求卓越 150 年来最伟大的创新管理史[M]. 北京：中国市场出版社，2010.

[40] 彭慧英. 论项目中的质量管理与企业质量管理的异同[J]. 中小企业管理与科技(上旬刊)，2009(2): 60.

[41] 程娟. 企业质量管理与项目质量管理的差异化及有效性研究[J]. 电子世界，2013(24): 169-168.

[42] 哈罗德·科兹纳. 项目管理案例集[M]. 王丽珍，陈丽兰，译. 北京：电子工业出版社，2015(5).

附录　项目管理相关模板

教师服务

感谢您选用清华大学出版社的教材！为了更好地服务教学，我们为授课教师提供本书的教学辅助资源，以及本学科重点教材信息。请您扫码获取。

》 教辅获取

本书教辅资源，授课教师扫码获取

》 样书赠送

企业管理类重点教材，教师扫码获取样书

 清华大学出版社

E-mail：tupfuwu@163.com　　　网址：https://www.tup.com.cn/
电话：010-83470332 / 83470142　　传真：8610-83470107
地址：北京市海淀区双清路学研大厦 B 座 509　　邮编：100084